복음만이
모든 것을 바꾼다

복음만이 모든 것을 바꾼다

엮은이 | 스티븐 엄
옮긴이 | 장성우
초판 발행 | 2019. 3. 27
2쇄 발행 | 2019. 5. 2
등록번호 | 제1988-000080호
등록된 곳 | 서울특별시 용산구 서빙고로65길 38
발행처 | 사단법인 두란노서원
영업부 | 2078-3333 FAX | 080-749-3705
출판부 | 2078-3332

책값은 뒤표지에 있습니다.
ISBN 978-89-531-3450-8 03230

독자의 의견을 기다립니다.
tpress@duranno.com www.duranno.com

두란노서원은 바울 사도가 3차 전도 여행 때 에베소에서 성령 받은 제자들을 따로 세워 하나님의 말씀으로 양육
하던 장소입니다. 사도행전 19장 8 - 20절의 정신에 따라 첫째 목회자를 돕는 사역과 평신도를 훈련시키는 사역,
둘째 세계선교TIM와 문서선교단행본 · 잡지 사역, 셋째 예수문화 및 경배와 찬양 사역, 그리고 가정 · 상담 사역 등을 감
당하고 있습니다. 1980년 12월 22일에 창립된 두란노서원은 주님 오실 때까지 이 사역들을 계속할 것입니다.

복음만이
모든 것을 바꾼다

한국교회에서 진행되는 복음 중심적 사역

스티븐 엄 엮음

장성우 옮김

두란노

2018년 봄, 국내에서 성황리에 진행된 "팀 켈러 컨퍼런스"의 감동을 생생하게 기억합니다. 그때 공적으로 만난 팀 켈러는 커다란 리더의 모습이었고, 사적으로 만난 팀 켈러는 진솔한 크리스천의 모습이었습니다. 수년 전, 그가 복음으로 도시를 변화시키자는 운동을 시작하자 전 세계 교회들은 호응했습니다. 한국교회 역시 지금 이 운동에 적극적으로 동참하고 있습니다.

이 책에는 복음적으로 교회를 분립하고, 개척하고, 갱신하고, 코칭하는 CTC철학과 정신이 잘 드러나 있습니다. 미국과 한국의 CTC 주요 지도자들이 공동 집필했으며, 한국교회 목회자들은 물론 신학생들에게도 훌륭한 영적 지침서가 될 것입니다. 또한, 성경이 말하는 본 모습이 무엇인지에 대해 거룩한 고민을 다루었습니다. 개인의 삶과 이 시대의 교회가 변화되기를 소망하는 성도들에게 시원한 냉수처럼 읽혀질 것이라 여겨집니다. 참으로, 복음만이 모든 것을 바꿀 수 있습니다.

이재훈_ 온누리교회 담임목사, CTC코리아 이사, TGC코리아 이사장

이 책의 출판을 환영하며 추천합니다. 한국교회 목회자들이 이 책을 통해 교회의 터요 기둥인 복음을 재발견할 수 있기를 바랍니다. 또한 이 책을 통해 복음중심적 목회, 복음중심적 설교, 복음중심적 교회 개척이 이루어지길 소망합니다. 저는 교회 분립 개척이 한국교회의 갱신과 진정한 부흥을 가져올 새로운 길임을 확신합니다.

정주채_ 향상교회 원로목사

《복음만이 모든 것을 바꾼다》는 책이 출간되어 진심으로 기쁘고 감사합니다. 하나님께서 한국교회와 세계교회를 사랑하셔서 축복의 선물로 귀한 책이 나오게 하셨다고 생각하니 감격의 눈시울이 붉어집니다. 이 책은 훌륭한 신학자와 목회자들이 복음·도시·운동에 대하여 잘 정리해 주었고, 이를 목회 현장에서 쉽게 적용할 수 있도록 도와주었습니다. 또한 운동화를 일으킬 수 있도록 충분한 동기부여를 해 줍니다. 이제 모든 목회자들과 교회들이 이 책을 통해 하나님께서 진정으로 원하시는 건강하고 행복한 복음 중심적 교회를 세워가기를 기대해 봅니다.
한창호_ 온사랑교회 담임목사, 아나톨레 이사장

목회가 무너진다, 교회에 소망이 없다라는 말들이 곳곳에서 들립니다. 이런 절망의 소식에 닻을 내리고 영원히 기쁜 소식을 외치는 증인들의 공동체로 돌아오라는 요청을 여기, 이 책을 통해 듣습니다. 복음을 통해 누리는 은혜가 교회를 세우고, 교회를 낳는 것이 우리의 소망이자 그리스도의 능력입니다. 복음은 우리로 하여금 세상을 돌파하고 교회를 갱신케 하여 다시 세상을 살리는 증인으로 살라고 부르짖습니다. 이제 간절한 이 소리에 당신이 응답할 차례입니다. 이것이 당신도 살고, 교회도 살고, 세상도 사는 방법임을 깨달아야 합니다.
김병년_ 다드림교회 담임목사, 〈복음과상황〉 이사장

Contents

Part 1

복음   GOSPEL

Part 2

도시

Part 3

운동 MOVEMENT

한국교회에
신학적 비전을 나누며

스티븐 엄
STEPHEN T. UM

　한국에서 CTC코리아(City to City Korea) 네트워크를 조직하는 일은 그리 간단하지 않았다. 2010년에 나는 대규모의 한국 목회자를 대상으로 '리디머CTC(Redeemer City to City)의 복음 DNA'에 관해 강의하도록 초청받은 적이 있었다. 그러나 컨퍼런스가 열린 지 하루 만에 분명히 알게 된 사실이 있었는데, 그것은 많은 참가자들이 확고한 신학적 비전에 주로 집중하는 컨퍼런스를 별로 기대하지 않는다는 사실이었다. 컨퍼런스를 마치고 뉴욕으로 돌아가서 CTC아시아(City to City Asia) 실무진과 함께 이 문제에 대해 논의했다. 그리고 한국 목회자 및 교회와 동역하기에는 아직 시기가 이르다고 판단했다. 또 한편으로는 이러한 현상이 중국을 포함한 아시아의 다른 지역에서 사역하게 하려고 방향을 바꾸시는 하나님의 섭리일지도 모른다고 생각했다.

몇 년 후, 일단의 한국 목회자들이 우리에게 먼저 연락을 해 왔다. 그들은 한국의 개교회들이 각자 독립적으로 사역하기보다 여러 교회와 목회자들이 서로 협력한다면 하나님 나라를 위해 더 많은 사역을 감당할 수 있으리라고 확신했다. 심지어 개별적인 '나무'의 성장을 추구하기보다 여럿이 함께 '큰 숲'을 이루고자 하는 도전적인 비전도 가지고 있었다. 지금 돌아보면 성령이 주도하시는 그 복음 운동에 우리가 참여할 수 있었던 것은 큰 특권이 아닐 수 없다. 그 운동을 통해 다양한 훈련 컨퍼런스를 개최하며 《팀 켈러의 센터처치》(Center Church)를 비롯한 리디머CTC 커리큘럼에 포함된 자료들을 한국 목회자들과 나눌 수 있었기 때문이다.

이 책은 어떻게 복음이 도시 상황에서 목회하는 방식에 변화를 가져다 주는지에 대해 세계 여러 도시에서 사역하는 목회자들의 이야기를 담고 있다. 그 목회자들은 각각 CTC코리아의 사역에 깊이 관여해 왔다. 이 사역은 복음으로 세워진 교회를 대한민국 전역에 개척하고 성장시킴으로써 국내외에서 하나님께 영광을 돌리려는 목표를 가지고 있다.

많은 이들이 《팀 켈러의 센터처치》로부터 큰 도움을 받았다. 거기에는 특별히 도시에서 사역하는 목회자들을 위한 지혜로운 내용들이 많이 포함되어 있다. 비록 저자는 뉴욕에서 목회하는 한 사역자의 관점에서 그 책을 저술했지만, 그의 조언들은 세계 각처의 도시와 특히 그의 저서들로부터 이미 유익을 얻고 있는 한국교회에 잘 적용될 수 있다. 나는 《복음만이 모든 것을 바꾼다》(Gospel, City, Movement)가 《팀 켈러의 센터처치》에 대한 입문서가 되길 바란다. 이 책이 한국 문화라는 상황에 최적화된 내용으로 어떻게 복음이 서울과 같은 세계적인 수준의 도시를 새롭게 빚어갈 만한 능력과 효과를 지니고 있는지를 보여 주길 원한다. 복음은 하나님이 자기 백성을 사랑하신다는 소식일 뿐 아니라, 구체적으로 서울과 한국의 여타 지역들을 은혜를 통해 갱신하는 역사를 가져오는 원동력이 될 것이다.

이 책은 '복음', '도시', '운동'의 세 개의 부(部)로 구성되어 있다. 먼저 1부에 속하는 세 개의 장은 복음에 대한 확고한 신학적 비전과 토대를 제공하는 데에 초점을 맞추었다. 그 가운데 1장 '포스트모더니즘과 복음'은 2018년 3월에 서울에서 개최된 "센터처치 컨퍼런스"에서 팀 켈러 목사가 강연한 내용을 정리한 글이다. 그 컨퍼런스에서 팀 켈러 목사를 비롯한 한국과 미국의 강사진은 약 1,300명의 사역자들 앞에서 강의했다. 그들은 우리가 살아가는 도시에서 이루어지는 일상과 사역의 모든 영역에 영향을 미치는 복음에 대해 나누었다. 복음이 도시의 모든 부분들에 영향을 미치고 변화를 일으키는 능력을 가지고 있다면, 그 복음은 도시에 존재하는 모든 우상과 가치관과 신념에도 직접적인 영향을 미칠 수밖에 없다는 내용이었다.

그중 팀 켈러 목사는 사상과 상업의 세계 중심지인 뉴욕에 살고 있다는 특징을 살려 포스트모더니즘의 가치관과 우상들을 끊임없이 대면할 수밖에 없는 현대 도시인들에게 어떻게 설교해야 하는지를 다루었다. 더 나아가 올바른 상황화의 과정에 대해 주의 깊게 고민함으로써 한국 목회자들이 세속 문화 안에서 더욱 효과적으로 복음을 전달할 수 있어야 한다고 조언했다.

복음을 효과적으로 설교하기 위해서는, 먼저 성경을 제대로 알고, 예수 그리스도 안에서 정점에 이르는 구속사, 즉 하나님의 사역이 성경의 스토리에서 드러나는 웅장하고 유기적인 이야기를 알아야만 한다.

나는 보스턴에 있는 한 교회의 담임목사이자 고든콘웰신학대학원의 신약학 부교수로서 목회자와 설교자들이 더욱 본문 해설에 충실하면서도 '그리스도 중심적'(Christ-centered) 설교를 작성하고 발전시키도록 훈련시켜 왔다. 흔히 설교자들은 본의 아니게 예수 그리스도 안에서 성취된 하나님의 사역을 강조하지 않고 단지 성경의 원리에만 초점을 두는 설교를 한다. 이는 복음 가운데 드러나는 하나님의 아름다움과 위대하심에 경탄할 수 있는 기회를 사람들로부터 빼앗아 갈 수 있다.

만일 우리가 성경을 전체적인 시각에서 구속사적 렌즈를 통해 읽지 않는다면, 설교자로서 어떻게 해당 본문이 성경의 통일성 있는 신학을 담고 있는 이야기와 연결되는지를 보여 주지 못한 채 그저 본문을 단편적으로 해설하고 말 가능성이 크다. 그리하여 전혀 뜻하지 않게, 교인들이 성경의 스토리에서 마주하는 그 불완전한 이야기들을 스스로 완성하도록 간접적인 영향을 미칠 수도 있다. 이런 문제를 염두에 두고, 나는 2장과 3장에서 그리스도 중심적 해석 방법을 사용하였다. 이는 유기적인 복음 조각들을 예수 그리스도와 연결시켜 어떻게 성경의 모든 본문에서 그리스도에 이를 수 있는지를 논증하고 그에 대한 성경적인 근거들을 제시한다.

2부는 도시를 주제로 삼았다. 곧 (1부에서 제공한) 신학적 비전이 어떻게 교회와 리더들을 구체적으로 준비시켜 복음 중심적 사역에 최적화된 접근으로 세속 도시 가운데로 들어가게 하는지를 설명한다. 그중 4장은 내가 저술한 *Why Cities Matter*(왜 도시가 중요한가, 두란노 근간 예정)라는 책에서 발췌했다. 여기서는 인간의 역사나 성경의 역사에서 나타나는 도시의 중요성뿐 아니라, 현재 세계화된 상황 속에서 도시들이 가지는 주도적인 영향력에 대해 검토했다. 더 나아가 우리가 도시에서 만날 수 있는 사람들의 유형을 정리했다. 그리고 반드시 고민해 봐야 하는 몇 가지 질문들을 다룬다. 예를 들어 사람들은 무엇을 찾고 있으며 무엇이 그들로 하여금 도시에 살도록 이끄는가, 또 과연 어떻게 도시가 복음 사역이 놀랍게 전개되는 환경이 될 수 있는가와 같은 질문들이다. 이와 더불어 역사적 사실들과 복음의 교리를 현대 문화에 적용하되 매력적이고, 정통적이며, 도시에 사는 사람들이 직면하는 현실 문제들에 민감하게 대응하는 방식으로 적용하는 상황화의 문제에 대해서도 살펴보았다.

이런 주제들과 더불어 2부의 마지막 장에서는 정갑신 목사가 복음이 어떻게 우리로 하여금 교회를 넘어 타락한 세상을 바라보도록 이끄는지를 설명했다. 만일 우리가 교회에 대한 사회의 적대감이 급격하게 커져 버린 한국에서 복음이 모든 것을 변화시킨다고 말할 수 있으려면, 반드시 먼저 중요한 변화가 여러 방면에서 일어나도록 힘써야 한다. 그뿐 아니라 주님 앞에서 흠 없이 준비되도록 자신을 지켜 교회의 복음 증거가 방해받지 않도록 해야 한다. 이는 목회자가 자신에게 주어진 소명의 엄숙함을 이해하고, 교인들이 가진 소명의 신성함을 깊이 존중하는 가운데 공동체를 돌아보고자 노력해야 한다는 사실을 의미한다. 그와 동시에, 목회자는 스스로의 노력이 아니라 성령님이 사역의 열매와 영적인 갱신을 가져다주신다는 사실을 명심해야 한다.

결국 복음의 능력이 폭발적으로 일어나 한국 사회에 갱신을 가져다주기 위해서는 단지 목회자만이 아니라 교회 전체가 복음으로 인한 변화를 경험할 준비가 되어야 한다. 더불어 목회자는 겸손히 듣는 자가 되어야 한다. 자신이 섬기는 회중의 필요뿐 아니라 더 광범위한 차원에서 자신이 속한 도시 공동체의 필요를 들을 수 있어야 한다. 그때 우리가 살아가는 도시 및 그 안에서 살아가는 모든 사람들이 심각하게 깨어지고 타락한 상태에 있음을 알게 된다. 이를 통해 우리는 이웃들의 삶 가운데 복음으로 인한 변화가 일어나기를 기도하고 도울 수 있다.

2부와 3부 사이에는 팀 켈러 목사를 중심으로 "센터처치 컨퍼런스"에서 진행했던 질의응답을 옮겨 놓았다. 그날 한국 목회자들은 세상이 직면하고 있는 다양한 이슈들에 관해 팀 켈러 목사에게 질문하는 시간을 가졌으며, 이는 참석한 모든 이들에게 유익하고 도움이 되었다.

끝으로 3부에서는 복음 사역이 결국 운동이 된다는 것은 무엇을 의미하는지에 관해 다루었다. 여기서는 먼저 이인호 목사가 한국교회가 직면하고 있는 대표적인 문제들에 대한 고민을 나누었다. 그는 현재 교회가 마주한 심각한 이슈들을 지적하며, 어떻게 교회의 생태계가 한국교회의 전체적인 확장과 더불어 조성되어 왔는지를 조명한다. 그러면서 복음에 토대를 둔 교회 개척 운동이 어떻게 한국교회가 맞이하고 있는 쇠락의 흐름을 막기 위해 하나님이 사용하시는 방법이 될 수 있는지를 설명한다. 또한 이 운동에서 교회 개척자를 훈련하고 양성하는 '인큐베이터 커리큘럼'을 개발하는 일이 필수적인 이유를 보여 준다. 이를 통해 우리는 이미 설립되었으나 복음적인 갱신을 계속 추구하는 교회들을 지원해야 한다는 사실을 배우게 된다. 이처럼 한국의 도시들에서 진행되는 복음적인 교회 개척 운동은 복음 생태계의 회복을 위한 비전으로서, 위기의 상황에 처한 한국교회의 성장에 필요한 대안으로 제시될 수 있을 것이다.

다음으로 노진산 목사는 뉴욕에서 사역하는 한국계 미국인 목회자이다. 그는 교회 개척자들과 함께 네트워크를 구성하여 서로 지원하고 협력하는 일의 중요성을 나누었다. 그러한 네트워크는 단지 목회자들을 더 지원하기 위해서만이 아니라 우리가 살아가는 도시에 복음이 가져다 주는 통일성 있는 아름다움을 보여 주기 위해서도 필요하다. 이때 우리는 동료 목회자를 경쟁 상대가 아니라 그리스도 안에 있는 형제이자 동역자로 여길 필요가 있다. 교회 개척 네트워크를 조직함으로써 하나님이 다스리시는 보편 교회도 더 깊이 이해하게 된다. 또한 그 네트워크에서 서로 교제하는 상호작용을 통해 우리의 신학과 사역 스타일을 정교하게 다듬으며 상대로부터 배우는 유익을 누릴 수 있다.

마지막으로 고성제 목사는 CTC와 함께 사역해 온 개인적인 경험을 나누었다. 어떻게 CTC의 복음 DNA를 적용하는 과정이 자신의 사역을 변화시키고 새롭게 형성해 왔는지를 설명한다. 이러한 그의 간증은 교회의 모든 사역 현장에 복음을 적용하려는 노력을 도모하고 그 신실한 열매가 무엇인지를 보여 주는 데 사용될 것이다.

또한 이 책은 끝부분에 추천 도서 목록을 첨가하여 독자들이 다양한 자료들을 살펴보며 복음 중심성(gospel centrality)과 세계 각지에서 진행되는 CTC사역에 대한 이해를 증진시킬 수 있도록 구성되었다.

우리는 끊임없이 예수 그리스도를 생각해야 한다. 그 이름 앞에 "하늘에 있는 자들과 땅에 있는 자들과 땅 아래에 있는 자들로 모든 무릎을 … 꿇게 하시고 모든 입으로 예수 그리스도를 주라 시인하여 하나님 아버지께 영광을 돌리게" 하셨다(빌 2:10-11). 바라건대, 이 말씀이 한국에서도 이루어지기를 기도한다.

PART 1

복음

01
포스트모더니즘과
복음

- 포스트모던 시대의 사람들에게 설교하기

팀 켈러
Timothy Keller

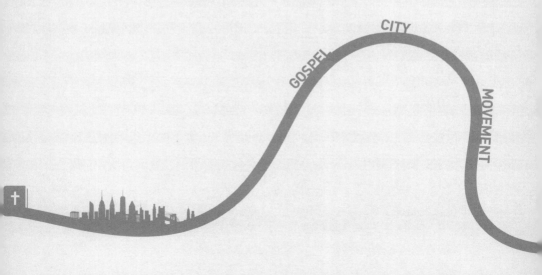

지난 1백 년 동안, 한국 기독교인의 숫자는 한국 전체 인구 증가보다 빠른 속도로 늘어났다. 1900년에는 인구의 1퍼센트에 해당하던 기독교인이 2014년에는 거의 30퍼센트에 이르게 되었다[1]. 이 성장은 한국교회가 비기독교 문화에 접촉하여 신앙이 없는 자들이 그리스도에 대한 필요를 깨달을 수 있도록 돕는 사명을 열심히 수행해 온 결과이다.

그런데 현재 한국교회는 쇠퇴기를 맞이하였다. 이는 새로운 종류의 비기독교 문화가 형성되어 교회가 그 문화에서 비기독교인들과 교류하며 그들이 그리스도에 대한 필요를 깨달을 수 있도록 도와줄 수 있는 방법을 다시 배워야 하는 상황으로 인해 발생하였다.

나는 한국 문화에 대한 전문가가 아니므로, 최근 수년 동안 이 문화에서 일어난 변화가 무엇인지에 대해 분명한 통찰을 제공할 수는 없다. 그 대신에 이미 뚜렷하게 변화를 겪은 문화의 한 양상을 집중적으로 설명하고자 한다. 바로 포스트모더니즘(postmodernism)이다.

먼저 우리는 포스트모더니즘이 결코 일정한 형태로 존재하는 사조가 아니라는 사실을 유념해야 한다. 포스트모더니즘의 영향력은 북유럽과 서유럽 국가에서는 매우 강한 반면, 남유럽 국가에서는 그보다 약하다. 미국의 경우에는 북동 지방과 서부 해안가에서는 그 영향이 크지만, 중부 지방에서는 그리 크지 않다. 아시아에서는 도시권에서, 특히 젊은 사람들에게 그 영향이 확대되고 있다. 그렇다고 해서 한국의 모든 젊은이들이 유럽이나 미국에 있는 사람들이 포스트모더니즘을 받아들이는 방식과 같이 영향을 받는다고 말할 수는 없다.

포스트모더니즘은 결코 단순하지 않다. 그것은 사고와 존재를 표현하는 방식으로서, 세계의 각기 다른 지역에 있는 사람들에게 비중 있게, 혹은 적당하게, 아니면 가벼운 정도로 영향을 미치거나, 또는 아예 영향을 미치지 않을 수도 있다. 그렇다면 포스트모더니즘이란 무엇일까?

이전 시대의 모든 문화에서 "인생의 의미는 어디에 있는가?"라는 질문을 하면, "가족이나 국가나 하나님을 위해 살아가는 선하고 도덕적인 사람이 되는 데 있다"라는 대답을 들었을 것이다. 즉 자신의 도덕적 의무를 이행하는 데 인생의 의미를 두었지, 이기적인 삶을 사는 데 의미를 두지 않았다. 그러한 전통적인 문화는 세 가지 핵심적인 '종교 개념들'(religious concepts)에 충실하고자 했다. 첫째, 각 개인의 외부에는 도덕적 진리가 독립적으로 존재하며 그에 대한 믿음은 그 자체로 존중되어야 한다. 둘째, 각 개인이 도덕적 진리에 이르지 못할 때 경험하는 죄책감 또는 수치심이 실제로 존재한다. 셋째, 인간은 단지 물질적인 세상뿐 아니라 그 이상의 다른 세계도 경험한다. 이를테면 내세나 천국 또는 영적 세계를 경험하게 된다는 개념이다.

바로 이 세 가지 개념들 즉 도덕적 진리, 죄책감이나 수치감, 사후 세계는 포스트모던 시대 이전의 모든 문화를 특징짓는다고 할 수 있다. 이런 차원에서 포스트모더니즘 이전의 모든 문화에서 인생의 의미는 선한 삶을 사는 데 있었다.

포스트모더니즘은 인생의 의미를 묻는 본질적인 물음에 대해 이전

시대와는 다른 대답을 한다. 포스트모던 시대에 "인생의 의미는 어디에 있는가?"라는 질문은 전통적인 종교 개념들에 의해 정의되었던 '선하게' 사는 데 있다는 답변을 가져오지 않는다. 그 대신에 인생의 의미는 자유롭게 되는 데 있다고 생각한다. 이때 자유는 자기 자신에게 솔직할 수 있는 자유를 말한다. 따라서 기성 세대에 속한 사람은 삶의 의미가 도덕적 의무를 행하는 데 있다고 말할지 모른다. 반면에 젊은 사람은 인생의 의미가 자신의 개인적인 욕구나 바람을 따라가는 데 있다고 말한다.

포스트모더니즘은 명언이나 홍보 문구를 통해 확산된다. 이를테면 광고나 선전, 영화, 소셜 미디어나 대중문화를 통해 전해진다. 이와 관련한 다음과 같은 네 가지 유명한 표현들이 있다.

- 당신은 자신에 대해 솔직해야 한다.
- 당신은 자신을 행복하게 만드는 일을 해야 한다.
- 당신은 다른 사람에게 피해를 주지 않는 한, 당신이 원하는 방식대로 자유롭게 살아야 한다.
- 누구도 당신에게 어떻게 인생을 살아야 하는지를 말할 권리는 없다.

심지어 한국과 같이 유교 문화의 영향을 많이 받는 사회에서도 이러한 말들은 영향을 준다. 젊은 사람들은 광고, 음악, 영화 등을 통해 매일같이 포스트모더니즘적인 사상을 주입받는다. 그 결과 한국 젊은이들은 완전히 포스트모던화되지는 않을지라도 그 영향을 받는다. 따라서 그들은 그 부모나 조부모와는 여러 가지 측면에서 다른 삶의 방식을 보인다.

더욱이 이 가치관의 변화는 매우 빠르게 일어나고 있다. 미국에서 평생을 산 내 조부모는 매우 전통적인 분들이었다. 나의 자녀들과 손주들이 포스트모더니즘의 영향을 많이 받았다면, 조부모는 그 영향을 전혀 받지 않았다. 미국에서는 전통적인 세대에서 포스트모던 세대로 이동하는 데 4세대 정도의 시간이 걸렸다. 한국은 이 변화를 1세대 만에 경험하고 있다.

한국 성인들은 도덕적 의무나 권위에 대한 내 조부모의 태도와 같은 전통적인 삶의 방식을 가지고 있다. 하지만 한국 젊은이들은 세계의 다른 지역 젊은이들에게 영향을 미치는 현대 문화의 영향을 동일하게 받고 있다. 상대적으로 미국교회에서는 한국보다 포스트모더니즘이 가져온 변화에 적응하기 위한 준비 기간을 훨씬 오랫동안 가졌다. 그럼에도 이러한 변화는 기독교 사역에 중대한 영향을 미치고 있다.

수세기 동안 교회의 전도 활동은 전통적인 문화에 보편적으로 자리하고 있는 종교 개념들을 비기독교인도 가지고 있다고 가정했다. 그 개념들은 이미 언급한 바와 같이 사후 세계에 대한 믿음, 각 개인의 외부에 존재하는 도덕적 진리, 그리고 죄책이나 죄악에 대한 이해다. 그러나 포스트모더니즘 문화에 익숙해질수록, 그러한 가정을 고수하기는 어려워진다.

포스트모더니즘은 각 개인의 외부에 도덕적 진리가 있을 수 없으며, 그 진리는 개인의 내부에서 결정된다고 주장한다. 즉 각자가 알아서 그들에게 무엇이 옳고 그른지를 정의한다고 주장하는 것이다. 따라서 이런 상황에서는 죄와 하나님에 대한 필요를 사람들에게 이야기하기가 훨씬 어렵다. 당연히 구원에 관해 이야기하기도 어렵다. 왜냐하면 사람들이 자신에게 구원이 필요하다고 느끼지 않기 때문이다.

그렇다면 어떻게 포스트모더니즘의 영향을 받는 사람들을 대상으로 설교하며 사역할 수 있을까? 젊은 크리스천들을 포함하여 포스트모더니즘의 영향을 받는 사람들에게 다가가기 위해 설교와 사역을 준비하며 유념해야 하는 일곱 가지 특징들을 살펴보자.

첫째, 친숙한 어휘를 사용하라

오랫동안 로마 가톨릭 교회는 모든 예배를 라틴어로 진행했다. 라틴어는 매우 영적인 분위기를 자아냈지만, 사람들의 마음을 사로잡지는 못했다. 안타깝게도 오늘날 많은 복음주의 교회들은 비신자들이 알아 듣지 못하는 그들만의 표현을 사용함으로써 라틴어를 사용했던 로마 가톨릭 교회와 비슷한 상황을 연출하고 있다.

이런 점에서 내가 제안하고자 하는 첫 번째 특징은 친숙한 어휘를 사용하라는 것이다. 즉 사람들이 쓰는 표현을 사용해야 한다. 이는 당신이 한국어를 잘 해야 한다는 말이 아니다. 그보다는 당신이 다가가고자 하는 사람들이 크리스천들만의 은어나, 종교적 전문 용어를 알아야 한다는 생각을 내려놓아야 한다는 의미이다.

만일 사용할 수밖에 없는 성경 어휘가 있을 경우에는, 반드시 그 의미를 충분히 설명해야 한다. 예를 들어 '언약'이나 '칭의'의 개념은 성경에 자주 등장하기 때문에 피해 갈 수 없다. 따라서 그러한 단어들을 사용할 때는, 매번 그 단어들을 아주 쉬운 표현으로 설명하는 작업이 필요하다. 그러나 이와 달리 사용하지 말아야 할 신학 용어들도 많다. 사람들에게 친숙하지 않은, 외래어와 같은 단어들을 많이 사용하는 조직은 그 방문자로 하여금 스스로를 이방인처럼 느끼게 만든다. 신학적인 전문 용어도 같은 역할을 한다. 예를 들어 설교 시간에 '해석학적'(hermeneutic)이라는 단어를 사용하면 그런 결과를 낳을 수 있다. 지식을 과시하려는 의도로 비칠 수 있는 것이다. 따라서 사용하지 않는 편이 좋다.

사용을 자제해야 하는 또 다른 종류의 표현도 있다. 세계 어느 지역을 가든, 크리스천들은 자신만의 신앙적인 표현을 만들어 사용하는데, 이를 '크리스천 언어'(Christianese)라고 한다. 예를 들면 영어권에서는 '복'(blessing)이라는 단어를 많이 사용한다. 그래서 "멋진 시간이었어"라고 말해도 되는 상황에서, 크리스천들은 "얼마나 복된 시간이었는지 몰라"라고 표현한다. 이런 표현은 포스트모던 시대의 사람들에게는 지나치게 경건하게 들릴 수 있다.

포스트모던 세대는 진정성을 원한다. 그들은 가식적으로 보이는 사람들을 피한다. 그러므로 단지 신자들만 이해할 수 있는 '너무 영적인'(super spiritual) 표현들은 삼가고, 대신에 친숙하고 평범한 표현들을 의도적으로 선별해 사용해야 한다.

둘째, 문화에서 공인된 권위자를 인용하라

어떤 유형의 사람이든 자신이 존경하는 권위자가 있기 마련이다. 어느 작가가 될 수도 있고, 배우나 강연자가 될 수도 있다. 이런 면에서 가능하다면, 포스트모던 세대에게 성경의 가르침을 이야기할 때는 그들이 존경하는 권위자들을 언급함으로써 진리를 이해할 수 있도록 도와야 한다.

아주 좋은 성경적인 예가 사도행전 17장에 등장한다. 바울은 아테네의 아레오바고에서 철학자들에게 설교한다. 그는 청중들을 잘 알고 있었기 때문에, 에피메니데스(Epimenides)와 같은 이교 철학자라든가 아라토스(Aratus)라고 이름하는 그리스 시인의 말을 인용한다. 그렇다면 이들을 인용하여 무엇을 하려는 것일까?

바울은 에피메니데스의 글을 인용하며 "우리가 그를 힘입어 살며 기동하며 존재하느니라"(행 17:28, In him we live and move and have our being)라고 말한다. 그 철학자가 하나님에 관해 언급한다고 생각했기 때문이다. 또 아라토스의 말을 인용하며 "우리가 그의 소생이라"(we are his offspring)고도 말한다. 여기서도 그가 하나님에 관해 언급한다고 생각했기 때문이다.

바울이 인용하는 사상가들은 다신론자들(polytheists)이었지만, 그의 눈에 그 인용문들은 다신론(polytheism)에 관한 내용이 아니었다. 오히려 바울은 그 내용들이 진리를 드러낸다는 사실을 파악했다. 즉 그들의 잘못된 관점에도 불구하고 바울은 그들이 말한 내용 중에 진리를 전달하는 부분을 선택해서 사용했다. 청중이 그 인물들을 존경한다는 사실을 알고 있었기 때문이다.

포스트모던 시대의 사람들에게 메시지를 전할 때도 동일하게 접근해야 한다. 나는 미국에서 설교할 때 상황이 적절하다고 판단이 되면, (유명한 아프리카계 미국인으로서 인권 운동 지도자였던) 마틴 루터 킹(Martin Luther King,

Jr.)을 늘 언급한다. 왜냐하면 그는 미국 문화에서 성인(聖人)과 같이 존경받는 인물이기 때문이다. 나는 그의 모든 가르침을 다 받아들이지는 않지만 그가 말한 내용 중에 진실하고 옳은 부분을 취하여 비기독교인들과 소통하기 위해 사용한다. 만일 청중에게 성경과 마틴 루터 킹이 어떤 주제에 대해 동일한 입장을 가지고 있다는 사실을 보여 줄 수 있다면, 그들은 더 쉽게 내 이야기에 마음을 열 것이다. 그 이유는 내가 사용하는 성경을 상대가 존중할지 그렇지 않을지는 모르지만, 적어도 마틴 루터 킹에 대해서는 엄청난 존경심을 가지고 있기 때문이다.

따라서 성경과 함께 비기독교인이 존경하는 어떤 권위자를 인용하여 대화를 펼치면, 우리가 말하려는 내용은 정당성을 확보하게 되며 자연스럽게 이야기를 이어갈 수 있게 된다. 만일 오로지 성경만으로 대화를 주도하게 되면, 상대가 완전히 설득되지 않아 이야기를 끌고 가기 어렵게 된다.

셋째, 상대에게 공감하라

포스트모던 시대를 살아가는 사람들 가운데, 특히 비기독교인에게 메시지를 전할 때는 그들의 의심이나 염려에 대해 공감을 표현하는 능력이 매우 중요하다. 유다서에는 다음과 같은 흥미로운 구절이 있다. "어떤 의심하는 자들을 긍휼히 여기라"(유 1:22). 그러나 수많은 기독교 설교자들은 의심하는 자들을 그리 긍휼히 여기지 않는다.

우리는 의심하는 자들이 지닌 회의나 염려 등을 진지하게 받아들여야 한다. 믿기 어려워하는 그 마음을 이해하고 있음을 보여 주어야 한다.

이 일의 중요성은 아무리 강조해도 지나치지 않다. 한 가지 이야기를 잠시 나누어 보겠다.

내가 아는 복음 전도자가 있다. 그는 전 세계를 여행하며 주로 대학 캠퍼스에서 복음을 전하고 학생들로부터 질문을 받곤 했다. 그가 메시지를 전한 대다수의 학생들은 무신론자(atheists) 아니면 불가지론자(agnostics)에 속했다.

한번은 그가 강연을 마쳤을 때다. 사람들이 자리를 떠나기 시작했는데, 한 학생이 다가와 말했다. "선생님이 어떤 분인지 짐작하기가 힘듭니다. 선생님은 신앙을 잃어가는 크리스천입니까? 아니면 크리스천이 되어 가는 무신론자입니까?"

이에 복음 전도자가 물었다. "학생, 도대체 무슨 말을 하는 거죠?"

그러자 그 학생이 대답했다. "일단 선생님은 매우 강한 도덕적 신념을 가지고 있습니다. 하나님과 진리에 관해 매우 분명한 확신을 지니고 있지요. 그런데 선생님은 의심하는 자들에게도 매우 친절합니다. 의심하는 자들의 말을 듣고, 이해하며, 또 거기에 관심을 갖고 있습니다. 물론 성격이 좋고 친절하지만 믿음이 연약한 기독교인이나 의심하는 자들에게 거칠게 대하는 기독교인을 본 적은 있습니다. 그런데 선생님처럼 강한 확신을 가지고 있으면서 의심하는 자들에게 친절히 대하며 인내하는 사람은 본 적이 없습니다."

"학생이 하는 말의 의미를 알겠군요." 복음 전도자가 말했다. "학생은 복음의 결과가 무엇인지를 보았을 뿐입니다. 만일 제가 자신의 선행으로 구원받았다고 믿는다면 이를테면 내가 성경을 열심히 공부하고 십계명을 준수했기 때문에 천국에 가게 된다고 믿는다면, 저는 당연히 믿지 않는 사람들을 보며 우월감을 가졌을 것입니다."

그리고 계속 덧붙였다. "그러나 그런 믿음은 기독교가 가르치는 바가 아닙니다. 전혀 다른 종류의 믿음입니다. 복음은 이렇게 말하게끔 합니다. '나는 죄인이며 많은 죄를 지었음에도 불구하고 구원을 받았다. 나의 행위로 구원받은 것이 아니다. 내가 구원받은 이유는 그리스도가 나를 위해 행하신 일 때문이다.' 그러니 제가 어떻게 다른 사람들을 대하며 우월감을 가질 수 있겠습니까? 제가 선한 사람이어서가 아니라, 예수 그리스도 때문에 구원을 받았는데 말입니다. 저와 이야기를 나누는 비신자들은 저보다 훨씬 더 도덕적이고 친절한 사람일 수 있습니다. 학생에게 혼란을 끼쳐서 유감이지만, 이게 바로 복음으로 거듭난 사람의 모습입니다."

이 이야기에서 아쉬운 점이 있다면, 복음 전도자가 자신을 특별한 사람처럼 묘사할 수밖에 없는 상황에 놓여 있다는 것이다. 그러나 복음 전도자의 이야기는 효과가 있었다. 이야기를 들은 그 학생은 말했다. "복음에 관해서 더 말해 주세요."

세 번째 특징이 바로 여기에 있다. 비신자에 대해 깊이 공감하면서 믿기 어려워하는 그 마음을 당신이 이해하고 있다는 사실을 보여 주어야 한다.

넷째, 상대의 믿음이 가진 한계를 통해 설득하라

전통적인 복음 전도는 다음과 같이 말함으로써 사람들을 설득하려는 경향이 있었다. "내 믿음은 전부 옳고, 네 믿음은 전부 틀렸다."

이런 접근이 설득력 있게 보이는가? 그렇지 않다. 강압적이고 거만한 방식은 결코 설득력이 없다. 도리어 포스트모던 세대는 자신의 믿음을 타인에게 강요하려는 사람을 싫어하고 거부한다. 그보다 더 나은 접근법은 대화를 나누는 상대의 삶을 들여다보며 그가 믿는 내용 중에 옳고 선한 부분을 찾아낸 후에 이렇게 말하는 것이다. "당신도 그것을 믿습니까? 저도 그렇습니다. 그리고 성경도 동일하게 이를 가르칩니다. 당신과 저는 모두 다 동일한 입장에 서 있는 것입니다. 그런데 왜 그것은 믿으면서, 성경은 믿으려고 하지 않습니까?"

이런 접근이 바로 상대의 믿음이 가진 한계를 통해 설득하는 방법이다. 즉 그가 이미 믿고 있는 것이 그와 관련된 성경을 믿지 않는 자신에게 모순됨을 보여 주는 방법이다.

성경을 자세히 읽어 보면, 그러한 설득 방법이 자주 사용되었음을 알 수 있다. 특히 사도행전에서 바울은 모든 강론과 설교에서 이런 방법을 사용했다. 그는 유대인과 이야기할 때는 성경에 대한 그들의 믿음을 인정했다. 또한 동시에 성경이 가르치는 메시아를 알 수 있을 만큼 그들이 성경을 충분히 살펴보지 않았음을 드러냈다.

한편 사도행전 17장에서 아레오바고 가운데 서서 철학자들에게 설교할 때는 그들이 "알지 못하는 신"(23절)을 찾고 있음에 주목했다. 이는 그런 모습 자체가 그들이 아직 천지 만물의 배후에 있는 신을 발견하지 못했다는 사실을 보여 주기 때문이었다. 그렇기에 바울은 그들의 갈망에 동의하면서 동시에 그들이 찾고 있는 신이 누구인지를 가르쳐 주고자 했다.

다섯째, 기독교의 가르침이 사실이기를 바라는 마음을 갖도록 도우라

비기독교인들이 기독교의 가르침을 사실이라고 믿지 않더라도, 그 가르침이 사실이라면 좋겠다고 생각하게끔 복음이 제시되어야 한다. 그래야만 왜 그 가르침이 사실인지를 설명하는 말을 듣기 위해 귀를 열기 때문이다.

약 20년 전의 일이다. 뉴욕에서 사역하던 세 명의 한인 목회자가 나를 찾아왔다. 그들은 교회 안에서 성장한 많은 자녀들이 대학생이 되면 교회에 나오지 않는 현상에 대하여 말했다. 그런데 일부 자녀들이 내가 시무하는 리디머장로교회(Redeemer Presbyterian Church)에 출석한다고 말했다. 결국 그 목회자들은 나를 비난하려고 찾아온 것이 아니라, 왜 그런 일이 일어나는지를 알기 위해 찾아왔던 것이다.

다소 떨리고 긴장하며 설명했다. "여러분의 자녀들은 제게 이런 이야기를 해 주었습니다. 곧 그들이 한인 교회에 있을 때, '왜 기독교의 가르침 사실이라고 믿어야 하죠?'라고 질문하면, '목사님과 가족들이 모두 사실이라고 믿고 가르치기 때문에 너 역시 믿어야 하는 거야'라는 종류의 답변을 들었다고 합니다. 다시 말해 그들이 성장한 교회는 그들로 하여금 기독교의 가르침이 사실이기를 바라는 마음을 갖게 하기 위해 어떠한 이유나 설명을 제시하지 않았다는 것입니다."

그러면서 나는 그 목회자들에게 리디머교회에서는 아시아인들의 마음을 끌기 위해 별다른 노력을 하지 않는다고 말했다. 오히려 모든 젊은 이들의 마음을 끌기 위해 노력한다고 덧붙였다. 벌써 20년이나 지난 이야기지만, 이는 포스트모더니즘의 영향을 받은 젊은이들이 더 이상 의무적으로 교회에 나가지 않음을 잘 보여 준다. 결국 복음을 그들에게 제시하되, 그 복음이 약속하는 경이로운 사실들이 얼마나 아름다운지를 보여주어야 할 사명이 우리에게 달린 것이다.

이와 같이 포스트모던 시대의 회의적인 사람들은 복음이 사실이라고 즉각적으로 믿지 않아도, 그 메시지가 사실이기를 바라는 마음은 쉽게 가질 수 있다. 예를 들어 그들이 "당신이 말한 내용이 사실이라면 정말 좋겠지만 믿어지지가 않네요"라고 말한다면, 이는 서로 앉아서 "무엇이 사실인지 함께 이야기해 봅시다"라고 권할 수 있는 기회가 된다. 이때 그들은 좀 더 머물면서 이야기를 들으려는 마음의 동기를 가지고 있을 수 있다. 왜냐하면 그들이 당신의 말이 사실이기를 바라는 마음을 이미 갖기 시작했기 때문이다. 여기서 유의할 점은 그들이 알고 있는 교회의 목회자나 다른 리더의 말을 믿어야 한다든가 그에 순종해야 한다고 이야기하는 접근은 전혀 도움이 안 된다는 것이다. 그보다는 복음이 그들을 이끌도록 해야 한다. 이를테면 다음과 같은 내용들로 복음을 제시할 수 있을 것이다.

- 복음은 고통이 빼앗아 갈 수 없는 인생의 의미를 제시한다.
- 복음은 상황의 변화에 상관 없이 참된 기쁨과 만족을 제시한다.
- 복음은 상실되지 않고 사람들에게 억지로 드러낼 필요도 없는 진정한 정체성을 제시한다.

많은 사람들은 열심히 일함으로써 자신이 누구인지를 드러내려고 한다. 아시아에서 흔히 확인할 수 있는 사람들의 마음가짐은 이렇다. '나는 부모를 행복하게 해 드리니 훌륭한 사람이다.' 그러나 맨하튼에서는 다르게 생각한다. '나는 내 꿈을 성취하고 있으니 훌륭한 사람이다.' 여기서 전자는 전통적인 시대의 정체성을 대변한다('나는 부모를 행복하게 해 드린다'). 그리고 후자는 포스트모던 시대의 정체성을 대변한다('나는 내 꿈을 성취하고 있다'). 그러나 양자 모두 자신의 행위에 기초하고 있는 정체성으로서 언제든지 깨어질 수 있다.

이 두 가지 경우 모두 각 사람은 무엇인가를 위해 살아야 한다는 부담을 안고 있다. 한 사람은 부모의 행복을 위해 열심히 살아야 한다는 부담을 안고 있다. 또 한 사람은 자신의 꿈을 성취하기 위해 성공해야 한다는 부담을 안고 있다. 이처럼 자신의 성과에 근거한 정체성은 언제든지 깨어질 수 있다.

반면, 기독교인의 정체성은 앞선 경우들과 완전히 다르다. 기독교인의 정체성은 부여받는 것이지, 성취하는 것이 아니다. 그 정체성은 이렇게 표현될 수 있다. '예수님이 나를 조건 없이 사랑하시기에 나는 늘 사랑받는 자이다. 다시 말해 하나님 아버지께서는 나의 불완전함에도 불구하고 그리스도 안에서 나를 사랑하신다.'

이런 정체성은 절대적으로 안전하다. 이와 같은 정체성을 가진 사람은 자신에게 허락된 하나님 사랑이 그리스도 안에 있기 때문에 그 사랑을 결코 상실할 수 없다. 기독교인의 정체성이 그 자체로 좋은 소식인 이유가 바로 여기에 있다.

그러므로 전통적인 시대의 정체성이든 포스트모던 시대의 정체성이든, 잘못된 부담을 지고 있는 사람들에게 복음을 제시해야 한다. 그리고 그 복음이 나타내는 진정한 자유를 누릴 수 있도록 도와야 한다. 그때 그들은 기독교인의 정체성을 갈망하는 마음을 갖게 된다. 왜냐하면 그들의 삶이 세상의 시선으로 볼 때 성공적이든 아니든, 혹은 그들의 부모를 행복하게 하고 있든 아니든 간에, 그 모든 행위와 상관없이 그들은 그리스도 안에서 사랑받는 자가 될 수 있다는 확신을 복음이 약속하는 자유가 보여 주기 때문이다.

신약학자인 래리 허타도(Larry Hurtado)는 *Why on Earth Did Anyone Become a Christian in the First Three Centuries?*(도대체 왜 처음 3세기 동안 그들은 기독교인이 되었는가?)라는 저서에서 1-3세기 동안 초기 기독교는 로마 제국에서 다른 어떤 종교들보다 더 심한 박해를 받았지만 계속해서 성장했다는 사실을 기록한다. 기독교는 왜 성정할 수 있었을까? 당시 기독교는 세상에 무엇을 제시했을까? 그리고 왜 그들은 교회를 이루려고 목숨을 걸고 노력했을까? 교회에 가야 한다는 사회적인 압박이나 그 모임에 참여함으로써 얻는 어떠한 혜택도 없었는데도 말이다. 오히려 처벌과 형벌이 기다리고 있었지만 그들은 견뎌냈다.

저자는 다른 종교가 제시할 수 없던 두 가지를 초기 기독교가 제시했다고 설명한다. 한 가지는 '은혜로 얻는 구원'이었다. 또 다른 한 가지는 '하나님과의 관계에서 경험하는 사랑'이었다. 그와 달리 다른 모든 종교들은 제사나 의식을 통하여 구원을 얻으려는 행위에 기초하고 있었다. 그런데 기독교는 단 한 사람, 즉 예수 그리스도의 희생을 통해 주어진 은혜로만 구원을 얻는다고 가르치며 하나님과의 살아 있는 교제를 사람들에게 제시했다. 이런 종류의 가르침을 전하는 종교는 어디에도 없었다. 다른 종교들은 인간이 신을 숭배하여 그 호의를 얻을 수 있다고만 가르쳤지, 서로 사랑을 나누는 관계는 아예 불가능하다고 여겼다.

처음 3세기 동안 사람들이 그 모든 박해에도 불구하고 기독교로 전향했던 이유가 거기에 있다. 기독교가 제시했던 복음이 인간의 마음속에 자리한 가장 깊은 갈망을 채워 주었기 때문이다. 그리고 그 갈망은 여전히 모든 이들의 마음속에 자리하고 있다. 따라서 만일 사람들이 복음의 메시지와 그들의 마음에 있는 근원적인 갈망이 서로 연결된다는 사실을 볼 수 있다면, 그들은 지금도 그 메시지에 반응하게 될 것이다. 바로 이때, 사람들은 복음의 메시지가 사실이기를 진심으로 바라게 된다.

여섯째, 마음의 변화를 위해 설교하라

우리의 행동에 관해 설명하는 일도 중요하지만, 그보다는 마음의 동기에 대해 호소하는 편이 더욱 효과적이고 성경적이다. 우리에게 잘 알려진 산상설교의 가르침을 살펴보자. 하나님은 그 백성에게 도덕적 행동을 요구하시지만 그저 외면으로 드러나는 행동만을 요구하시는 것이 아니라는 사실을 알 수 있다. 그 설교에서 우리는 이런 도전을 받는다.

살인하지 않더라도 미워하는가? 간음하지 않더라도 음욕을 품는가? 도둑질을 하지 않더라도 시기하는가? 여기서 우리는 마음이 곧 행동의 근원이라는 사실을 배우게 된다. 이런 관점에서 행동을 궁극적으로 변화시키려면, 우리 내면의 사고, 책임 의식, 사랑 등에 관하여 다루어야 한다.

단지 행동에 관해서만 설명하는 일은 성경의 요구를 강조함으로써 사람들의 의지에 직접적인 압력을 가하는 행위, 즉 그들의 머릿속에 그 내용을 억지로 주입하려는 행위와 같다. 이런 방식의 설교는 전통적인 문화의 영향을 받은 사람들에게는 효과가 있을지 모른다. 가령 유교적인 문화에서 성장하여 인생의 의미가 자신의 의무를 행하는 데 있다고 믿는 사람들에게는 효과적일 것이다. 그러나 포스트모더니즘의 영향을 받은 사람들에게 설교할 때는 의지에 직접적인 압력을 가하는 태도, 이를테면 "내가 말했듯이 이 일이 바로 당신이 행해야 할 바이므로 이를 실천하라"는 식의 접근은 반발심만 불러일으킨다. 이보다는 모든 사람이 자기 마음의 동기를 살펴볼 수 있도록 접근해야 한다.

고린도후서 8장에서 바울은 고린도 교인들에게 재정적인 후원을 하라고 권면한다. 여기서 그는 교인들이 재정 사용에 있어 서로 베푸는 관대한 마음을 갖기를 바란다. 그렇다고 억지로 후원하도록 하지 않는다. 그는 사도로서 명령하여 헌금하도록 만들 수도 있었을 것이다. 그러나 바울은 자신이 명령하기를 원치 않는다고 하며 오히려 그들에게 복음에 관해 생각해 보라고 요구한다. "우리 주 예수 그리스도의 은혜를 너희가 알거니와 부요하신 이로서 너희를 위하여 가난하게 되심은 그의 가난함으로 말미암아 너희를 부요하게 하려 하심이라." 바울은 고린도 교인들의 마음이 먼저 자신을 내어 주신 예수 그리스도의 관대한 은혜에 감동하도록 이끌고 있다. 즉 그리스도의 관대하심을 통해 어떻게 그들이 구원을 받았는지를 생각하도록 일깨우는 것이다. 이를 통해 그들 역시 관대한 마음을 갖게 되기를 바라고 있다.

사람에게는 타인에게 관대한 마음을 갖기 어렵게 만드는 두 가지 요인이 있다. 바로 교만과 염려이다. 어떤 이들은 자신이 마땅히 재물을 가져야 한다고 생각하기 때문에 관대할 수가 없다. 그들은 스스로 열심히 일해서 재물을 모았다고 생각한다. 이런 태도가 바로 교만이다. 또 다른 요인은 염려이다. 만일 자신의 재물을 타인을 위해 사용하면, 자기 스스로가 위태로워질 수 있다고 생각하는 것이다. 즉 만일의 사태에 대비하지 못할 수 있다고 여기는 태도이다. 바울은 사람들이 관대하지 못한 이유가 바로 그들의 마음에 있는 문제, 즉 교만이나 염려와 같은 내면의 동기 때문이라는 사실을 알았다. 따라서 그는 이런 내면의 정서에 반응하며 그들에게 주 예수 그리스도를 생각하라고 말한다. 그리스도가 자신을 전부 내어 주심으로써 그들이 구원을 받게 되었기 때문이다.

이러한 말씀이 보여 주는 심오한 진리를 묵상할 때, 우리 마음에 있는 교만이 깨어지고 우리가 구원받은 죄인이라는 사실을 깨닫게 된다. 만약 그리스도가 자신의 영적 부요함만을 누리며 하늘에 머물러 계셨다면, 우리는 구원받지 못했을 것이다. 우리는 그리스도로 인하여 구원을 받았다. 이런 깨달음은 우리가 살면서 갖게 되는 모든 것이 잠시 주어진 선물이라는 사실을 알게 되기까지 우리를 낮추고 겸손하게 만든다. 그리하여 가진 재물이 자신의 소유라는 생각도 점차 내려놓게 된다.

이러한 복음을 묵상하면 염려 또한 사라지게 된다. 즉 예수 그리스도가 우리를 위해 행하신 일을 바라보아야 한다. 복음은 그분이 우리에게 자신을 주셨으며, 우리를 구원하기 위해서라면 무엇이든 하신다는 사실을 알게 한다. 실제로 그리스도는 무엇이든(anything) 하셨는데, 그가 행하신 것들은 사실상 모든 것(everything)이었다. 그는 우리를 구원하기 위해 극심한 빈곤과 가난도 경험하셨다. 만일 이처럼 우주에서 가장 강력한 존재가 우리를 사랑하신다면, 우리가 무엇을 염려하겠는가? 바울은 이 복음이 고린도 교인들의 마음속에 침투하여 그들이 그 복음을 계속해서 생각할 수 있도록 이야기를 주도한다. 그러면서 결국에는 성령 사역을 통해 그들 안에 있는 교만과 염려가 사라지기를 바랐다. 사람이 관대하게 변화되는 길은 오직 복음으로만 가능하기 때문이다.

바울이 고린도 교인들의 마음에 호소하며 설교한 예는 성경이 우리에게 명령하는 내용을 어떻게 가르쳐야 하는지를 잘 보여 준다. 그 내용이 배우자에 대한 정절이든, 부모에 대한 공경이든, 또는 거짓말이나 속이는 행위를 하지 않음으로써 정직하게 사는 일이든, 우리는 복음을 청중에게 설교하고 그들의 마음에 적용함으로써 그 내용을 이해할 수 있도록 도와야 한다. 이런 방식으로 말이다. "여기에 당신이 행해야 하는 가르침이 있습니다. 그러나 당신의 마음에 근본적인 문제가 있어서, 당신은 그 일을 행할 수 없습니다. 오직 예수 그리스도의 복음을 믿을 때에만, 당신의 마음이 변화되어 그 일을 행할 수 있습니다."

일곱째, 기독교인이 되는 것과 도덕적인 사람이 되는 것의 차이를 드러내라

종교적인 사람은 "내가 하나님께 순종하므로 그가 나를 받아 주신다"라고 말한다. 이와 달리, 기독교인은 "예수 그리스도 안에서 하나님이 나를 받아 주셨으므로 나는 하나님께 순종한다"라고 말한다. 여기에는 두 가지 다른 원리가 작용한다. 바로 이 다른 원리를 가진 사람들이 교회에 나란히 앉아 있을 수 있다. 그들은 똑같이 기도하고, 성경을 읽고, 십계명을 지킬 수 있다. 그러나 그 모든 일을 행하는 동기와 삶의 결과는 근본적으로 다르다.

먼저 "내가 하나님께 순종하므로 그분이 나를 받아 주신다"라는 고백에는 하나님에 대한 순종은 무엇인가를 얻기 위한 방법이라는 생각이 전제되어 있다. 사람이 하나님께 순종하기 때문에, 하나님께서 복을 주시고 기도에 응답하며 천국에 들어가게 해 주신다는 생각이 바탕에 깔려 있다. 결국 여기서 하나님에 대한 순종은 하나님을 조정하려는 방법이다.

이와 반대로 "예수 그리스도 안에서 하나님이 나를 받아 주셨으므로 나는 하나님께 순종한다"라는 고백에는 하나님에 대한 순종이 구원의 수단이나 천국에 들어가기 위한 조건이 된다는 생각이 자리할 수 없다. 이미 구원이 주어졌고, 천국은 보장되었기 때문이다. 이렇게 고백하는 사람은 무엇인가를 얻기 위해 하나님께 순종하지 않는다. 오히려 하나님을 기쁘시게 하고, 그분을 사랑하며, 더 깊이 알아가기 위하여 순종한다.

이 두 가지 원리는 완전히 서로 다른 방식으로 작용한다. 거기에는 서로 다른 동기가 내재되어 있다. 위의 한 가지 원리를 따르는 사람은 바리새인이고, 다른 원리를 따르는 사람은 기독교인이다.

바리새인은 늘 불안정하다. 그는 자신이 가진 기준에 이르는 삶을 살고 있다는 확신이 없다. 그러면서 다른 사람들에 대해서는 판단한다. 그러나 기독교인은 자신이 은혜로 구원받은 죄인임을 알기에 겸손하다. 또한 하나님이 어떤 상황에서든 자신을 사랑한다는 확신을 가지고 있기 때문에 결코 불안정하게 흔들리지 않는다.

비기독교인 가운데 특히 포스트모더니즘의 영향을 받은 사람들에게 설교할 때는 기독교인이 되는 것과 도덕적인 사람이 되는 것의 차이를 분명하게 드러내는 일이 매우 중요하다. 만약 그 두 가지 경우의 차이가 분명히 드러나지 않는다면, 회개나 그리스도에 대한 믿음을 요구하는 어떤 부르심도 그저 종교적인 사람이나 도덕적인 사람이 되라는 요청으로만 들리게 된다.

따라서 복음의 요지는 종교적인 사람이나 혹은 도덕적인 사람이 되는 데 있지 않다. 기독교인이 되는 데 있다는 사실을 분명하게 드러내야 한다. 이런 차원에서 인생을 살아가는 두 가지 방식, 즉 하나님의 방식과 당신의 방식이 있다고 하는 말은 명확하지 않을 수 있다. 이보다는 세 가지 방식이 있다고 이야기하는 편이 낫다. 곧 도덕적으로 선한 사람이 되어 하나님을 조정하려는 방식, 또는 하나님과 무관하게 사는 방식, 아니면 기독교인이 되는 방식이다.

그러므로 이런 삶의 방식들이 어떻게 서로 다른지 그 차이가 분명히 드러나지 않는다면, 사람들은 예수님을 믿어야 한다는 요청을 받았을 때 자기들에게 과연 어떤 사람이 되라고 요청하는지 그 의도를 실제로 이해하지 못하게 된다.

02

성경의 모든 본문에서
그리스도를 설교하기(상)

- 주제 해결과 율법 수용

스티븐 엄
STEPHEN T. UM

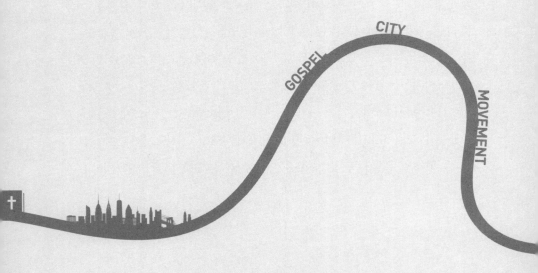

복음을 들으며 그 메시지가 제시하는 모든 내용을 접하게 될 때, 우리의 삶에는 총체적인 변화가 일어난다. 복음은 단지 지성과 행동에만 영향을 미치는 것이 아니라, 인생의 모든 영역으로 자연스럽게 그 영향을 확장시킨다. 따라서 우리가 하나님께 나아가는 방법, 문화에 접근하는 방법, 그리고 이웃에게 다가가는 방법도 달라진다. 그렇기에 이 복음, 즉 예수 그리스도의 성육신(오심), 십자가 형벌(죽으심), 부활(살아나심)은 성경을 해석하는 방법에도 결정적인 영향을 미칠 수밖에 없다.

신약성경을 전체적으로 살펴보면, 모든 성경을 관통하는 일관되고 통일된 복음의 메시지가 있음을 알게 된다. 이는 성경의 모든 구절에서 예수님을 발견할 수 있다는 주장이 아니다. 그보다는 우리가 성경에서 보게 되는 다양한 복음 조각들(gospel pieces)이 모두 예수 그리스도의 인격과 사역을 통해 성취되고 완성된 바를 한결같이 가리키고 있다는 사실을 의미한다. 브라이언 채플(Bryan Chapell)도 그리스도 중심적으로 성경을 읽는 방법은 성경의 모든 구절에서 예수님에 관한 내용을 찾아 읽으려는 접근이 아니라고 지적했다.

구속사적 맥락에서 모든 본문을 이해한다는 말은 그 모든 본문이 예수님을 언급하고 있다는 의미가 아니다. 그보다는 모든 본문이 그리스도 안에서 완전하게 구현된 하나님의 구속 은혜(God's redeeming grace)를 어떤 측면에서든 이야기하고 있다는 의미이다. 궁극적으로 우리는 성경 전체에서 펼쳐지는 구속의 메시지를 예수 그리스도가 어떻게 구체적으로 성취하시는지를 보며, 그분이 누구이고 또한 무슨 일을 행하시는지를 이해하게 된다.[1]

결국 우리가 해야 할 일은 성경이 만들어진 방식대로 성경을 읽는 것이다. 다시 말해 성경이 보여 주는 구속 이야기의 중심과 정점에서 그리스도가 드러나도록 구성된 방식대로 성경을 읽어야 한다. 예수님은 그 이야기에서 해결되지 않은 주제를 해결하려고 오셨다. 그리고 그분은 성경을 완성하기 위해 오셨다. 더 나아가 성취되지 않은 상징을 성취하려고 오셨다. 또한 율법을 완전하게 이행하신 분이다. 그러므로 만일 우리가 어떤 본문에서든 그리스도를 염두에 두지 않는다면, 성경이 사람들에게 의도하지 않은 그 모든 일들, 즉 이야기를 완성하고, 주제를 해결하며, 상징을 성취할 뿐 아니라, 율법을 완벽하게 준행하는 요구사항을 바로 인간이 해내야 한다는 결론에 이르게 된다.

이제 논증하려는 내용은 바로 이 그리스도 중심적 설교(Christ-centered preaching)의 핵심 사상이다. 거기서 우리는 첫째, 성경을 해석하는 두 가지 주요 모델(조직신학적 모델과 구속사적 모델)을 평가하고 둘째, 그리스도 중심적 방법으로 본문을 읽기 위한 성경적인 근거를 찾아볼 것이며 셋째, 그리스도 중심적 설교를 신실하게 수행할 수 있는 실제적인 방법들을 보여 주는 성경의 다양한 복음 조각들을 평가하게 될 것이다.

조직신학적 모델과 구속사적 모델²

"이 문제에 대해 성경은 우리에게 무엇이라고 가르치는가?"라는 질문에 답하기 위해, 우리는 두 가지 렌즈, 즉 조직신학적 모델(Systematic Theological Model)과 구속사적 모델(Redemptive Historical Model)이라는 렌즈를 통해 해당 본문을 살펴볼 수 있다. 조직신학적 모델은 주어진 주제에 대해 모든 본문을 살펴봄으로써 (가령 하나님, 죄, 교회 등과 같은) 주제별로 성경을 다루는 방법을 가리킨다. 이 모델은 구속사적 이야기의 발전이나 진행에 대한 충분한 고려가 없이 특정 주제들에 관한 성경의 가르침을 수집하는 데 사용된다.

이와 달리 구속사적 모델은 성경을 일종의 하나님의 구원 역사, 즉 구속사로 다루는 방법을 가리킨다. 이 모델은 카테고리식으로 분류된 주제들보다는 각 역사적 단계에서 재현되는 반복적인 주제들에 더 초점을 두고 성경이 가르치는 내용을 체계화한다. 예를 들어 이 모델을 적용할 때 다음과 같이 질문할 수 있다. "어떻게 창조, 나라, 성전, 하나님 백성, 언약, 대속 등이 모든 시대에 걸쳐 발전되다가 그리스도의 사역에서 정점에 이르는가?"

구속사적 모델은 성경의 모든 부분이 지향하는 목적이 그리스도가 누구이고, 또한 그가 무슨 일을 하려고 오셨는지를 증언하는 데 있음을 전제로 한다. 모든 본문이 실제로 그리스도와 관련되어 있다고 이해하는 것이다. 물론 이는 조직신학적 모델이 중요하지 않다는 의미가 아니다. 분명 주제별로 어떤 문제에 접근해야 할 때가 있기 때문이다. 여기서 논증하고자 하는 바는 조직신학적 모델을 구속사적 모델 안에서 적절하게 활용할 필요가 있다는 것이다. 더 나아가 구속사라는 이야기의 진행과 그 이야기 안에서 이루어지는 각 주제들의 발전을 따라가는 일은 특별히 설교를 위해 성경을 바르게 해석하는 과정에도 매우 중요한 작업이라고 할 수 있다.

왜 구속사적 모델을 조직신학적 모델보다 우선해야 하는지, 또는 왜 조직신학적 모델은 구속사적 모델의 체계 안에서 활용되어야 하는지에 대한 답변이 중요한 작업인 이유는 다음과 같다. 구속사적 모델은 우리가 하나님을 위해 무엇을 해야 하는지가 아니라 하나님이 우리를 위해 무엇을 하셨는지에 주된 관심을 두고 설교할 수 있도록 도와주기 때문이다. 조직신학적 모델은 도덕적인 설교를 이끌어 내는 경향이 있는 반면, 구속사적 모델은 그리스도 중심적 설교를 구성하는 일에 사용된다. 조직신학적 모델은 규범적이고 강론적이며 미시적인 문맥에 집중하는 경향이 있다. 이런 접근은 그 자체로서 중요하고 필요하기는 하지만, 흔히 성경 전체가 전달하는 구원에 관한 전반적인 이야기를 간과하게 만들기도 한다. 간혹 우리가 다른 누군가의 사역을 통해서만 구원을 받는다는 이야기를 설교에서 등한시하면, 청중에게 더 나은 도덕적 존재가 되라는 메시지를 전하는 것이 된다. 순종을 위한 순종, 또는 복음에 대한 반응이 아닌 순종은 그저 종교 행위일 뿐이다. 종교는 "내가 순종하기 때문에 하나님이 나를 사랑하신다"라고 말하는 반면, 복음은 "하나님이 그리스도 안에서 나를 사랑하시기 때문에 나는 순종한다"라고 말한다.[3] 이에 대한 그레엄 골즈워디(Graeme Goldsworthy)의 말을 들어보자.

우리는 다른 사람들에게 복음대로 살라고 하거나 복음을 행하라고 명령할 수 없다. 우리는 그리스도 안에서 하나님이 그들을 위해 행하신 일을 설교해야 한다. 신약성경의 가르침에 따라 사람들에게 복음의 결과를 삶으로 드러내라고 요구할 수는 있지만, 그들에게 실제로 복음대로 살라고 강요할 수는 없다. 왜냐하면 그 일은 그리스도의 유일한 사역이기 때문이다. 바로 이 복음과 그 결과로서 우리 삶 가운데 맺혀지는 복음의 열매를 구별하는 일은 매우 중요하다.[4]

여기서 강조하려는 요점이 순종의 중요성을 제거하거나 감소시키는 데 있지 않음에 주목해야 한다. 반율법주의(Anti-nomianism)는 성경의 가르침과 완전히 상반되는 사상이다. 구속사적 모델은 성경적이면서도 정확한 순종의 개념을 이해하도록 돕는다. 이에 대한 에드먼드 클라우니(Edmund Clowney)의 말을 들어보자.

구속사적 접근은 필연적으로 윤리적 적용을 가져오는데, 이는 설교 사역에 필수적인 부분이다. 우리가 그리스도 안에서 정점에 이르는 하나님의 구원 사역에 직면하게 되면, 언제나 윤리적 의무에도 직면하게 된다. … 그러나 그 반응은 우리보다 선행하는 개별적인 계시의 진리에 의해 일어나야 한다. 또한 그 진리를 이해하기 위해서는 각 시대에 주어진 계시의 맥락을 알아야만 한다. 이런 순서가 결여되면, 성경 역사는 무질서한 혼란에 빠져들고 그 안에서 등장하는 인물들이 우리의 삶에 적용된다든가, 혹은 우리가 모방해야 할 가치

있는 대상들로 여겨지는 상태에 이르게 된다.[5]

　이는 심지어 설교자가 본문에 관한 사실들을 많이 설명하더라도 그리스도의 완성된 사역 가운데 드러나는 구원의 은혜를 전달하는 메시지의 흐름 속에서 그 본문을 해석하지 않는다면, 청중은 거의 대부분 도덕주의적 체계 안에서 설교를 듣게 된다는 사실을 의미한다. 만일 우리가 거대한 구속사적 이야기를 배제하고 어느 특정 본문의 줄거리만 전한다면, 우리는 사실상 그 본문의 의미를 왜곡할 수 있는 위험에 빠지게 된다. 그 결과, 설교는 그리스도의 사역 안에서 믿음으로 살라는 요청보다 '더 열심히 노력하라'는 순전히 도덕주의적인 권면으로 전락한다. 그리스도에게로 향하지 않고 단순히 성경적인 원리들만 설명하는 본문 해설은 사람들에게 그들의 의지를 발휘하여 어떠한 패턴에 따라 살라고 권면하는 일밖에 되지 않는다.

　결론적으로, 구속사적 모델이야말로 조직신학적 모델과는 달리 유기적이고, 역사적이며, 자연스러울 뿐 아니라, 무엇보다도 전체적인 성경 이야기의 진행을 따라갈 수 있는 복음 중심적 전망을 열어 주는 접근이라고 할 수 있다. 구속사적 모델은 우리의 구원을 확보하기 위해 그리스도 앞에서 무엇을 해야 하는지를 고민하게 만드는 도덕주의적 설교가 아니라, 그리스도가 누구이며 그분이 우리를 위해 행하신 일에 초점을 맞추는 복음 중심적 설교를 가능하게 한다. 물론 조직신학적 모델을 설교에 사용하는 일이 유익하고 필요할 수도 있다. 하지만 어느 본문이 주어지든 그 본문의 거시적 문맥(전체 사상)뿐 아니라 미시적 문맥(해당 사상)까지 함께 강조하고 숙고할 수 있도록 도와주는 접근은 구속사적 모델이라고 할 수 있다.

그렇다면 우리는 과연 무엇을 근거로 성경을 이해하고 해석하는 주된 방법으로 구속사적 모델을 사용하는지를 물을 수 있다. 다시 말해 구속사적 모델이라는 렌즈를 통해 성경을 살펴보는 작업에 필요한 근거를 어디서 발견할 수 있는지를 물을 수 있다는 것이다. 따라서 이제 우리는 어떻게 신약 저자들이 구약성경을 읽고, 이해하며, 해석했는지 살펴보고자 한다.

그리스도 중심적 해석에 대한 성경적 근거

신약 저자들이 어떻게 구약성경을 읽고 해석했는지를 잘 보여 주는 몇 가지 신약 본문들이 있다. 아래에서 예로 든 본문들에 적용되는 일관된 원리는 신약 저자들이 바로 예수 그리스도의 인격과 사역 안에서 정점에 이르는 구속사의 진행이라는 관점을 통해 구약성경을 읽었다는 것이다.[6]

누가복음 24장

누가복음 24장은 예수님이 적용하신 성경 해석법을 보여 준다. 즉 그당시에 사용되던 성경을 그분이 어떻게 해석하셨는지를 이 본문을 통해 살펴볼 수 있다. 누가복음 24장 27절은 다음과 같다. "이에 모세와 모든 선지자의 글로 시작하여 모든 성경에 쓴 바 자기에 관한 것을 자세히 설명하시니라."

이 구절에 대해 누군가는 예수님이 단지 메시아를 언급하는 특정 본문에 대하여 이야기하셨다고 주장할 수도 있다(눅 24:26). 그러나 27절에서 우리는 그 당시의 성경 전체, 즉 모세와 선지자와 다른 부분들을 포함하는 구약성경 전체를 예수님이 언급하고 계심을 본다. 이처럼 구약성경 전체가 자신에 관한 내용이라고 설명하셨다고 보는 편이 이 본문에 대한 가장 명확한 해석이다. 이런 점에서 이 구절은 예수님이 사용하신 성경 해석법을 잘 드러내는 본문이라고 할 수 있다.

지금 여기서 언급된 성경이 구약성경 전체를 가리킨다고 생각해야 할 또 다른 이유가 있다. 보통 '구약성경'이라는 이름을 사용할 때, 우리는 그 이름이 단지 토라, 즉 율법만을 지칭한다고 생각하는 경향이 있다. 그러나 구약성경을 일컫는 전문적인 표현은 타나크(Tanakh)이다. 이 표현은 세 가지 부분으로 구성되어 있다. 바로 토라(Torah), 느비임(Nevi'im), 케투빔(Ketuvim)이다. 여기서 토라는 구약성경의 처음 다섯 권, 곧 모세오경을 가리킨다. 느비임은 선지서를 가리키고, 케투빔은 시편과 다른 성문서를 가리킨다.

결론적으로 누가복음 24장 27절에서 언급된 성경은 단지 토라가 아니라 타나크를 가리킨다. 그렇기에 44절에서 예수님이 구약성경, 즉 전체 히브리어 성경이 자신에 관해 기록되었다고 설명하시는 장면을 다시 한번 보게 된다. 그리고 이제는 구약성경이 바로 자신을 통해 성취된다고 말씀하신다. 여기서도 성경 전체가 자신에 관해 기록되었다고 단언하시는 것이다. 이에 대해 대럴 보크(Darrell L. Bock)는 다음과 같이 설명한다.

여기서 예수님은 당시 유대교가 놓치고 있던 '고난 당하는 메시아'라는 요소를 추가하기는 하지만, 메시아에 관한 성경의 내용을 바로 그와 같은 전체적인 관점에서 언급하신다. 누가가 성경의 세 부분을 언급한 이유는 구약성경 전체가 예수님에 관한 내용을 가르친다는 사실을 말하기 위해서였다. 이 구절은 신약성경에서 구약성경의 세 부분이 함께 언급된 유일한 본문이다. 예수님은 자신이 바로 그 성경의 주제이며, 하나님의 약속이 성취되는 모든 사건의 중심에 있다는 사실을 분명하게 밝히신다.[7]

이는 곧 우리가 구약성경에서 그리스도를 발견하지 않는 한, 전체적인 구속 이야기의 미완성의 그림밖에는 얻을 수 없다는 사실을 의미한다. 즉, 구약성경의 전체 이야기를 올바로 이해할 수 있는 유일한 방법은 오직 예수 그리스도의 인격과 사역을 통해 그 의미를 해석하는 길밖에는 없다.

누가는 그 사실을 24장 16절에서 부활하신 예수님과 함께 엠마오를 향해 걸어가던 두 사람의 "눈이 가리어져서 그인 줄 알아보지 못하"는 장면을 들어 주해적으로 묘사한다. 곧 이 장면에 이어지는 내용인 24장 31절에서 누가는 예수님이 그들과 함께 거하며 축사하시고 떡을 나눌 때 "그들의 눈이 밝아져 그인 줄 알아" 보게 되었다는 내용을 기록한다. 이런 묘사는 창세기 3장 6-7절에서 아담과 하와가 금기의 열매를 먹은 후 "그들의 눈이 밝아"지게 된 장면을 상기시킨다. 이 '첫 번째 식사' 현장에서 눈이 밝아졌을 때 아담과 하와는 "자기들이 벗은 줄을" 알게 되었다(창

3:7).

그러나 그리스도의 부활 후에 일어난 '두 번째 식사' 현장에서 눈이 밝아진 제자들은 예수님을 알아 본다. 즉 첫 번째 사건에서 자신들의 수치를 알게 되었다면, 두 번째 사건에서 그들의 구원자인 메시아를 알게 된다. 이런 차원에서 하나님이 지으신 세계에 타락을 가져왔던 옛 창조의 식사(the old creational meal)가 이제는 생명을 가져오는 새 창조의 식사(the new creational meal)로 역전되는 현상이 여기서 발생한다.[8]

요한복음 5장

신약성경에서 예수님의 성경 해석법이 드러나는 또 다른 본문이 있다. 바로 요한복음 5장 39절이다. "너희가 성경에서 영생을 얻는 줄 생각하고 성경을 연구하거니와 이 성경이 곧 내게 대하여 증언하는 것이니라." 성경은 분명히 오류나 오류 가능성이 없는 하나님 말씀이다. 하지만 성경 자체가 우리에게 영생을 주지는 않는다. 그보다도 성경은 우리에게 영생을 주시는 분인 예수 그리스도를 보여 준다. 이 본문 곧, 요한복음 5장 39절에서 언급된 '성경'은 구약성경을 가리킨다. 앞서 누가복음 24장 44절에서 우리가 이미 확인한 사실을 되풀이한다면, 구약성경 전체는 예수에 관한 증언이라고 할 수 있다.

따라서 우리는 구약성경을 기독론적으로 읽고 해석하지 않을 수 없다. 다시 말해 구약성경을 그리스도 중심적으로 해석하는 방법이야말로 예수님이 우리에게 요구하시는 방법이라고 할 수 있다. 에드먼드 클라우니는 이렇게 설명한다.

하나님의 구속 사역이 지닌 연속성으로 인해 구약성경과 신약성경이 제시하는 구원은 서로 유기적으로 연결된다. 오직 한 분 구원의 주님(one saving Lord)이 계시고, 하나님의 백성도 한 진정한 이스라엘(one true Israel)로 존재한다. 그러나 구속의 시대가 진행되고 그리스도 안에서 이루어지는 성취가 계시됨에 따라, 부분적인 구원 역사가 종국에는 전체적인 구원 역사에 의존하게 된다. 즉 구약이 신약에 의존하는 것이다.[9]

따라서 요한복음 5장 39절은 우리가 성경의 모든 측면에 어떻게 접근해야 하는지 그 방법에 필수적인 영향을 미치는 구약성경의 전체적인 사상을 제시한다.

사도행전 13장

사도행전 13장에서 확인하게 되는 바울의 설교, 즉 그가 하는 "권할 말"(행 13:15)은 그의 성경 해석법을 이해하는 데 도움이 된다. 여기서 바울은 비시디아 안디옥에 있는 한 회당에 방문한 자로서 안식일에 그곳에 모인 자들에게 권할 말을 나눌 수 있는 기회를 얻었다. 그는 이 기회를 활용하여 회당에 모인 자들에게 매우 익숙했을 이스라엘 역사에 복음의 기초가 있다는 사실을 드러냄으로써 복음의 진리를 전달하기 시작한다. 그러면서 애굽에서 이스라엘이 노예로 있던 일(17-18절)과 선지자 사무엘 때까지 하나님께서 이스라엘 백성을 돌보신 일(20절), 그리고 이스라엘 백성이 왕을 구했던 일(21절) 등을 거론하며 이야기를 이어간다.

이 맥락에서 바울은 다윗을 언급하며 그리스도와 연결하는데, 곧 예수님이 바로 약속된 다윗의 후손이며 구원의 기쁜 소식을 주시는 분이라는 사실을 주장한다(23절). 그런 뒤에 시편 2편 7절이나 이사야 55장 3절과 같은 구약성경의 본문들을 인용하여 예수님이 이스라엘의 소망을 성취하신 분이라는 사실을 입증한다. 결국 바울은 출애굽과 선지자들과 왕들의 역사에서 이야기되는 이스라엘의 소망이 바로 예수 그리스도 안에서 궁극적인 성취에 이른다는 내용을 주장하는 것이다. 즉 예수 안에서 우리는 진정한 출애굽, 선지자 중의 선지자, 그리고 더 위대한 다윗을 보게 된다.

더 나아가 바울은 은혜와 율법을 나란히 설명하여 예수님이 오심으로써 비로소 진정한 자유가 도래했다는 사실을 강조한다(39절). 이처럼 바울의 설교는 전반적으로 그가 어떻게 이스라엘 역사를 이해하고 해석하는지를 잘 보여 준다. 곧 바울은 애굽에서의 종노릇이나 선지자들 또는 왕들과 관련된 언급이 회당에 모인 청중에게 깊은 영향을 주리라는 사실을 의식했다. 이스라엘 역사의 모든 기점이 바로 예수 그리스도의 인격과 사역의 관점에서만 올바로 관찰되고 해석될 수 있다고 주장한 것이다. 예수님은 이스라엘 역사에 나타난 모든 소망의 암시들을 궁극적으로 성취하시는 분이기 때문이다.

초기 유대교의 해석 관습[10]

어떻게 신약 저자들이 처음부터 그리스도 중심으로 구약성경을 읽는 방법을 익히고 발전시켰는지 궁금해 할 수 있다. 이런 문제와 관련하여 당시 신약 저자들이 가진 해석 관습과 규범은 그들만의 독특하고 고유한 방법이 아니었다는 사실을 이해하는 것이 중요하다. 다시 말해 그들은 단지 독창적이고자 구약성경을 해석하는 새로운 방법을 고안한 자들이 아니었다. 신약 저자들이 그들의 상황을 고려하여 구약성경을 다룬 방식은 많은 유대교 저자들이 구약성경을 다루었던 방법을 깊이 반영한다.

예를 들어, 게제라 샤바(gezerah shawa)라는 방법이 있다. 이는 초기 랍비 유대교 시대의 랍비 힐렐(Rabbi Hillel)이 발전시켰다고 여겨지는 방법으로서 일곱 가지 기본적인 랍비 해석 기술 중 하나이다. 리처드 론제네커(Richard Longenecker)는 게제라 샤바를 이렇게 정의한다.

> 구절과 구절 사이에 나타나는 언어의 유사성에 근거한 방법으로서, 동일한 단어가 두 가지 개별적인 경우들에 적용되었을 때 동일한 생각을 양쪽 모두에 적용하는 방법을 일컫는다.[11]

이 특정한 해석 기술은 언어의 연관성에 기초하여 다양한 본문들을 서로 관련짓기 위해 사용된다. 즉 하나의 핵심 단어가 어떤 본문에 사용되었을 때, 그 단어는 독자들로 하여금 동일한 핵심 단어가 사용된 다른 본문을 언급하도록 인도한다는 것이다. 게제라 샤바의 예는 신약성경의 여러 곳에서 발견된다.[12]

신약성경에서 사용된 어떤 단어나 표현들은 유대교 배경에서 구약성경을 이해하는 방식대로 읽을 수 있도록 의도되어 있다. 따라서 그런 경우에 둘 사이의 관련성을 놓치게 되면, 신약 저자들이 실제로 말하고자 한 의미를 파악하지 못할 수도 있다. 결국 게제라 샤바와 같은 방법이든 혹은 다른 방법이든 간에 신약 저자들의 시대에 사용된 해석 규범에 대한 올바른 이해를 갖추는 일은 신약 저자들이 구약성경의 다양한 본문들을 서로 관련짓는 방법이 아무 성경적 근거도 없이 순전히 창의성만을 발휘해서 이루어 낸 결과가 아니라는 사실을 이해할 수 있도록 돕는다.

그리스도에 이르는 방법

이처럼 신약 저자들은 예수 그리스도의 인격과 사역 가운데 정점에 이르는 구속사의 진행을 전제한 관점에서 구약성경을 해석하는 방법을 보여 준다. 그렇다면 우리는 어떻게 그러한 관점으로 성경의 모든 영역에서 그리스도에 이를 수 있을까? 이 물음에 답하기 위해 이번 장과 다음 장에 걸쳐 네 가지 '복음 조각'(gospel pieces)을 살펴보고자 한다. 이 복음 조각은 성경의 다양한 위치에서 그리스도에 이르도록 연결해 주는 하부 구조를 의미한다.

'주제 해결'(Theme Resolution)이라는 복음 조각

구약성경과 신약성경을 관통하는 핵심적인 성경 전체의 주제들(inter-canonical themes)이 많이 있다.[13] 이 주제들은 성경의 이야기가 구약성경에서 시작되어 신약성경에서 성취에 이르는 과정을 거치면서 발전된다. 이러한 주제의 발전을 통해 성경에서 구속 이야기의 줄거리가 진행된다.

많은 설교자들에게 하나님의 어린양이나 생명의 떡, 또는 성전이나 피와 같은 주제들은 매우 친숙하다. 이 주제들은 우리가 흔히 직관적으로 본문에서 이끌어 내는 성경 전체의 특정 주제들에 속하는 예이다. 이와 같은 주제들은 성경 전체에 걸쳐 비중 있게 다루어지기 때문에, 구약성경과 신약성경에서 각 주제가 서로 연결된다는 사실을 관찰하기가 쉽다.

여기서 우리에게 주어지는 과제는 구속 이야기의 진행을 보다 잘 이해할 수 있도록 도와주는 주제들을 더 발견하는 일이다. 그리하여 성경이 여러 가지 측면에서 생동감 있게 읽히도록 만들어야 한다. 이제 소개되는 예들은 바로 그와 같이 구약성경과 신약성경에서 해당 주제가 어떻게 서로 연결되는지를 볼 수 있도록 도와주는 성경 전체의 핵심적인 주제들이다.

(1) 은혜와 율법

한 가지 주요 주제는 은혜와 율법이다. 하나님은 거룩하신 동시에 자비로우시다. 출애굽기 34장 6절에는 이런 말씀이 기록되어 있다. "여호와라 여호와라 자비롭고 은혜롭고 노하기를 더디고 인자와 진실이 많은 하나님이라."

이 구절에서 마지막 두 가지 수식어의 조화, 즉 "인자와 진실"(steadfast love and faithfulness)이라는 표현은 구약성경에서 매우 중요한 개념이다. 여기서 '인자'가 '진실'이라는 단어와 조화를 이루고 있음에 주목해야 한다. 히브리어로 기록된 구약성경의 헬라어 번역본인 칠십인역은 이 표현을 "긍휼[14]과 진실"(mercy and truth)이라고 번역했다. 우리는 이와 비슷한 표현인 '은혜와 진리'를 요한복음에서 발견하게 된다.[15] 요한복음 1장 14절에서 사도 요한은 말한다. "말씀이 육신이 되어 우리 가운데 거하시매 우리가 그의 영광을 보니(참고, 출 33:22) 아버지의 독생자의 영광이요 '은혜와 진리'(grace and truth)가 충만하더라."

이 구절에서 요한은 외견상 양립할 수 없는 개념들인 은혜(또는 인자)와 진리(또는 진실)를 함께 소개한다. 그 후 두 개념의 조합을 말씀이신 예수 그리스도를 설명하는 데 적용한다. 여기서 우리는 "인자와 진실이 많은 하나님"이 "육신이 되어 우리 가운데 거하시"는 말씀으로 자신을 계시하시는 장면을 보게 된다. 이를테면 하나님의 거룩하심과 자비하심이 어떻게 함께 드러날 수 있는지에 대한 답변이 예수 그리스도를 통해 주어지는 것이다.

어떻게 거룩하신 하나님이 죄가 많고 망가진 인간에게 자비로우실 수 있을까? 그리스도의 생애와 사역의 정점(십자가)에서 우리는 하나님이 어떤 방식으로 그분의 백성에게 거룩하심과 자비하심을 드러내시는지를 보게 된다. 하나님의 거룩하심은 백성의 죄에 대한 형벌을 시행하기 위한 십자가 죽음을 야기했다. 그와 동시에 백성을 향한 하나님의 자비하심은 그분의 임재와 넘치는 사랑을 백성에게 확신시키기 위해 십자가 죽음을 야기했다.

이와 동일한 사상이 시편 85편 10절에서 반복된다. 여기서도 동일한 의미를 담고 있는 표현인 '인애와 진리'가 발견된다. 또 그에 이어서 표현은 조금 다르지만 유의어가 사용되어 인애와 진리가 같이 만난다는 사상이 구체화된다. "의와 화평이 서로 입맞추었으며."

어떻게 하나님의 거룩하심과 자비하심이 함께 만나는 일이 가능할까? 다시 말해 '은혜와 진리'라는 표현을 적용해 본다면, 어떻게 은혜와 진리가 서로 입맞추는 일이 가능할까? 이에 대해서는 예수 그리스도의 인격과 사역 때문에 그 일이 가능하다는 답을 내릴 수밖에 없다.

그런데 은혜와 진리가 만나는 일이 예수님께는 죽음의 입맞춤으로 일어났다. 바로 예수님의 죽음에서 외견상 양립할 수 없는 두 가지 개념들이 공존하게 된 것이다. 결국 그리스도 안에서 우리는 인애와 진리가 완벽하게 만나는 일을 보게 된다. 즉 그리스도 안에서 우리는 하나님의 거룩하심과 자비하심이 비로소 완벽하게 만나는 일을 보게 되는 것이다.

(2) 예배와 성소

출애굽기 33장에서 모세가 하나님과 함께 산 위에 있는 동안 이스라엘 백성은 그 아래에서 우상 숭배를 한다. 이에 모세는 하나님께 자신과 동행하시기를 간절히 요청하고, 하나님은 그 간청을 받아 주신다(출 33:14). 그러자 모세는 그 약속에 대한 증거로서 하나님의 영광 보기를 애원한다. 이때 하나님은 이렇게 답변하신다. "네가 내 얼굴을 보지 못하리니 나를 보고 살 자가 없음이니라"(출 33:20).

그러나 하나님은 모세를 위해 다른 제안을 하신다. "보라 내 곁에 한 장소가 있으니 너는 그 반석 위에 서라 내 영광이 지나갈 때에 내가 너를 반석 틈에 두고 내가 지나도록 내 손으로 너를 덮었다가 손을 거두리니 네가 내 등을 볼 것이요 얼굴은 보지 못하리라"(출 33:21-23).

이에 모세는 좁은 공간인 반석 틈에 자리하고, 하나님은 가시적인 모습으로 곁을 지나신다. 모세는 하나님의 얼굴을 볼 수 없었지만, 하나님의 영광이 지나가는 뒷모습을 잠깐 볼 수 있었다. 바로 이렇게 자신에게 맞추어져 조절된 하나님의 영광을 본 후 모세는 산에서 내려온다. 하나님의 영광은 부분적이고 일시적인 빛이었지만 그 광채로 인해 사람들은 모세에게 다가와서 그를 쳐다볼 수 없었다. 바로 이 빛이 구약성경이 보여 주는 하나님 영광이다.

이처럼 하나님의 영광은 사람이 보고는 살 수 없다. 따라서 반드시 그 광채가 조절되어야만 했다. 그런데 그 하나님의 영광이 이스라엘 백성에게 필요했음에도 불구하고, 역설적인 상황은 그들이 자신들에게 가장 필요한 하나님의 영광을 실제로 마주할 수 없었다는 것이다.

이와 유사한 딜레마가 바로 이스라엘 백성이 하나님의 임재에 대한 확증을 얻을 수 있었던 장소인 성막 또는 성전에서 드러난다. 하나님은 이스라엘 백성의 필요를 위해 자신의 영광을 그들에게 맞추어 조절해서 나타내셨다. 이런 이유 때문에, 이스라엘 백성이 에스겔 10장에서 성전을 떠나는 여호와의 영광에 직면했을 때 그들은 수많은 의문과 딜레마에 빠지게 되었다. 아마도 이렇게 자문했을 것이다. "이제 우리는 어떻게 하나님의 임재 앞에 다시 나아갈 수 있을까?"

요한복음 1장 14절은 말씀이 육신이 되어 그 백성 가운데 거하심을 언급한다. 요한복음도 그 '말씀'이 예수 그리스도라는 사실을 분명하게 가르친다. 우리는 육신이 된다는 설명이 곧 성육신을 가리킨다고 전제할 수 있다. 헬라어 원문상 이 구절의 두 번째 부분은 다음과 같이 직역된다. "그리고 우리 가운데 성막을 치셨으매."[16] 헬라어에서 '거주'(dwelling)의 의미로 흔히 번역되는 단어 중에 '천막'(tents)이 있다. 이런 의미에서

이 부분은 예수님이 (천막으로 만든) 새로운 성막(the new tabernacle)이심을 증언하는 것이다.

다시 말해 예수님은 모든 성막과 성전이 가리키고 있던 분이며 하나님의 영광이 진정으로 드러나는 실재이시다. 그분은 하나님의 영광으로 충만하신 분이다. 예수님을 통해 우리는 하나님의 영광을 보게 된다. 이 영광은 하나님의 영광이 지나가는 뒷모습에서 보게 되는 순간적이고 주변적인 빛이 아니라, 그 영광으로 충만한 빛이다. 에스겔 선지자는 우리에게 이런 질문을 남긴다. "과연 하나님의 영광이 성전으로 돌아올 것인가?" 이에 대한 답변은 "그렇다"이다. 왜냐하면 하나님의 영광으로 충만한 새 성전이 우리에게로 왔기 때문이다.

이 주제를 묵상할 때 얻게 되는 몇 가지 분명한 결론이 있다. 우리는 종종 불타는 떨기나무에서 모세가 경험한 일을 부러워한다. 그러면서 이런 생각을 할 수 있다. '만일 내가 그렇게 하나님을 만난다면, 내 인생은 완전히 달라질 텐데.' 이는 기독교인들이 가지고 있는 일반적인 마음가짐이다.

하지만 요한복음 1장 14절은 신약성경의 다른 부분과 마찬가지로 우리가 불타는 떨기나무보다 더 확실하고 나은 무엇인가를 가지고 있다고 말한다. 바로 하나님의 영광으로 충만한 새 성전을 가지고 있다고 이야기한다. 이는 곧 우리가 은혜와 진리로 충만한 예수 그리스도를 본다는 의미이다. 우리가 이 사실을 그대로 느끼지 못할 수도 있다. 하지만 그러한 느낌의 부족이 그 영광으로 나아갈 수 있는 접근성의 결여를 의미하지는 않는다. 성경의 약속은 모세가 갖지 못했던 그 접근성을 우리가 가지고 있다고 가르친다. 인생을 살다 보면 우리의 시야를 흐려 놓는 우상과 장애물을 마주할 수도 있다. 하지만 "은혜의 보좌 앞에 담대히 나아갈" 수 있는 현실은 이미 우리에게 주어졌다(히 4:16).

또 다른 중요한 결론은 신약 시대의 예배가 구약 시대의 예배와는 달랐다는 점이다. 물론 하나님의 말씀, 설교, 회중, 제물, 공동체에 대한 섬김 등 비슷한 요소들이 있을 수 있다. 그러나 우리의 예배는 구약 시대와 근본적으로 다르다. 이 사실을 요한복음 4장에서 예수님과 사마리아 여인의 대화 장면을 통해 살펴볼 수 있다. 사마리아 사람들은 '타헤브'(Taheb)라고 불리는 위대한 메시아가 그들의 지경에 있는 그리심산으로 돌아온다는 믿음을 가지고 있었다. 예수님도 바로 이 사상을 지닌 한 여인에게 다가와 말씀하신다. "이 산에서도 말고 예루살렘에서도 말고 너희가 아버지께 예배할 때가 이르리라"(요 4:21). "아버지께 참되게 예배하는 자들은 영과 진리로 예배할 때가 오나니 곧 이때라 아버지께서는 자기에게 이렇게 예배하는 자들을 찾으시느니라"(요 4:23).

여기서 언급되는 예배는 삼위일체적 예배를 의미한다. 그리고 '영'은 성령을 가리킨다. 또한 '진리'는 하나님의 영광이 충만한 실재를 가리킨다. 곧 이 진리는 참 성전이신 예수님을 가리킨다.

그러므로 우리는 성령의 능력으로 아버지를 예배하며 새 성전이신 예수 그리스도의 실재를 믿는다. 결국 예배는 예수 그리스도가 누구이며 무슨 일을 성취하셨는지를 이해하는 관점에 따라 근본적으로 변화될 수밖에 없다. 결론적으로 우리는 예수님이 참 성전으로서 아버지께 나아갈 수 있는 길을 열어 주셨기 때문에 그분을 예배하는 장소라면 그 어디든 진정한 예배를 드릴 수 있다.

(3) 대속[17]

성경은 우리의 죄를 대속하는 그리스도의 사역을 여러 가지 다른 표현을 사용해서 이야기한다. 대속을 묘사하는 그와 같은 성경의 표현들을 확인하는 작업은 복음 조각들을 가지고 그리스도의 사역을 강조하는 또 하나의 방법이 된다. 그리스도의 십자가 사역은 제사, 시장, 군대, 관계, 율법 등의 표현을 통해 묘사될 수 있다. 이 표현들은 대속 사역의 독특한 측면을 제각기 부각시킨다. 그리스도가 십자가에서 이룬 성취는 그 범위가 심히 광대하고 포괄적이어서 한 가지 표현으로만 묘사되거나 특정한 시각에서만 관찰될 수 없다.

- 제사: 성경은 하나님이 거룩하시지만 그분의 백성은 거룩하지 않다고 이야기한다. 그래서 하나님은 희생 제사를 통해 백성이 자신의 임재 가운데로 나아올 수 있도록 하셨다. 그러나 매년 '욤 키푸르'(Yom kippur)라고 불린 대속죄일이 필요했다는 사실은 그 희생 제사가 완전한 해결책이 될 수 없었음을 보여 준다. 하나님의 백성은 깨끗하지도, 거룩하지도 않은 자신들이 거룩하신 하나님 앞으로 제약 없이 나아갈 수 있도록 도와주는 완벽한 희생 양이 필요했다.
- 시장: 재정적인 배상이라는 주제는 죄인들이 율법의 요구 사항을 지킬 수 없기에 그 율법을 제정하신 하나님께 빚을 지는 상태를 보

여 준다. 그 결과, 그들은 자유가 없는 노예가 되었다. 그 자유는 우리의 속전으로서 자신의 생명을 바쳐 완벽한 순종을 요구하는 율법에 대해 완전한 배상을 이루시고, 그로써 이전에는 지불될 수 없던 빚을 다 청산하신 예수 그리스도를 통해서만 성취될 수 있다.

- 군대: 이 주제는 스스로 주인이 되어 다스리고 싶어 하는 우상을 보여 준다. 또한 더 나아가 그 악한 권세를 무장해제하고 자기희생과 섬김을 통해 상황을 역전시킬 승리의 용사가 죄인들에게 필요함을 상기시킨다.
- 관계: 가족 관계의 회복이라는 주제는 우리가 받아 마땅했던 소외당함을 예수님이 겪으심으로써 하나님과의 깨진 관계 속에 있던 우리가 화해를 경험하고, 또한 예수님이 받으셔야 했던 수용을 우리가 누릴 수 있게 된 상태를 보여 준다.
- 율법: 사법적인 배상이라는 주제는 모든 사람이 율법에 대한 불순종으로 하나님의 성품에 반하는 죄를 지게 되었지만, 예수님이 우리를 대신하여 심판을 받으심으로써 우리가 의롭게 여겨지는 상태를 보여 준다.

이와 같이 다양한 대속의 주제들은 그리스도의 십자가가 지닌 다차원적인 현실을 보여 주는 데 유용하다. 그뿐 아니라 우리의 죄가 지닌 여러 가지 측면들을 확인하는 데도 도움이 된다. 그리스도의 사역이 심히 광대하고 포괄적인 만큼, 우리의 죄도 매우 복잡하고 넓게 퍼져 있다. 이

두 가지 영역의 다차원적인 현실들은 어느 한 가지 표현이나 접근으로는 충분히 묘사될 수 없다. 따라서 설교할 때는 죄(곧 죄와 죄의 결과)가 무엇을 묘사하고 있는지를 우선적으로 밝힐 필요가 있다.

그래서 어느 특정한 개념과 표현을 사용하는 가운데, 우리는 어떻게 그리스도의 사역이 우리의 구체적인 죄를 다루는지(곧 복음의 처방)와 어떻게 예수님이 우리의 자리에서 죄에 따른 형벌을 받으셨는지(곧 대속의 과정)를 함께 이끌어 낼 수 있게 된다. 그렇게 되면 우리는 그 죄를 복음 중심적 관점에서 볼 수 있도록 도와주는 수단을 가지고, 어떻게 그리스도의 사역이 인생에 대한 우리의 관점을 새롭게 형성하는지(곧 마음의 변화)를 이해할 수 있게 된다.

십자가의 양상들	죄	죄의 결과	복음의 처방	대속의 과정	마음의 변화
(제사) 희생	불결	수치	예수님이 수치와 거절을 당하심으로 인해 우리가 죄로부터 정결해질 수 있다	예수님이 우리의 희생 제물이 되신다	십자가가 수치를 제거한다(곧 예수님이 우리를 대신하여 수치를 받으셨기에 이제는 수치가 아닌 확신을 가진다)
(시장) 부채	채무	노예	예수님이 속전을 지불하심으로써 우리는 속박으로부터 벗어날 수 있다	예수님이 우리의 속전이 되신다	십자가가 부채를 제거한다(곧 죄에 붙들렸던 우리가 예수의 속전을 통해 자유를 경험한다)

(군대) 전투	자기 중심성과 권력 확보	자기 주인	예수님이 자기회생을 통한 섬김으로 완전히 상황을 역전시켜 악한 권세를 무장해제하고 어둠의 세력을 정복하신다	예수님이 우리의 용사가 되신다(역설적이게도 '약한' 모습으로 승리하신다)	십자가가 우리를 다스리려는 악한 권세를 제거한다(곧 자기를 비워 권능과 부귀를 내려놓고 세상을 이기신 예수님으로 인해 계속해서 권력과 부귀와 외모를 추구하던 우리가 자유를 경험한다)
(관계) 가족	깨어진 관계	소외감	예수님이 중보자와 변호자로서 우리를 향한 하나님의 진노를 제거하고 우리의 마음을 그에게로 돌리셨다	예수님이 우리의 중보자이자 변호자가 되신다	십자가가 서로 반목하게 하는 장애물을 제거한다(곧 예수님이 하나님의 진노를 제거하여 우리는 하나님과 화목하고 그의 가족으로 입양된다)
(율법) 사법	하나님의 성품에 위반된 행위	죄책감	예수님이 우리를 대신하여 심판을 받으셨기에 우리는 그분이 받으셔야 마땅한 보상을 받을 수 있다	예수님이 우리를 대신하여 형벌을 받으셨다	십자가가 죄책이라는 장애물을 제거한다(곧 죄책의 부담을 느끼는 우리가 예수님의 의의 전가로 인해 심적 변화를 경험한다)

'율법 수용'(Law Reception)이라는 복음 조각

구약성경에 기록된 율법의 목적을 이해하는 방법 중에 '율법의 소리를 경청'(law listening)하는 접근이 있다. 이 접근은 바울이 갈라디아서 3장 24절에서 "율법이 우리를 그리스도께로 인도하는 초등교사"가 된다고 말한 내용에 근거한다. 그와 같이 율법의 소리에 경청하게 되면, 그 율법을 준수하고 고수하는 일이 사실상 불가능하다는 확신을 갖게 된다.

마찬가지로 구약성경의 윤리적 지침과 율법의 기준은 기쁨이 아닌 절망을 가져다 준다. 그 이유는 인류에게서 율법의 모든 측면들을 다 성취할 수 있다는 소망을 도무지 찾을 수 없기 때문이다. 이에 대하여 데이비드 머레이(David Murray)는 이렇게 설명한다. "율법은 이 세상의 질서를 회복하고, 더럽혀진 세상을 정결하게 하며, 그 세상 안에 살고 있는 자들과 교제하고자 하시는 하나님의 의도를 예고한다."[18] 다시 말해 율법은 결과적으로 "당신은 결코 나를 충족시킬 수 없다. 따라서 당신에게는 구원자가 필요하다!"라고 말한다.

(1) 소돔과 고모라(창 18:22-33; 19:23-39)

아브라함이 소돔을 위해 하나님께 간청한다. 그는 만일 소돔에 오십 명의 의인이 있다면 그 성을 멸하지 말아달라고 하나님께 간구한다. 하나님은 허락하신다(창 18:22-25). 다시 사십오 명을 제안하자, 이번에도 하나님은 허락하신다(27-28절). 또 사십 명을 제안하자, 하나님은 허락하신다(29절). 이번에는 삼십 명을 제안했는데, 하나님은 허락하신다(30절). 그리고 이십 명을 제안했는데도, 하나님은 허락하신다(31절). 마지막으로 열 명을 제안하자, 마찬가지로 하나님은 허락하신다(32절). 이처럼 아브라함은 더 적은 의인을 제안할수록 그의 간청이 이루어질 가능성이 높아지기에, 주어진 상황을 최대한 활용하여 자신의 입장이 유리해지도록 노력했다.

성경의 이야기가 전개되면서 소돔의 죄악상이 드러난다(창 19:1-22). 또한 이 죄악상에 근거하여 소돔과 고모라에 대한 하나님의 심판도 드러난다(23-39절). 이 본문에서 하나님과 아브라함 사이의 협상은 소수의 의인에 근거하여 많은 이들에게 자비를 베풀고자 하시는 하나님의 의지를 나타낸다. 그리고 이 이야기의 나머지 부분은 소돔을 대표하는 의인이 부재하여 하나님이 불의한 자들을 심판하셔야 했던 장면을 보여 준다.

그렇다면 이 이야기는 율법과 무슨 관계가 있을까? 창세기에서 '의'(righteousness)는 어떤 의미를 가지는지 정확히 규정되어 있지 않다. 그런데 그 의미가 이후 등장하는 모세 율법에서처럼 뚜렷하게 서술되어 있지는 않다 해도, 창세기에는 의롭다고 여김 받는 두 가지 방식이 제시되어 있다. 한 가지는 (노아와 다말의 경우처럼) 옳은 일을 행하는 것이고, 다른 한 가지는 (아브라함의 경우처럼) 하나님의 말씀을 믿는 것이다. 아브라함은 기본적으로 그와 같은 의의 율법에 순종하는 소수의 사람들에 근거하여 소돔을 구해 달라고 하나님께 요청했다.

그런데 그 성을 구하도록 고려할 만한 사람이 단 한 사람도 없었다는 것이 현실이다. 우리는 소돔을 위해 간청하는 아브라함의 이야기를 읽으면서 물을 수 있다. "이 의의 율법에 순종하는 사람이 아무도 없었을까? 이 시험을 통과할 만한 사람이 아무도 없었을까? 과연 거기서 단 한 사람도 찾을 수 없었을까?"

이에 대해 신약성경은 분명한 답을 준다. "의인은 없나니 하나도 없으며"(롬 3:10). 누구도 흠 없는 의의 요구 사항들을 다 지킬 수 없다는 말이다. 예외는 단 한 사람, 바로 율법의 모든 요구 사항들을 성취하시고 우리가 율법을 위반해서 받아야 했던 형벌을 대신 받으신 예수 그리스도밖에 없다(마 5:17; 롬 3:21-26; 10:4; 갈 3:13). 하나님의 심판을 피할 수 있는 유일한 방법은 의롭다 여김을 받는 수밖에 없다. 의롭다 여김을 받는 유일한 방법은 우리의 믿음을 다른 의인의 사역에 두는 것이다. 즉 그리스도에게 믿음을 둘 때에, 의롭다고 선언되고 성령을 받게 된다(롬 8:3-4).

결국 소돔과 고모라 이야기는 의인이 하나도 없다는 로마서 3장 10절의 내용을 실증하는 사례이다. 이와 같이 우리는 우리 밖에서 해결책을 찾아야 한다. 바로 예수 그리스도 안에만 복음의 소망이 있다. 그분은 의의 율법이 제시하는 시험을 완벽하게 통과하셔서 우리로 하여금 믿음을 가지게 하고 절실히 필요한 해결책을 찾을 수 있는 길을 열어 놓으셨다.

창세기 18장과 19장을 본문으로 설교할 때 주의해야 한다. 소돔과 고모라를 대표하여 중보할 수 있을 만큼 완벽히 의로운 사람들이 그곳에 있었다면 좋았겠다고 청중이 생각하도록 만드는 데 초점을 두면 안 된다. 또한 청중에게 한결같지 않은 순종의 행위를 통해 그들 스스로 의를 성취하도록 요구해서도 안 된다.

오히려 우리의 불의와 그 불의한 상태를 해결할 수 없는 무능을 인식하도록 하는 데 요점을 두어야 한다. 거기서 더 나아가 구원과 중보를 위해 유일한 한 사람을 바라보도록 이끌어야 한다. 바로 이 의인의 의가 우리의 불의와 교환되는 전가가 일어남을 깨달을 때, 참 소망을 발견할 수 있다(롬 5:19).

오직 그리스도를 통해서만 우리는 올바른 시각으로 율법을 받아들일 수 있다. 그때 우리는 비로소 의에 대한 부르심이 심판을 모면하려는 차원이 아니라 우리의 자리에서 그 율법을 성취하신 이를 기쁘시게 하는 차원의 소명임을 깨닫게 된다.

(2) 살인하지 말라(출 20:13)

복음은 또한 우리가 십계명을 읽고 해석하는 방식을 결정한다. 에드먼드 클라우니는 다음과 같이 설명한다.

> 예수님은 구약성경에서 하나님에 의해 계시된 율법이 그 자체로 일종의 예언으로서 언약 역사의 한 부분임을 드러내셨다. 즉 율법을 포함하는 언약 역사는 앞으로 다가올 일이 무엇인지를 가리키고 있었다는 것이다. 이런 차원에서 예수님은 우리를 위해 단지 율법을 완벽하게 지키는 과정을 통해서만이 아니라 그 율법에 대한 우리의 이해를 변화시킴으로써 율법을 성취하신 것이다. 다시 말해 그리스도는 율법에 순종하신 데서 더 나아가 그 진정한 의미와 깊이를 드러내셨다.[19]

이런 방식으로 십계명을 해석하는 일이 때로는 어렵게 보일 수 있다. 그 이유는 십계명이 성경의 나머지 부분들과 동떨어져 취급되는 경우가 많기 때문이다. 대개 이런 현상은 십계명이 마치 성경의 가르침을 요약한 '인생의 황금률'과 같이 도덕주의적으로 해석되어야 하는 내용처럼 여겨지기에 발생한다.

그러나 예수 그리스도의 인격과 사역이 성경의 모든 부분을 결정한다는 주장이 사실이라면, 십계명도 분명 예외일 수 없다. 이는 물론 십계명만 따로 떼어 내어 읽을 때 어떤 도덕적인 유익과 혜택도 누릴 수 없다는 의미가 아니다. 그보다는 십계명이 가리키는 궁극적인 현실은 오직 그리스도 중심적 해석을 통해서만 충분히 드러날 수 있다는 의미이다.

이처럼 십계명은 율법을 통해 그리스도에 이르도록 하는 복음 조각의 한 예이다. 각각의 계명은 순종을 요구하는 율법의 조항을 보여 주면서 동시에 그 율법의 조항에 순종하기에는 부족한 죄인의 상태도 부각시킨다. 따라서 그리스도 중심적 해석은 그리스도가 순종을 통해 완벽하게 수행하신 일이 무엇인지를 보여 줌으로써 죄인들로 하여금 그분의 완벽한 의를 받아들이도록 만든다.

"살인하지 말라"(출20:13)라는 제6계명을 예로 들어 보자. 이 계명의 의미는 명확하다. 사람을 죽이지 말라는 의미이다. 이런 계명의 의미는 매우 직설적으로 드러난다. 그런데 이 계명을 신약성경에서 예수님이 살인에 대해 말씀하신 내용과 연결시키지 않는다면, 우리는 쉽게 사람들로 하여금 그들이 살인자가 되지 않는 한 제6계명을 신실하게 지키고 있다고 믿게 만들 수 있다.

그러나 우리가 신약성경에서 확인하는 바에 따르면, 제6계명의 기준은 그런 수준과 다르다. 예수님이 제시하는 제6계명에 대한 해석은 이 율법의 조항을 완벽하게 지키는 일이 불가능하다는 사실을 드러낸다. "옛 사람에게 말한 바 살인하지 말라 누구든지 살인하면 심판을 받게 되리라 하였다는 것을 너희가 들었으나 나는 너희에게 이르노니 형제에게 노하는 자마다 심판을 받게 되고 …"(마 5:21-26).

이 가르침에 따르면, '살인'은 다른 형제에게 화를 내는 순간에도 적용된다. 따라서 제6계명이 우리의 일상에서 너무 쉽게 범할 수 있는 율법이라는 사실을 가르쳐 준다. 이와 같은 예수님의 가르침은 율법 전체를 우리가 어떻게 이해하고 해석해야 하는지를 나타내는 샘플과 같다. 만일 율법의 요구가 그 율법에 완벽하게 순종하는 것이라면, 인류에게는 소망이 없다. 그러나 제6계명을 포함하여 그 율법을 완전하게 준수한 한 사람이 있다. 사람들이 온갖 불의한 행동으로 예수님을 궁지로 몰아 넣고 심지어는 십자가 처형에까지 이르게 했을 때도 그분은 화내며 반응하시지 않았다. 그 대신 전혀 다른 방식으로 반응하셨다. "아버지 저들을 사하여 주옵소서 자기들이 하는 것을 알지 못함이니이다"(눅 23:34).

정당한 분노를 표출할 수 있는 이가 분노를 참으셨다. 하나님이 주신 사명 곧 지키지 못한 율법의 요구로 인해 죽음에 처할 수밖에 없는 자들을 구원하기 위해 오히려 긍휼을 드러내셨다. 로마서 5장 18-19절의 말씀은 이와 같다. "그런즉 한 범죄로 많은 사람이 정죄에 이른 것 같이 한 의로운 행위로 말미암아 많은 사람이 의롭다 하심을 받아 생명에 이르렀느니라 한 사람이 순종하지 아니함으로 많은 사람이 죄인 된 것 같이 한 사람이 순종하심으로 많은 사람이 의인이 되리라."

이 말씀은 예수님이 우리를 위해 율법을 성취하셨다는 사실을 먼저 깨닫기 전까지는 우리가 율법에 순종할 수 없다는 사실을 보여 준다. 예수님은 단순히 최고의 모범이 아니라, 스스로를 버리기까지 우리를 위해 무한한 희생을 치르신 율법의 성취자이다. 그분은 우리 내면의 상태를 변화시켜 우리로 하여금 그와 같이 되기를 갈망하게 만드신다. 이처럼 율법의 높은 기준과 그 율법에 마음으로 순종할 수 없는 우리의 부족, 그리고 우리를 대신하신 그리스도의 완전한 사역과 그리스도를 염두에 둔 율법의 바른 수용에 대한 전체적인 이해는 십계명을 비롯한 구약성경의 모든 율법을 해석하는 데 적용되어야 한다.

출애굽기 24장에는 우리가 주목해야 할 흥미로운 장면이 나온다. 거기서 모세는 하나님의 백성 앞에 율법을 가지고 나와 그들에게 하나님의 음성을 청종하라고 가르친다. 그들은 모두 자신의 의를 세울 수 있으리라고 확신하며 대답한다. "여호와께서 말씀하신 모든 것을 우리가 준행하리이다"(출 24:3). 그러자 모세는 그들이 맹세한 말에 어울리지 않는 듯한 반응으로 그들에게 피를 뿌린다. 왜 그랬을까?

모세는 그들이 과연 하나님의 모든 계명을 지킬 수 있을지를 생각하며 그들의 자신만만함에 당황했다. 이 본문의 요점은 피가 없으면 하나님의 백성에게는 소망이 없다는 것이다. 우리는 이 장면에서 율법에 순종해야 하는 우리의 의무와 그에 순종할 수 없는 우리의 무능 사이에 놓인 긴장을 보게 된다. 이를 설교하며 하나님의 율법에 순종하라는 가르침을 제시할 필요도 없다는 식으로 현재의 논지를 오해하게 만들면 안 된다. 거룩하신 하나님은 우리에게 마땅히 순종을 요구하신다. 우리가 하나님께 순종하는 유일한 방법은 그분의 명령에 완벽히 순종하신 분을 바라보고, 신뢰하며, 그 안에서 확신하는 일이다. 바로 그로부터 순종할 수 있는 능력과 이유를 얻게 된다.

(3) 예수님의 시험(마 4:1-11)

예수님이 시험을 받으신 사건은 마태복음 4장에 등장한다. 일단 우리는 이 본문을 하나의 예시적인 이야기로 설교하면 안 된다는 사실을 유념해야 한다. 그 이유는 이 사건이 무엇보다도 역사적인 이야기이기 때문이다.

본문은 예수님이 받으신 특별한 시험을 묘사한다. 이는 우리가 살면서 겪게 되는 유혹과 싸우고 그 유혹을 어떻게 극복할 수 있는지에 관한 내용이 아니다. 예를 들어 마귀가 여기서 하나님의 말씀이 진실한지 의심하게 만들려는 이유는 다음과 같다. 이 시험이 있기 바로 전에 예수님이 세례를 받으시고 "이는 내 사랑하는 아들이요 내 기뻐하는 자라"(마 3:17)라는 음성을 들으셨다. 이런 음성이 주어지고 나서 사탄은 예수님을 시험했다. "네가 만일 하나님의 아들이어든 명하여 이 돌들로 떡덩이가 되게 하라"(마 4:3).

우리가 받는 시험도 이와 같다면 어떠하겠는가? 우리 중에 과연 얼마나 많은 이들이 이와 같은 시험에 직면하겠는가? 사실 우리는 돌들로 떡덩이가 되게 할 수 없기에 이런 접근은 우리에게 시험이 될 수 없다. 이는 오직 예수님께만 해당되는 시험이다(나는 돌로 떡을 만드는 일은 고사하고, 물과 이스트와 밀가루를 가지고도 빵을 만들 줄 모른다).

본문은 둘째 아담이신 예수님이 첫째 아담이 실패한 일을 성취하기 위해 오셨다는 사실을 보여 주는 데 요점을 두고 있다. 로마서 5장이 설명하는 바와 같이, 아담은 그리스도의 모형이다. 그 아담이 성취하지 못한 일을 예수님이 성취하러 이 땅에 오셨다. 더 나아가 아담뿐 아니라, 노아, 아브라함, 모세, 이스라엘 왕들 및 민족이 다 지키고 따르지 못했던 일을 성취하기 위해 오셨다. 예수님은 율법의 모든 사항을 성취할 수 있는 능력을 가진 유일한 의인이시다.

결론

지금까지 우리는 구약성경과 신약성경의 많은 부분들이 예수 그리스도의 인격과 사역의 관점에서 이해되고 해석되어야 한다는 사실을 알게 되었다. 사실 성경 전체가 예수님을 가리키고 있기 때문에 앞서 언급한 부분들은 몇 가지 예들에 지나지 않는다. 우리가 지금까지 다룬 복음 조각들인 주제 해결과 율법 수용은 성경 전체에서 예수님을 좀 더 뚜렷하게 볼 수 있도록 도와주는 두 가지 범주라고 할 수 있다. 곧 예수님은 성경에 소개되는 모든 주제들을 해결하시고, 또한 우리로 하여금 율법의 요구 사항들을 올바른 관점에서 수용하게 하신다. 이제 우리는 그밖에 다른 복음 조각들을 통하여 그리스도 중심 메시지가 어떻게 다양한 문맥에서 하나님의 백성에게 전달될 수 있는지를 살펴보고자 한다.

03

성경의 모든 본문에서
그리스도를 설교하기(하)

- 이야기 완성과 상징 성취

스티븐 엄
STEPHEN T. UM

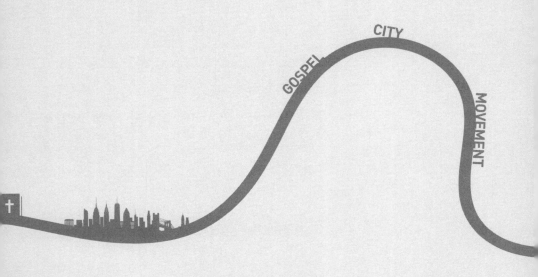

그리스도에 이르는 방법

우리는 신학적이고 목회적인 차원을 고려하여 성경을 구속사의 관점에서 읽어야 한다. 개인의 경건을 위한 도덕적인 지식을 쌓기 위해 읽어서는 안 된다는 말이다. 왜냐하면 성경의 모든 본문은 예수 그리스도 안에서 정점에 이르는 하나님의 구속 은혜를 그리는 거대한 구원 이야기의 일부분이기 때문이다. 제임스 패커(J. I. Packer)는 이렇게 설명한다.

> 성경은 여러 세기에 걸쳐 서로를 보완하고 예증하기 위한 목적으로 기록된 글들이 하나로 통일된 책이다. 그 책 전체에는 (창조주라고 일컫는) 한 분 하나님과 (구속사라고 말하는) 하나의 역사적 관점, 그리고 (하나님의 아들이자 구원자로서 나사렛 예수라고 부르는) 한 명의 중심 인물과 (하나님과 신앙에 관해 설명하는) 하나의 조화로운 가르침이 자리하고 있다.[1]

성경의 모든 구절에서 예수님이 발견된다고 할 수는 없다. 하지만 성경의 모든 본문은 '실제로 예수님과 관련되어 있다'고 말할 수 있다. 그렇다면 여기서 우리가 해야 할 일은 예수님에 관해 직접적으로 이야기하지 않는 본문이 주어졌을 때, 어떻게 '그리스도에 이를 수 있는지'를 알아보는 것이다. 과연 우리는 어떻게 각 본문을 그리스도 중심적 관점에서 기독론적으로 읽을 수 있을까?

　가령 많은 설교자들은 구약성경과 그리스도를 연결할 수 있는 유일한 방법은 신약성경이 구약 본문을 명시적으로 인용해서 예수님의 성취와 연결시킬 때만 주어진다고 생각한다. 따라서 사람들은 그와 같이 명시적으로 예수님과 연결되어 인용된 구약성경이 있을 때만 모형론적인 관계 안에서 그리스도에 이르는 방법을 설명하려는 경향이 있다. 물론 내가 제안하려는 방법은 본문의 피상적인 유사성에 따른 알레고리적 해석을 통해 그리스도를 어떤 본문에 무리하게 삽입하거나 또는 어떤 본문으로부터 억지로 이끌어 내려는 접근이 아니다. 오히려 여기서 제안하려는 내용은 모형론적 방법 외에도 그리스도에 관해 설교할 수 있는 여러 방법들이 있으며, 그 방법 가운데 하나가 바로 그리스도만이 해결할 수 있는 복음 조각들을 확인하는 접근이라는 것이다. 여러 사람들이 성경의 모든 본문에서 그리스도에 이르는 방법을 분류하는 또 다른 기준들을 가지고 있다.[2] 그러나 우리가 특별히 주목하고자 하는 내용은 오직 그리스도만이 해결되지 않은 주제들을 해결하시고, 완벽하게 율법을 받아들이고 순종하실 뿐 아니라 완성되지 않은 이야기를 완성하시며 성경 전체에서 성취되지 않은 상징들을 성취하신다는 사실이다.

　이미 우리는 '주제 해결'과 '율법 수용'이라는 복음 조각들로 그리스도를 설교할 수 있다는 사실을 살펴보았다. 이 장에서는 오직 예수 그리스도만이 성경의 위대한 이야기를 완성하신다는 사실에 근거한 '이야기 완성'의 복음 조각과 오직 그분만이 성취되지 않은 상징들을 성취하신다는 사실에 근거한 '상징 성취'의 복음 조각으로 어떻게 그리스도를 설교할 수 있는지를 알아보고자 한다.

'이야기 완성'(Story Completion) 복음 조각

이 접근은 다음과 같은 질문을 이끌어 낸다. "이 이야기의 갈등은 과연 어디서 해결되는가?" 성경에는 개인의 이야기, 공동의 이야기, 은혜의 패턴을 보여 주는 이야기 등 다양한 이야기 유형들이 존재한다. 각 개인의 이야기, 하나님의 백성이 형성되는 역사에 자리한 주요 사건들, 그리고 구속사에 걸쳐 암시되는 은혜의 패턴 등은 궁극적으로 예수님이 모든 일의 최종적이고 완전한 해결책임을 지시한다.

(1) 공동의 줄거리(Corporate Story-Line): 타락 이야기(창 3:1-24)

타락 이야기는 성경 전체에서 가장 잘 알려진 이야기 중 하나이다. 하나님이 창조하신 세상에 죄가 유입될 수 있는 길을 열어 놓은 뱀의 유혹을 묘사한다. 여기서 뱀은 아담과 하와를 유혹하고, 그들은 그 유혹에 빠진다. 이에 하나님은 그들 셋을 다루시는데, 아담과 하와에게는 심판 중에도 일말의 희망을 허락하신다. 이 이야기에서 뱀은 하나님이 될 수 있는 가능성에 대해 생각해 보도록 유인함으로써 아담과 하와를 유혹하는 일에 성공한다. 아담과 하와가 가진 단순한 호기심은 결국 행동으로 이어졌고, 이는 인류 역사에 수치와 죽음을 가져다 주었다. 이 이야기를 통해 우리는 하나님처럼 되려는 인간의 욕망이 하나님의 심판을 불러오는 죄라는 사실을 알게 된다.

그러나 이 이야기는 하나님이 그 심판으로 인해 더 이상 은혜를 베풀지 않으신다는 사실에 초점을 두지 않는다. 오히려 아담과 하와에게 옷을 지어 입히신 하나님이 암시하신 일말의 희망은 인간의 죄가 하나님의 은혜로운 성품을 궁극적으로 능가하지 못한다는 사실을 보여 준다.

바로 이 타락 이야기를 읽을 때 생겨나는 몇 가지 물음이 있다. 예를 들면 앞으로 인간은 언제나 수고와 죽음에 굴복해야 하는가? 인간은 언제나 하나님의 임재로부터 차단되어야 하는가? 이 타락의 결과가 어떻게든 역전될 수 있는 방법은 없는가? 이처럼 거시적인 그림을 바라보며 던지는 물음들에 대한 성경의 답변은 신약성경에 소개되는 예수 그리스도의 인격과 사역에서 찾을 수 있다. 이때 그리스도는 둘째 아담으로 제시된다(마 4장; 롬 5:12-21; 고전 15:20-23, 42-49). 또한 그분은 여자의 '씨'로 언급된다(갈 3-4장). 그리고 뱀은 궁극적으로 멸망당할 것이라고 선언된다(계 20:1-3).

이처럼 피조물과 회복된 관계로 지내기 원하시는 하나님은 둘째 아담인 아들을 보내어 시험을 견디게 하신다. 또한 우리가 받아야 하는 형벌을 받게 하사 세상의 질서를 다시 회복시키신다. 바로 그 둘째 아담인 예수 그리스도의 구속 사역으로 인해 우리는 하나님의 피조물로서 그분과 올바른 관계를 회복하고, 그분의 임재 가운데 에덴동산과 같은 도시에서 살게 될 날을 기대할 수 있게 되었다. 인간은 '하나님과 같이' 되려고 시도하며 죄를 지었다. 하지만 하나님은 피조물을 회복시키려고 인간이 사는 세상으로 들어와 '인간과 같이' 되어 질서를 회복시키고 미래의 회복을 보장하셨다.

이처럼 아담과 하와에서 시작되어 그리스도 안에서 갈등이 해결되는 공동의 줄거리는 쉽게 도덕주의적으로 설교될 수 있다. 가령 어떻게 유혹을 피할 수 있는지 또는 어떻게 아담이나 하와와 같이 되지 않을 수 있는지와 같은 질문을 다루는 설교는 바로 이 공동의 줄거리에 자리한 거시적인 이야기의 요점을 놓치게 만든다. 따라서 아담이 완벽하게 순종했더라면 그가 누리게 되었을 복을 둘째 아담의 사역으로 인해 우리가 누릴 수 있게 되었으므로, 우리는 이 이야기를 통해 결국 둘째 아담의 사역을 부각시켜야 한다. 아담이 성취하지 못했던 일을 예수님이 성취하셨다. 곧 예수님은 아담의 실패를 역전시키셨다. 이에 하나님은 예수님을 통해 우리가 그분의 임재 가운데 나아갈 수 있는 길을 열어 놓으셨다.[3]

(2) 개인의 줄거리(Individuals' Story-Line): 가인과 아벨(창 4:1-17)

가인과 아벨의 이야기는 또 다른 유명한 성경 이야기로서 형제에 대해 품은 시기의 문제를 다룬다. 이는 타락 이후의 첫 번째 이야기로 죄가 하나님의 창조 세계에 유입되었을 때 가능한 모든 방법을 동원하여 얼마나 빠르게 세상을 파멸시키려고 하는지 그 끔찍한 현실을 묘사한다. 가인과 아벨은 각각 하나님께 예배를 드리지만, 하나님은 아벨의 예배는 받으시고 가인의 예배는 받지 않으신다. 질투심으로 가득한 가인은 결국 아벨을 죽이고, 이 사건은 인류 역사에 무고한 피를 흘린 첫 번째 사례가 되었다. 우리는 진실하고 거룩하신 하나님이 죄를 간과하지 않고 심판하신다는 사실을 알고 있다. 그런데 가인이 자비를 구했을 때, 하나님은 심판을 철회하지는 않지만 은혜와 자비를 보이신다. 이 본문은 죄가 무슨 일을 하는지를 분명하게 가르친다. 죄는 하나님과 타인과 세상과 자신과의 관계에 비극적인 단절을 가져오는 왜곡된 예배 행위라고 할 수 있다.

그렇다면 이 이야기의 갈등은 과연 어디서 해결되는가? 신약성경에는 아벨의 이야기를 언급하는 본문이 있다. 바로 히브리서가 아벨과 예수님을 연결시켜 설명한다(히 11:4; 12:24). 이는 히브리서의 저자가 가인과 아벨의 이야기를 그리스도라는 렌즈를 통해 읽었다는 사실을 의미한다. 대제사장이신 예수님은 우리를 대신해 최종적인 희생 제사로 하나님께 신실한 예배를 드리셨다. 이를 통해 아벨의 예배보다 더욱 큰 일을 능동적으로 성취하셨다. 또한 예수님은 광범위한 관계의 단절을 가져온 죄의 대가를 위해 자신의 피를 흘림으로써 아벨의 죽음보다 더욱 큰 일을 수동적으로 성취하셨다. 이처럼 예수님과 아벨이 연결될 때, 우리가 하나님과의 회복된 관계를 누리는 수혜자라는 사실을 깨닫게 된다. 하나님은 궁극적으로 자신이 받으실 만한 제사를 우리의 자리에서 행하시고 또한 우리가 하나님뿐 아니라 타인과 세상과 자신과도 바른 관계를 맺을 수 있도록 우리를 회복시키심으로써 죄로 인해 왜곡된 예배의 문제를 해결하신다.

흔히 가인과 아벨의 이야기는 건강한 관계의 중요성에 관한 도덕적 교훈을 전하기 위한 일화로 사용되거나 해석된다. 때로는 그런 가르침의 요점이 심지어 '우리도 아벨과 같아야 합니다'라거나 '가인과 같이 되지 맙시다'라는 식의 표현으로 주어지기도 한다. 그러나 위에서 설명한 렌즈는 이와 같이 잘못된 시선을 교정하여 어떻게 성경이 가인과 아벨의 이야기를 예수 그리스도 안에서 완성시키는지 보도록 도와준다.

사실 우리는 아벨과 같이 될 수 없기에 자신을 아벨이 아니라 가인과 동일시해야 한다. 그리고 우리에게는 아벨보다 더 나은 분이 필요하다. 바로 예수님이 진정으로 죄가 없는 더 나은 아벨로서 우리의 형벌을 대신 받으셨다. 곧 우리를 위해 완전한 제사를 행하심으로써 우리로 하여금 하나님, 타인, 세상, 그리고 자신과 올바른 관계를 회복할 수 있게 하셨다.

(3) 은혜 패턴의 줄거리(Grace-Pattern Story-Lines): 기드온(삿 6-8장)

기드온 이야기는 다가오는 왕정을 예고하는 사사기에 자리한다.[4] 이 책에는 모든 사사들이 등장하는 과정에 수반되는 일정한 반복적인 흐름이 눈에 띄게 나타난다. 먼저 하나님 백성이 하나님께 반역한다. 그 결과 하나님은 주변 나라를 통해 백성을 징벌하신다. 그러자 그들은 하나님께 부르짖는다. 결국 하나님은 그들을 구원하고자 사사를 보내신다. 이러한 패턴을 따라 사사기 6장에서는 하나님이 보내신 사사들 중 한 명인 기드온이 등장한다.

여기서 여호와의 사자는 기드온이 "미디안 사람에게 알리지 아니하려 하여 밀을 포도주 틀에서 타작"할 때 그에게 나타난다(삿 6:11). 밀을 타작하는 일은 보통 개방된 논밭에서 했다. 기드온이 은폐되고 외진 장소에서 그런 일을 하는 장면은 이상하게 보일 수 있다. 분명 이 장면은 미디안 사람을 두려워하여 그들에게 자신의 행위를 노출시키지 않으려는 기드온의 상태를 부각시킨다고 할 수 있다. 그런데 더 이상한 장면은 여호와의 사자가 기드온에게 나타나서 말씀하시는 것이다. "큰 용사여 여호와께서 너와 함께 계시도다"(삿 6:12). 기드온은 큰 용사와는 거리가 멀었다.

사실 성경이 한결같이 우리에게 이야기하려는 바는 기드온이야말로 큰 용사가 아닌 겁쟁이라는 사실이다. 기드온이 바로 이어서 한 질문이 이를 분명히 드러낸다. "여호와께서 우리와 함께 계시면 어찌하여 이 모든 일이 우리에게 일어났나이까"(삿 6:13). 기드온의 질문은 의심과 혼란으로 가득하다. 그런데 그에 대한 하나님의 대답이 기드온을 놀라게 했다. 왜냐하면 하나님은 기드온이 미디안의 손에서 이스라엘을 구하는 자가 되리라고 말씀하셨기 때문이다(삿 6:14).

이에 기드온은 자신의 집이 므낫세 중에서 약할 뿐 아니라 자신은 그 아버지 집에서도 가장 작은 자라고 둘러대며, 재빨리 자신이 왜 그 사명을 감당할 수 없는지를 늘어 놓는다(삿 6:15). 이런 변명에 대한 하나님의 대답은 매우 간단하다. "내가 반드시 너와 함께하리니 네가 미디안 사람 치기를 한 사람을 치듯 하리라"(삿 6:16).

이처럼 본문 전체에 걸쳐, 기드온은 의심과 두려움이 많은 자로 그려진다. 이 특징은 기드온이 하나님께 그 뜻을 확증하는 증거를 요청하는 과정에서도 드러난다. 하나님은 너그럽게 기드온이 요청한 그 모든 증거를 다 허락해 주신다. 곧 기드온의 요청에 따라 처음에는 양털만 젖고 주변 땅은 마르도록 하셨고, 다음에는 양털만 마르고 주변 땅이 젖게 하셨다(삿 6:36-40). 이렇듯 기드온은 자신의 손으로 이스라엘을 구하게 되리라는 하나님의 약속에 대해서도 가시적이고 만질 수 있는 증거를 원했다.

이런 연약한 모습은 사사기 7장에서도 드러난다. 이스라엘 백성이 모여 3만 2천 명의 군대를 이루었을 때, 하나님은 기드온에게 두려워 떠는 자들을 돌려보내라고 말씀하신다. 이에 2만 2천 명이 돌아갔고 군대는 순식간에 1만 명으로 줄었다.

그러나 여전히 하나님은 군대를 더 축소시켜 그 1만 명의 사람들조차 스스로의 힘을 자랑하는 마음을 갖지 못하도록 하신다. 이 과정에서 일종의 시험을 하시는데, 곧 기드온에게 물가로 가서 사람들이 물을 마시는 모습을 관찰하라고 말씀하신다. 그 결과, 하나님은 무릎을 꿇고 물을 마시지 않고 손으로 물을 움켜 입에 대고 핥아서 마신 3백 명의 군사를 선택해서 기드온과 함께 미디안을 무찌르기로 작정하신다(삿 7:7). 우리는 이 이야기가 전개되면서 하나님이 기드온과 그 군대에게 하신 약속을 지키시는 장면을 보게 된다. 불시에 이스라엘의 습격을 받은 미디안 군대는 도망가고 그 전쟁에서 패배하게 되었다(삿 7:19-25).

마치 각각의 사사가 모두 그리스도의 모형인 것처럼,[5] 기드온도 그리스도의 모형이라고 할 수 있다. 우리는 사사들을 통해 전개되는 이야기가 어떻게 예수 그리스도 안에서 완성에 이르는지를 보게 된다. 기드온 이야기는 그에 대한 좋은 예이다. 기드온은 큰 용사라고 하지만 사실은 약한 자이며, 하나님의 능력은 그 인간의 연약함을 통해 드러난다는 사실을 보여 준다. 또한 기드온 이야기를 통해 예상치 못한 인물을 사용하여 승리를 주시는 하나님을 발견한다. 이 이야기는 결국 가장 예상치 못한 방법인 십자가 죽음을 통해 죄를 무찌르신 예수 그리스도 안에서 완성된다. 마치 사사기 6장 16절에서 미디안 사람을 무찌르는 일이 한 사람을 통해 이루어지는 것처럼 이야기하듯이, 그 승리는 한 인물, 한 용사에 의해 실현된다.

예수님은 우리의 궁극적인 영웅이시다. 정말 그 누구도 예상치 못한 영웅이시다. 그리고 하나님이 미디안 사람을 무찌르는 데는 3만 2천 명이나 1만 명, 아니 심지어 3백 명도 필요가 없다. 이는 하나님이 백성을 위해 구원을 행하실 때 자주 취하시는 역전 또는 반전의 접근일 뿐이다. 하나님은 예상치 못한 접근으로 백성의 왜소함, 연약함, 부족함을 사용하여 구원을 성취하신다. 그 목적은 그들이 스스로를 자랑하지 않고 하나님의 능력을 자랑하게 하는 데 있다. 하나님이 이런 일을 하시고자 선택한 사람이 기드온이었다. 곧 하나님이 홀로 고립된 사람을 선택해 자신의 일을 행하신다는 메시지가 사사기 전체의 요점이다.

따라서 우리는 하나님이 이스라엘 군대를 3만 2천 명에서 3백 명으로 줄이고자 하실 때 당황해서는 안 된다. 오히려 하나님이 그 숫자를 한 명까지 줄이실 수도 있음을 깨달아야 한다. 이처럼 한 명에 이르기까지 줄이신 일은 다름 아닌 홀로 고립되고 약한 모습으로 등장한 용사이자 완전한 사사이신 나사렛 예수가 십자가에서 죽으심으로 인해 죄와 사망에 대한 최종적인 승리가 선언됨으로써 이루어졌다.

만일 기드온 이야기를 도덕주의적 관점으로 해석한다면, 여러 가지 교훈들을 끌어낼 수도 있다. 그래서 '기드온처럼 됩시다', '기드온처럼 기도해야 합니다', 아니면 '기드온처럼 양털을 펼쳐 놓읍시다'라는 식의 교훈을 삼을 수 있다. 그러나 성경에서 기드온은 도덕적 인물로 묘사되지 않는다. 그 이유는 그가 장차 오게 될 완전한 사사를 나타내는 모형론적 인물이기 때문이다. 사사기 8장은 기드온에게 결함과 부족이 많다는 사실을 분명히 보여 준다.

우리가 그 이야기에서 확인할 수 있듯이, 기드온의 지도하에 전투에서 승리를 거두게 되자 이스라엘 백성은 그에게 자신들을 다스려 달라고 요청한다. 그러자 기드온은 "내가 너희를 다스리지 아니하겠고 나의 아들도 너희를 다스리지 아니할 것이요 여호와께서 너희를 다스리시리라"라고 대답한다(삿 8:23). 그런데 외견상 겸손하게 느껴지는 이 대답과는 어울리지 않게 그는 자기 아들의 이름을 아비멜렉으로 짓는다(삿 8:31). 이 이름은 '나의 아버지는 왕이다'라는 의미를 갖는다.

그리스도 중심적 해석 방법을 사용할 때 기드온을 우리가 모방할 만한 영웅이 아니라 하나님의 절대적인 은혜가 필요한 약하고, 부족하며, 타락한 사람으로 보게 된다. 하나님은 기드온과 같은 이를 사용하여 자신의 일을 성취하신다. 이는 복음의 경륜이 약함 가운데 진행되기 때문이다. 우리는 기드온처럼 두려워하고, 연약하며, 소외되어 있을 뿐 아니라 죄성을 가진 사람들이다. 그러나 하나님은 이런 우리를 사용해서 하나님 나라를 위해 위대한 일을 행하실 것이다. 우리는 이에 대한 궁극적인 약속을 죽음을 통해 가장 약한 모습을 보이며 죄를 정복하신 예수 그리스도 안에서 발견하게 된다.

'상징 성취'(Symbol Fulfillment) 복음 조각

일반적으로 성경 저자가 사용하는 어떤 특징이 상징적인 의미를 가지고 있을 경우, 그 상징은 그리스도에 대한 하나의 모형으로 이해될 수 있다. 이는 심지어 저자가 명백하게 그리스도를 의식하지 않은 경우에도 해당되는 원리이다. 이러한 모형들은 장차 오게 될 더 위대한 실재를 가리키는 역할을 한다. 이를테면 성경의 모든 주요 인물들과 리더들은 세상에서 사람들을 불러내어 하나님의 백성을 만들어 가는 궁극적인 리더인 그리스도를 가리킨다.

심지어 그 주요 인물들과 리더들의 결점마저도 하나님이 은혜로 역사하셔서 세상이 보기에 버려지고 미약한 자들을 친히 사용하신다는 사실을 보여 준다. 예수님은 모든 사사들이 가리키는 사사이고, 모든 선지자들이 가리키는 선지자이며, 모든 제사장들이 가리키는 제사장일 뿐 아니라, 모든 왕들이 가리키는 왕이시다. 이처럼 상징주의 모형론(symbolism-typology)에 대한 기독론적 해석 방법이 성경을 이해하는 데 매우 중요하기에, 성경의 독자들은 그 상징들의 기능을 이해할 필요가 있다.

하나님 은혜로 말미암는 구원 이야기에는 인간이 아닌 사물이나 대상이 보여 주는 모형(types)이나 상징(symbols)이 존재한다. 가령 에덴동산, 불타는 떨기나무, 놋뱀, 불기둥, 반석에서 나오는 물, 만나, 성전, 희생 제사, 어린양, 피, 휘장, 제단, 안식일 등이 그러하다. 어떤 본문에서 그리스도에 이르기 위해 우리에게 언제나 선한 역할을 하는 예들만 필요한 것은 아니다. 왜냐하면 우리는 성경의 인물들을 그리스도와 유사성을 가지고 비교할 수 있을 뿐 아니라 상이성을 가지고 대조할 수도 있기 때문이다. 예수 그리스도는 구약성경에 등장하는 인물이나 상징에 관한 더 위대하고, 선하며, 완벽한 성취가 되신다.

(1) 멜기세덱(창 14:17-24)

아브라함은 창세기 14장에서 두 명의 왕을 만난다. 바로 멜기세덱이라고 이름하는 살렘 왕과 소돔 왕이다. 이 중에서 "지극히 높으신 하나님의 제사장"이라고 불리는 멜기세덱이 아브라함을 축복한다(창 14:18-20). 여기서 우리는 멜기세덱의 축복이 아브라함으로 하여금 자신의 소유를 자원하여 드리도록 했다는 사실에 주목할 필요가 있다. 곧 아브라함이 멜기세덱에게 무엇인가를 준 행위는 그가 축복을 받은 결과로서 나타난다. 그러나 소돔 왕은 조건적인 방식으로 아브라함에게 접근하여 그에게 부(富)를 제공하고자 했다(창 14:21). 즉 아브라함이 소돔 왕으로부터 어떤 것을 얻고자 한다면, 그 왕에게 먼저 다른 것을 주어야 하는 방식이었다.

이처럼 이 본문은 두 왕이 보여 주는 서로 다른 접근 방식을 병행시킨다. 이를 통해 본문이 전달하고자 하는 바는 하나님은 자신의 제사장을 통해 과분한 복을 베푸심으로써 복을 받는 자가 감사하는 마음으로 반응하게 하신다는 것이다. 이런 접근 방식은 우리가 무엇인가를 받기 위해서는 먼저 주어야만 하는 세상의 방식과 완전히 대조된다.

그렇다면 성경의 다른 부분에서도 적용될 수 있는 어떤 상징이 여기에 있는가? 이 본문에서 제사장이라는 상징은 그리스도 안에서 어떻게 성취되는가? 이 이야기는 어떻게 불완전하게 끝나는가? 어떤 긴장이 남게 되는가? 그리고 멜기세덱은 누구인가?

멜기세덱은 성경에서 불가사의한 인물이다. 구약성경에서는 (창세기 14장을 제외하고) 시편 110편 4절이 유일하게 멜기세덱의 이름을 언급하고, 신약성경에서는 오직 히브리서 5-7장이 그에 대한 내용을 전달한다. 이처럼 제한된 범위에서 등장하는 제사장적 왕일지라도, 우리는 멜기세덱을 전체 구속 이야기의 맥락 안에서 이해해야 한다. 먼저 멜기세덱은 제사장직과 관련된 성경의 줄거리를 들여다보게 해 주는 창문 역할을 한다. 제사장직은 하나님이 아담과 다른 중보자를 거치지 않는 직접적인 관계(an unmediated relationship)를 아담과 가지시던 때로 그 기원을 소급하여 이해할 수 있다. 당시 아담은 제사장과 같은 역할을 하며 하나님과 교제했지만 그 역할에서 곧 실패했다. 결과적으로 하나님과 인간 사이에는 다른 중보자가 필요하게 되었다.

따라서 우리는 결국 하나님이 멜기세덱과 같은 제사장을 백성에게 주셔서 자신의 복을 전달하고, 죄와 허물을 위한 대속을 성취하며, 찬송의 제사를 드리게 하신다는 사실을 보게 된다. 이러한 제사장직을 처음으로 확인하게 되는 대목이 바로 멜기세덱이 아브라함에게 축복하며 그의 경배를 받는 장면이다. 그리고 이와 같은 제사장직은 구약성경 전체에 걸쳐 하나님 백성이 지닌 죄를 위해 레위인들이 대속의 제사를 드리는 체제로 발전된다.

우리는 이 제사장직의 절정을 예수 그리스도를 통해 보게 된다. 그분은 궁극적인 대제사장으로서 하나님의 복을 우리에게 전달해 주셨고, 우리의 죄를 위한 대속을 이루셨으며, 우리가 하나님의 보좌 앞에 나아갈 수 있도록 길을 열어 놓으셨다(히 4:14-16). 그리고 결정적으로 위대한 대제사장으로서 자신의 생명을 내어 놓으셨다. 바로 이와 같은 대제사장으로 인해 이제 우리는 완전하고 제약 없는 하나님과의 교제를 누릴 수 있게 되었다. 그래서 우리 역시 교회와 세상에서 제사장이라는 원래의 신분을 회복하게 되었다. 이처럼 앞선 모든 선지자들에 의해 예시되었던 예수 그리스도, 곧 우리의 위대한 대제사장이 성취하신 사역을 통해, 하나님은 우리에게 과분한 복을 베푸시고 죄를 대속하실 뿐 아니라 우리 예배를 기쁘게 받으신다.

이와 관련해서 참고할 만한 본문이 신약성경에 있는가? 히브리서가 바로 그 멜기세덱을 예수님과 관련지어 명백하게 언급하며, 멜기세덱이 그리스도를 예표한다고 설명한다(히 5:1-10). 예수님과 멜기세덱 사이의 연관성은 그 둘을 직접적으로 비교할 때 더 분명하게 드러난다. 세 가지 측면에서 둘을 비교할 수 있다.[6] 첫째, 예수님이 레위 지파는 아니지만, 메시아이고 왕이며 다윗의 자손으로서 제사장이시라는 측면이다. 멜기세덱 역시 세습에 의해서가 아니라, 살렘 왕으로서 제사장이었다.

둘째, 예수님의 제사장직이 영원하다는 측면이다. 멜기세덱의 제사장직 역시 누군가에게 계승되었다는 언급이 없다. 그는 자신의 제사장직을 완수했기에 후임자가 필요하지 않았다. 레위 지파의 제사장직은 충만하고, 완전하며, 최종적인 제사를 누군가가 드리기 전까지는 늘 후임자를 필요로 했다. 바로 예수님이 그 제사를 마치셨고, 이제 그분의 제사장직은 하나님의 백성을 위한 영원한 중재의 기능을 수행한다.

셋째, 예수님의 제사장직이 레위 지파의 제사장직보다 우월하다는 측면이다. 아브라함이 멜기세덱에게 복종하는 장면은 인상적이다. 아브라함은 모든 상황에서 가족을 위한 제사장 역할을 스스로 감당하고 있었기 때문이다. 이 복종을 통해 어떤 의미에서는 (아브라함의 후손이 되는) 레위 지파가 멜기세덱이 가진 우월한 제사장직에 이미 복종했음을 알 수 있다. 따라서 멜기세덱의 반차를 따르는 예수님의 제사장직은 전체 레위 지파의 제사장직보다 우월하다.

이런 내용을 설교에서 다루고자 할 때, 다음과 같은 몇 가지 중요점을 고려해 볼 수 있다. 첫째, 제사장의 축복이다(창 14:17-20). 우리는 아브라함이 두 왕, 즉 소돔 왕과 "지극히 높으신 하나님의 제사장"인 살렘 왕을 만나게 되는 장면에 주목해야 한다. 여기서 멜기세덱과 아브라함 사이에 일어나는 행동을 주의 깊게 관찰해 보자. 특별히 멜기세덱이 아브라함에게 접근하는 방식은 상대로부터 어떤 보상도 기대하지 않고 떡과 포도주를 제공할 뿐 아니라, 상대가 간청하지도 않은 복을 빌어 준다는 면에서 눈여겨봐야 한다. 또한 이 관대한 대우에 대한 아브라함의 반응이 전혀 강요되지 않은 감사의 표현이라는 점을 간과해서는 안 된다.

둘째, 승리 후에 찾아오는 유혹이다(창 14:21-24). 이제 우리는 아브라함과 소돔 왕 사이에 일어나는 행동에 주목해야 한다. 소돔 왕은 아브라함을 축복하기보다 아브라함이 하나님으로부터 받은 공급과 축복과 구원을 스스로의 힘으로 쟁취하도록 부추기며 거래를 제안한다. 설교자가 이 부분을 다룰 때가 곧 청중에게 자신의 마음을 살펴보도록 도전할 수 있는 적절한 타이밍이다. "여러분은 하나님이 공급하시는 양식과 구원을 추구합니까? 아니면 스스로의 힘으로 그 모든 것을 얻고자 노력하고 있습니까?"

이처럼 거래를 제안하는 모습은 자신의 구원을 스스로 성취하려는 인간의 경향성을 암시한다. 동시에 이 대목에서 아브라함이 소돔 왕의 제안을 거절하는 장면도 주목해야 한다.

셋째, 우리의 영원한 대제사장이 가져다 주는 궁극적인 축복이다. 결과적으로 우리는 공급과 축복과 구원이라는 성경의 주제를 따라가는 과정에서 본문 자체가 우리로 하여금 더 위대한 공급자, 더 위대한 축복자, 그리고 더 위대한 구원자를 우리의 위대한 대제사장인 예수 그리스도 안에서 보도록 이끈다는 사실을 깨닫게 된다. 예수님은 멜기세덱이 보여 주는 바와 같이 보상을 요구하지 않는 일방적인 공급자(the one-way provider)이시다. 그렇다면 그에 대한 우리의 반응은 아브라함이 멜기세덱에 대해 가졌던 감사나 충성의 자세와 같아야 할 것이다.

결국 우리는 그리스도가 누구이고 또 그분이 우리를 위해 무슨 일을 하셨는지에 비추어 멜기세덱을 이해해야 한다. 이런 관점을 통해 우리는 멜기세덱에 대해 어떻게 설교할 수 있는지를 깨닫게 된다. 그리고 이때 우리는 멜기세덱이 어떻게 우리로 하여금 모든 제사장 가운데 진정한 제사장을 갈망하게 만드는지를 설명해야 한다. 왜냐하면 청중은 멜기세덱이 궁극적으로 가리키는 완벽한 제사장의 좋은 소식을 들어야 하기 때문이다.

(2) 요한복음에 나타나는 상징들

요한복음의 저자는 많은 상징들을 사용한다. 그 상징들은 구약성경에 기원을 두고 있으며 예수님이 어떻게 성경을 성취하시는지를 보여 준다. 흔히 성경을 읽는 독자들은 그와 같은 상징을 예수님과 연결시켜 생각한다. 하지만 모든 상징들에 대해 일관적으로 예수님과 연결시키지 않기 때문에 문제가 발생한다.

예를 들어 먼저 상징이 나오는 구절로 요한복음 1장 29절을 들 수 있다. 이 구절에서 세례 요한은 예수님을 "하나님의 어린양"이라고 부른다. 성경을 구속사적 렌즈를 통해 읽을 때에만, 우리는 세례 요한이 출애굽기 12장에서 소개되는 유월절 어린 양을 언급하고 있다는 사실을 알 수 있다. 또 다른 예로 요한복음 3장에서는 예수님이 니고데모에게 "사람이 물과 성령으로 나지 아니하면 하나님의 나라에 들어갈 수 없느니라"라고 말씀하신다(요 3:5). 우리는 이 말씀을 에스겔과 연결시켜 해석할 수 있다. 에스겔의 예언에서 하나님은 장차 물로 자기 백성을 정결하게 하는 역사와 그들의 굳은 마음을 부드러운 마음으로 변화시키는 역사가 일어나리라고 말씀하신다(겔 36:25-26).

더 나아가 요한복음 4장에서 예수님은 사마리아 여인을 우물가에서 만나 생수에 관하여 말씀하신다. 이 생수는 자신이 직접 주어 영생을 얻게 하는 것이었다(요 4:13). 우리는 출애굽기 17장에서 하나님이 자기 백성의 생명을 돌보기 위해 물을 공급하시는 장면을 떠올릴 수 있다. 거기서 하나님은 불평하며 신앙을 지키지 못하는 그들을 위해 반석에서 물을 내신다. 또한 우리는 출애굽기 16장과 시편 78편에서 하나님이 자기 백성에게 만나를 공급하셔서 광야에서 죽지 않도록 그들의 생명을 살피시는 모습도 볼 수 있다. 이와 상응하여 요한복음 6장 32-35절에서는 하나님이 광야에서 만나를 공급하셨던 일을 예수님이 언급하며 자신을 "생명의 떡"이라고 표현하신다. 그리고 요한복음 8장 12절에서는 스스로를 "세상의 빛"이라고 소개하신다. 이는 창조 이야기(창 1:3)와 메시아를 "이방의 빛"으로 표현하는 이사야의 예언(사 49:6)을 상기시킨다.

이처럼 구약성경과 선명하게 연결지을 수 있는 다양한 상징들이 있다. 신약 저자들은 구약성경에서 발견되는 그와 같은 상징들이 이제 성취되었다는 사실을 반복해서 말하고 있다. 그 상징들은 이제 의미를 완벽하게 드러내며 역할을 완수하게 되었다. 그리고 전체적인 성취에 이르게 되었다. 즉 하나님의 충만하심이 모든 상징들의 성취가 되시는 예수 그리스도를 통해 육체적인 형태로 임한 것이다.

(3) 모형론: 므비보셋의 아버지 요나단(삼하 9장)

다윗과 가까운 친구이자 사울 왕의 아들인 요나단에게는 므비보셋이라는 아들이 있었다. 그런데 요나단이 전장에서 죽고 사울도 자살하자, 사울 집안의 모든 사람들은 죽임을 당할까 봐 두려워서 도망치게 된다. 이 도망 중에 유모가 므비보셋을 떨어뜨렸고 그는 다리를 저는 신세가 된다(삼하 4:4).

다윗이 왕이 된 후, 시바라는 신하를 불러 사울 집안에 살아남은 자가 있는지를 묻는다. 이에 시바는 다윗에게 므비보셋에 대해 이야기를 하고, 다윗은 므비보셋을 데려오라고 명령한다(삼하 9:3-5). 다윗에게 나아온 므비보셋은 그 앞에 엎드려 절한다. 이때 다윗은 그에게 "무서워하지 말라 내가 반드시 네 아버지 요나단으로 말미암아 네게 은총을 베풀리라 내가 네 할아버지 사울의 모든 밭을 다 네게 도로 주겠고 또 너는 항상 내 상에서 떡을 먹을지니라"(삼하 9:7)라고 말한다. 므비보셋은 다윗의 그러한 친절에 압도되고, 혼란스러워하며, 놀란다. 그는 심지어 다윗 앞에서 자신을 "죽은 개"라고 칭한다(삼하 9:8).

어떻게 다윗은 왕으로서 그와 같은 친절을 베풀 수 있었을까? 다윗의 반응은 사실상 "네 아버지 요나단으로 말미암아", 즉 그 아버지의 충절과 우정 때문에 일어난 것이었다. 그로 인해 다윗은 므비보셋에게 "너는 항상 내 상에서 떡을 먹을지니라", 다시 말해 왕의 식탁에서 아들과 같은 대우를 받게 되리라고 말했다.

본문에서 므비보셋에게 주어진 복음은 무엇인가? 다윗은 그가 누구인지 또는 그가 무슨 일을 했는지와 상관없이 그의 아버지 때문에 그에게 호의를 베풀었다. 여기서 므비보셋이 다윗의 호의를 되갚을 수 있는 어떠한 능력을 가졌는가? 그는 장애를 가졌고, 무엇으로도 그 호의를 되갚을 수 없었다. 이는 므비보셋에 대한 다윗의 호의가 완전히 일방적이며, 어떤 보상도 기대하지 않는 성격의 행위였음을 의미한다. 다윗은 어떻게 므비보셋이 자신에게 혜택을 줄 수 있을지에는 관심이 없었다. 므비보셋이 다윗에게 받은 호의는 완전히 전적으로 현재 그와는 상관이 없는 다른 이유 때문이었다.

여기서 므비보셋이 우리의 모습을 보여 주는 그림이라면, 그의 아버지 요나단은 그리스도를 나타내는 모형이 된다. 우리를 대표하는 다른 누군가의 순종과 의로 인하여 우리는 결코 되갚을 수 없는 은혜로 구원을 얻는다. 우리가 이 이야기를 읽으면서 요나단을 하나의 모형으로 보는 이유가 여기에 있다. 이런 개념은 요나단의 인생 전체에 걸쳐 암시된다.

사무엘상 18장에 등장하는 이야기에서부터 요나단은 이스라엘의 왕자이자 그 나라의 정당한 후계자임에도, 하나님이 선택하신 사람이며 자신의 절친한 친구인 다윗을 섬기고자 모든 권위를 포기하는 자로 소개된다(삼상 18:1-5). 요나단은 하나님이 다윗에 대해 품고 계신 생각을 알았기에, 그의 가족, 특히 아버지 사울의 뜻을 거절하는 희생을 치르면서까지 하나님 마음에 자신의 소원과 계획을 일치시켰다. 요나단이 보여 준 이와 같은 희생적인 사랑은 우리를 향한 예수 그리스도의 사랑을 예고한다. 바울은 우리에게 다음과 같은 내용을 상기시킨다. "그는 근본 하나님의 본체시나 하나님과 동등됨을 취할 것으로 여기지 아니하시고 오히려 자기를 비워 종의 형체를 가지사 사람들과 같이 되셨고 사람의 모양으로 나타나사 자기를 낮추시고 죽기까지 복종하셨으니 곧 십자가에 죽으심이라"(빌 2:6-8).

요나단이 친구 다윗을 위해 왕권을 버렸듯이, 예수님도 자기 백성을 위해 스스로를 비우셨다. 사무엘상 본문에서 묘사되는 요나단의 희생적인 사랑으로 인해 우리는 요나단을 그리스도의 모형으로 보게 된다. 이 본문을 통해 요나단과 같은 친구를 갈망하는 마음을 갖게 된다면, 그 갈망은 예수님의 희생적인 사랑을 통해 우리에게 자신을 내어 주신 하나님과의 교제에 이르는 동기가 되어야 한다.

복음 적용하기

지금까지 살펴본 것처럼 그리스도 중심적 해석 방법과 설교의 핵심을 이해하는 일은 매우 중요하다. 마찬가지로 중요한 일은 성경의 모든 본문에서 발견되는 복음의 유기적인 내용을 적용하여, 그 내용이 청중의 마음속에 강력하게 자리하도록 돕는 것이다. 복음을 청중의 마음에 적용하는 과정은 그 자체로 각별한 주의를 요구하는 기술이라고 할 수 있다.

(1) 3중 관점의 모델

메시아가 지닌 세 가지 직분이 있다. 바로 선지자, 제사장, 왕이다.[7] 우리는 이러한 메시아의 3중직이라는 맥락에서 설교의 기능을 살펴볼 수 있다. 첫째, 설교의 선지자적 기능은 규범적인 진리를 다루는 일과 관련된다. 이는 본문에 대해 다음과 같은 질문을 던지도록 한다. "이 단락은 예수님에 관해 어떤 이야기를 하고 있을까?" 이때 우리는 하나님의 계시의 정점이 되는 예수 그리스도 안에서 그 단락의 메시지를 이해하기 전까지는 해당 본문을 바르게 해석할 수 없다.

둘째, 설교의 제사장적 기능은 청중의 개인적인 필요 또는 마음의 상태를 다루는 일과 관련된다. 이는 본문에 대해 이러한 질문을 하게 만든다. "이 단락은 그리스도 안에 있는 하나님의 아름다움을 어떻게 보여 주고 있을까?" 마찬가지로 우리는 여기서도 그리스도를 통해 사람들을 하나님의 임재 가운데로 나아가게 하며, 그들의 마음에 하나님에 대한 참된 감각이 생기도록 돕기 전까지는 본문이 의도하는 목적을 진정으로 드러낼 수 없다.

셋째, 설교의 왕적 기능은 규범적인 진리를 주어진 상황에 적용하는 일과 관련된다. 이는 도덕주의가 아니라 '복음의 덕목'(gospel virtue)을 추구하는 일이라고 할 수 있다. 이를테면 청중이 다음과 같이 스스로 질문하도록 만드는 일이다. "이 본문에서 예수님이 누구이고 그분이 나를 위해 무슨 일을 하셨는지 이야기하는 메시지가 사실이라면, 내가 어떻게 그 메시지에 따라 살지 않을 수 있을까? 정말 이 복음이 사실이라면, 나는 어떻게 살아야 할까?"

이처럼 그리스도 중심적 설교자는 본문의 메시지를 전달할 때, 해설(exposition)과 감각(sensation)과 적용(application)이라는 세 가지 차원의 관점을 이해해야 한다.

간혹 우리는 설교의 유일한 목적 또는 주요한 목적이 해설에만 있다고 생각할 때가 있다. 그러나 이는 매우 위험하다. 만일 우리가 단지 본문 해설에만 초점을 맞추고, 성경의 진리가 의미하는 내용만을 전달하고 능력은 없을 것이다. 왜 그러한가? 그 설교에는 복음이 빠져 있기 때문이다. 즉 이때의 우리는 청중에게 해당 본문이 무엇을 말하고 있는지에 대해서만 설명했지, 복음을 그들 마음속에 깊이 전달하지는 못했기 때문이다. 우리는 설교할 때, 그 메시지가 마음속에 전달되어 복음에 의한 변화가 일어나기를 갈망해야 한다.

이를 위해 우리는 본문 해설에 주의를 기울이고, 그로부터 주어진 메시지를 마음속에 전달하며, 실제적인 삶의 변화가 일어나도록 적용해야 한다. 즉 해당 본문이 어떻게 그리스도를 드러내는지를 보여 줄 때에만 그 의미를 진정으로 해설했다고 말할 수 있다. 또한 주어진 문제를 그리스도 안에서 해결할 때에만 진정으로 삶을 변화시키는 설교를 했다고 말할 수 있다. 그리고 궁극적인 답변을 그리스도 안에서 찾을 때에만 그 설교가 단순히 유익한 강의의 수준을 넘어 예배의 행위로 발전하게 된다.[8]

이런 과정에서 우리는 지금 어느 단계에 위치해 있는가? 우리는 설교를 통해 무엇을 강조하려고 하는가? 그리고 어떤 지침에 기대어 설교하는가? 스스로를 돌아볼 때, 우리는 해설적인 설교자인가, 감각을 일깨우는 설교자인가, 아니면 적용을 이끌어 내는 설교자인가? 우리는 스스로가 모든 측면에 균형이 잡혀 있다고 생각할지 모르지만, 탁월한 설교자들도 이 세 가지 측면 중 어느 한 편으로 치우치는 경향이 있다.

(2) 우상 파악하기

성경은 죄에 관해 다양한 방식으로 이야기를 한다. 그중 우리의 타락한 상태를 묘사하는 주된 방식은 바로 우상 숭배를 지적하는 것이다. 도덕주의는 '옳음과 그름'의 문제로 대변될 수 있지만, 성경에서 다루는 죄의 모습은 사실 '노예 상태와 자유 상태'의 대립에서 나타난다. 한편으로 우상은 우리를 도와주거나 구원할 수 있는 실제적인 능력이 전혀 없는 텅 빈 '공허함'을 의미한다(사 40:20; 41:6-7).

따라서 우상 숭배는 스스로 자신을 구원하려는 노력일 뿐이다(사 44:10-13). 그런데 다른 한편으로 우상은 우리에게 힘을 행사하고, 지배하려고 한다. 그렇게 해서 우리를 노예로 삼으려고 한다(렘 2:25). 가령 어떤 대상이 정말로 우리를 행복하게 만들어 줄 것이라고 믿게 되면, 우리는 그 우상을 신으로 여기고 따라갈 수밖에 없다.

이처럼 우상은 전적인 의존을 요구하며(사 44:17), 완전히 우리의 마음을 사로잡고자 한다(겔 14:1-5). 바울은 로마서 1장에서 우리가 "피조물을 조물주보다 더 경배하고 섬김"(롬 1:25)으로써 영적인 영역, 심리적인 영역, 사회적인 영역, 문화적인 영역 등 삶의 모든 영역에서 어떻게 무질서가 발생하는지를 보여 준다.[9]

마음 깊숙이 파고드는 설교를 하기 위해서는 행동에만 주목해서는 안 된다. 또는 죄를 도덕적인 잣대에 비추어 설명하거나 옳고 그름의 관점에서만 묘사해서도 안 된다. 만일 우리가 행동만을 관찰한다면, 사람들이 가진 외면적인 문제에 대해서만 도전하고 내면적인 문제는 건드리지도 못할 것이다. 그 결과, 우리는 더욱 종교적인 사람이 되기 위해 씨름하는 일밖에 하지 못한다. 우리가 인간의 마음에서 일어나는 갈등을 이해하고, 그 주된 문제인 우상 숭배에 대해 설명해야 하는 이유가 바로 거기에 있다.

우리는 우상이 생산하는 열매, 즉 우리에게 나타나는 문제의 감정(problem emotions)을 살펴봄으로써 우리의 우상이 무엇인지를 파악할 수 있다. 문제의 감정은 죄로부터 기인하거나 아니면 반대로 죄를 야기하는 불안정이나 두려움과 같은 정서를 가리킨다.

이러한 감정을 인식하는 일은 도움이 된다. 그 감정을 통해 우리 마음속에 깊이 뿌리내린 특정한 죄를 야기하는 동기가 무엇인지를 발견할 수 있기 때문이다. 그런데 만일 우리가 사람들의 삶에 자리하고 있는 문제의 감정만을 확인하는 데서 설교를 그친다면, 우리의 설교는 그저 피상적인 치료만을 하게 될 것이다.

우리가 설교를 통해 진정으로 하기 원하는 일은 문제의 감정을 통해 사람들의 마음속에 깊이 자리한 우상을 다루는 것이다. 그리하여 그 우상과 우상이 생산하는 잘못된 열매를 복음이 불러일으키는 새로운 정서에서 주어지는 능력으로 몰아내야 한다. 아래의 표는 우리가 가진 문제의 감정 이면에 자리하고 있는 근원적인 우상을 파악하는 데 사용되는

도구이다.[10]

추구하는 목표	목표에 이르는 대가	두려워하는 대상	타인이 느끼는 감정	문제의 감정
안락 (사생활, 긴장 해소, 자유)	생산성을 줄여야 한다	스트레스, 요구 사항	상처 받음	지루함
인정 (찬성, 사랑, 관계)	독립성을 낮추어야 한다	거절	숨이 막힘	소심함
통제 (규율, 확실성, 기준)	외로움을 피할 수 없고, 자연스러움 을 포기해야 한다	불확실성	지적 받음	근심함
권력 (성공, 승리, 영향)	부담감과 책임감을 과하게 져야 한다	굴욕	이용 당함	분노함

우상 숭배의 죄를 발견하는 한 가지 방법은 '천국 보화의 원리'(the treasure principle)라고 알려진 과정을 적용하는 것이다. 이 원리는 마태복음 6장 21절의 지침을 따르고 있다. "네 보물이 있는 그곳에는 네 마음도 있느니라." 여기서 전제하는 원리는 우리 모두의 마음에는 보물이 있으며, 이 마음은 우리의 삶을 통제하는 중앙 제어 장치로 기능하여 결국 우리의 행동을 산출한다는 것이다. 이는 곧 우리의 행동이 중앙 제어 장치를 드러내고, 그 중앙 제어 장치는 다시 우리의 마음 저변에 있는 보물이 무엇인지를 드러낸다는 사실을 의미한다. 이때 우리가 가장 많이 두려

위하는 대상이 바로 가장 많이 신뢰하는 대상이다. 저술가 레베카 피펏 (Rebecca Pippert)은 이 내용을 다음과 같이 표현했다.

> 무엇이 우리를 통제하든 바로 그 통제자가 우리의 주인이다. 권력을 추구하는 사람은 권력에 의해 통제된다. 타인에게 수용되기를 원하는 사람은 자신이 기쁘게 하려는 그 사람에 의해 통제된다. 우리는 스스로를 통제하지 않는다. 우리 인생의 주인이 우리를 통제한다.[11]

우리가 단지 겉으로 드러나는 증상, 즉 행동만 지켜보는 대신에 그 증상의 진정한 뿌리가 무엇인지를 설명해야 하는 이유가 바로 여기에 있다. 행동은 우리가 어떤 사람이고, 무슨 보물을 마음속에 가지고 있는지를 우리의 생각보다 훨씬 더 많이 드러낸다. 만일 우리가 이런 내용을 설명하지 않고 그저 겉으로 드러난 문제만을 설명한다면, 우리는 더 깊이 자리한 원인을 해결하기 위해 사람들의 마음에 호소하는 설교는 하지 못할 것이다. 그러나 우리가 이와 같은 천국 보화의 원리를 적용하여 문제의 감정을 살펴본다면, 결과적으로 내면에 숨겨진 우상을 파악하게 될 것이다.

수많은 기독교인들이 타인의 인정이라는 우상과 씨름한다. 배우자나 자녀나 친구들이 자신을 좋아하고, 중요하게 생각하며, 존경하기를 원한다. 현대 사회를 살아가는 사람들은 삶이 안전하다는 느낌을 위해 하는 일이 정당하고 인정받을 만하다는 사실을 필사적으로 확인하려 든다. 그러나 여기서 다음과 같은 사실을 생각해 봐야 한다.

만일 누군가가 우리를 사랑하되 제대로 알지는 못한다면, 이는 피상적인 관계일 뿐이다. 반대로 누군가가 우리를 제대로 알되 사랑하지 않는다면, 이는 끔찍한 관계이다. 이와 달리 누군가가 우리를 완전히 알고 사랑한다면, 이는 바로 하나님과 누릴 수 있는 사랑의 관계이다.[12] 만일 우리가 우상 숭배자임에도 불구하고 하나님이 우리를 완전히 받아 주셨다면, 달리 말해 죄인인 우리를 위해 예수님이 자신의 생명을 내어놓으셨다면, 우리는 완전히 전적으로 받아들여진 자들이다. 바로 이 사실이 머리에서만이 아니라 마음에서도 진실하게 믿어진다면, 다른 사람들이 우리 자신에 관해 무엇이라고 말하는지는 중요하지 않게 된다. 우리는 더 이상 초조해 하거나 불안해 할 필요가 없다. 진정으로 그 왕이 우리를 받아들여서 아들과 딸로 생각한다면, 어떤 인정이 더 필요하겠는가? 하나님은 우리의 하나님이라고 일컬음 받으시기를 부끄러워하지 않으신다(히 11:16).

하나님은 우리로 인해 당황하지 않으신다. 이것이 바로 타인의 인정이라는 우상에 대하여 복음이 직접적으로 선언하는 내용이다. 우리의 정체성은 복음에 의해 재설정되어 이제 흔들리지 않게 되었다.

결론

복음은 인생의 모든 영역을 변화시키기 때문에, 당연히 그 메시지는 우리가 성경을 읽고, 해석하고, 설교하는 방식도 변화시킬 수밖에 없다. 구속사의 정점은 예수 그리스도의 인격과 사역에서 나타나며, 성경이 바로 그 사실을 증언한다.[13] 따라서 우리는 다음과 같은 질문을 던져야 한다. '이 본문은 메시아가 오는 일을 어떻게 예고하는가? 그리고 이 본문은 예수 그리스도의 죽음과 부활의 관점이 적용될 때 어떤 의미를 드러내는가?'

우리는 예수님과 바울 및 다른 신약 저자들이 사용한 성경 해석의 패턴과 방법을 추적할 때, 바로 성경 자체가 우리에게 그와 같은 전체적인 관점을 갖추도록 이끈다는 사실을 알게 된다. 곧 성경을 전체적이며 구속사적인 관점으로 읽어야 할 이유는 성경이 우리에게 제시하는 방법이 그렇기 때문이다.

신약 저자들이 구약성경을 사용하는 경우와 같이, 성경 본문을 그리스도와 연결하는 데 필요한 작업은 앞서 언급했던 복음 조각들을 인식하는 일이다. 곧 주제 해결, 율법 수용, 이야기 완성, 상징 성취와 같은 해석의 범주들은 우리로 하여금 성경 저자들이 본문의 내용을 그리스도와 유기적으로 연결시킨 여러 방법들을 관찰하고 사용할 수 있도록 도와주는 도구가 된다. 바로 이 복음 중심적, 그리스도 중심적 해석 방법은 우리가 하나님을 위해 무슨 일을 할 수 있을지가 아니라 하나님이 우리를 위해 무슨 일을 하셨는지를 설교할 수 있도록 도와준다.

따라서 이런 방식의 설교는 우리 자신의 의지에 초점을 맞추려는 기존의 경향을 피하고, 우리를 위해 하나님이 하신 일을 생각하며 그를 예배하도록 이끌기에, 우리의 행동도 그에 따라 자연스럽게 변화되어 새로워지게 된다.

PART 2

도시

04

도시의 중요성
- 권력과 문화와 예배의 중심부, 도시

스티븐 엄
STEPHEN T. UM

21세기에 관해 앞으로도 기억하게 될 사실은 … 바로 시골의 농촌 생활권에
서 도시 환경으로 옮겨 가는 대규모의 인구 이동이 마지막으로 일어났다는 것
이다. 우리는 일종의 전면적인 도시 인종(a wholly urban species)을 이루어 이 세
기를 마감하게 될 것이다.[1] - 더그 손더스(Doug Saunders)

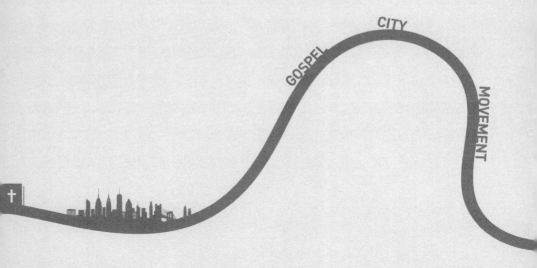

도시의 모습

미국 북동부 해안가에 자리한 매사추세츠의 보스턴에서 볼 수 있는 일요일 아침 10시 경의 모습이다. 세계 최고의 연구 성과를 자랑하는 대학교에서 박사 과정에 재학 중인 한 여학생이 지하철 카드를 긁고 게이트를 지나서 시내로 향하는 지하철에 올라 탄다. 늘 그러하듯, 지하철은 미국에서 상위 5위를 차지하는 MIT(Massachusetts Institute of Technology)를 지나치는데, 이 학교는 현재까지 77명의 노벨상 수상자를 배출한 기관이다.[2]

만일 반대 방향으로 두 정거장만 갔다면, 그녀는 세계에서 가장 큰 명성을 지닌 하버드대학교(Harvard University)에 도착했을 것이다. 그러나 그녀가 시내로 가는 이유는 다름 아닌 교회에서 예배를 드리기 위해서이다. 지하철이 강을 지난 후에 그녀는 다음 정거장에서 내려 이제 막 24시간 교대 근무를 마친 한 친구를 만난다. 그는 미국에서 가장 오래되고 명성 있는 병원에 속하는 매사추세츠 종합병원(Massachusetts General Hospital)의 내분비학과 레지던트로 근무 중이다.[3] 자신을 회의론자라고 공언하는 그는 어떤 체계를 갖춘 종교에 대해 약간의 불편함을 느끼지만, 두 명의 기독교인 동료들이 보여 주는 모습으로 인해 신앙적인 대화에 마음을 조금 열게 되었다.

그는 지하철을 타고 온 그 여학생과 함께 한 정거장을 더 가서 파크

스트리트 역(Park Street Station)에서 내린다. 그 후 미국에서 가장 오래된 공원인 보스턴 광장(Boston Common)을 지나,[4] 역사적인 장소인 극장 지역 (Theatre District) 주변을 돌아가면 나타나는 한 건물에 들어가 엘리베이터를 타고 6층으로 올라간다. 그렇게 시간을 맞추어 그 장소에 도착한 그들은 설립된 지 10년이 된 어느 교회의 주일예배에 참석한다.

외과 의사, 변호사, 정신과 의사, 운동선수, 작곡가, 교사, 투자가, 벤처사업 자본가, 교수, 제빵 기술자, 엔지니어, 간호사, 기업가, 컴퓨터 전문가, 학생 등 여러 분야의 직업을 가진 이들이 함께 모여 복음을 듣고 그에 반응한다. 그들은 다양한 민족적, 종교적, 사회경제적 배경을 가진 이들이다. 그중 많은 사람들이 새롭게 기독교인이 되었다. 약 다섯 명 가운데 한 명 정도는 기독교 신앙의 내용을 따져 보고 있는 공공연한 회의론자이다. 예배가 끝나면 그들은 도시 전역으로 흩어진다. 어떤 이들은 근처 레스토랑에서 식사를 하기 위해 몇 구역을 지나간다. 또 다른 이들은 이른 오후에 하는 야구 경기의 첫 투구를 보기 위해 서두른다. 이 도시는 극장과 라이브 음악에서 뿜어져 나오는 에너지, 사람들로 붐비는 상가와 호황을 맞은 금융 센터, 그리고 끊임없이 발전하고 있는 의학, 기술, 예술 분야의 혁신성과 독창성으로 인해 활기가 넘친다.

아마도 더 유명한 건물이나 병원, 또는 대학이나 회사 등을 언급할 수도 있겠지만, 이런 특징들보다 더 인상적인 특징은 이 모든 것들이 편리하게도 반경 3킬로미터 안에 다 집약되어 있다는 점이다. 이 지경 안에는 약 2십 2만 5천 명의 인구가 거주한다.[5] 심지어 이 지역은 4백 7십만 명의 인구가 살고 있는 보스턴 전체 지역의 중심부 역할을 담당하는 일부 구역일 뿐이다.[6] 과연 무엇이 이 좁은 구역에 이처럼 탁월한 특징들을 가져다 주었을까? 무엇이 그와 같은 권력과 영향력의 집중을 가져왔을까? 왜 혁신적이고 독창적인 진보가 이 지역에서 일어났을까? 이런 질문들에 답하기 위해서는 도시를 중요하게 만드는 요인이 무엇인지를 다양한 수준에서 이해해야 한다.

따라서 이 장에서는, 서울과 같은 도시를 중요하게 만드는 요인에 관한 여러 가지 질문들을 살펴보고자 한다. 먼저 다음의 질문들을 살펴볼수 있을 것이다. 오늘날 세계에서 도시의 위치는 어떠한가? 역사적으로도시는 어떤 역할을 수행해 왔는가? 도시는 우리의 미래에 의미심장한영향을 미칠 것인가? 복음을 전하는 교회가 도시에서 만날 수 있는 기회와 도전은 무엇인가? 물론 이런 질문들을 다루기란 쉽지 않다. 그러나 이는 필수적이면서도 흥미로운 질문들이 아닐 수 없다.

여기서 놀라운 사실은, 위에서 묘사했던 미국의 어느 도시에서 볼 수있는 모습이 단지 그 지역에만 국한된 현상이 아니라는 것이다. 한 가지예를 들면, 우리는 어느 도시에서나 사람들로 붐비는 광경을 자주 본다. 이는 전 세계에 걸쳐 일어나는 현상으로서 훨씬 더 거대한 규모로 사람들이 운집되기도 한다. 이런 사실은 인간이 가진 경향성, 곧 더 넓고 쾌적한 환경에 가서 살 수 있다고 하더라도, 인구가 밀집되고 에너지가 넘치는 도시에 모여 인파를 형성하고자 하는 경향성을 보여 준다.

이처럼 사람이 함께 모이는 현상에 대해 다음과 같이 말할 수 있을 것이다. "광대한 면적의 공간이 있는 지구에서 우리는 도시를 선택하고 있다."[7] 한국의 인구는 약 5천 1백만 명인데, 그중 도시에 사는 인구 비율은 전체의 83퍼센트에 해당한다.

이미 소개한 바와 같이, 이제 우리는 도시의 역사, 도시에 관한 예측, 그리고 도시를 도시로 만드는 요인에 대하여 살펴보고자 한다.

도시의 역사

어떤 의미에서 지금까지 살펴본 도시에 관한 내용들은 역사적으로 늘 존재해 온 사실이라고 할 수 있다. 창세기의 서두부터 사람들은 도시를 건설하는 자들로 등장한다. 에덴동산에서 추방된 지 한 세대 안에, 인류는 도시를 세웠다. 이는 도시를 건설하는 일이 우리가 가진 본성의 일부였음을 의미한다(창 4:17). 더 넓은 세계사를 살펴보더라도, 언제나 도시가 인류와 함께해 왔음을 알 수 있다. 도시는 인간이 이룩한 문화에서 늘 중요한 자리를 차지해 왔다.

비록 도시의 기원에 관한 구체적인 정보는 초기 인류 역사의 세부적인 내용을 검토해도 뚜렷이 확인하기 어렵지만, 우리가 아는 바는 인간이 최초로 정착하여 사는 데 있어 종교가 필수적인 역할을 했다는 것이다. 원시적인 도시 사회는 일종의 성지와 같은 도시 국가(shrine city-states)의 특징을 지니고 있었다.[8] 어떤 사회나 종교를 막론하고, 초기 인류 역사에서 도시에 정착하여 생활 환경을 형성하는 데는 사제 계층이 중요한 역할을 했으며, 그 초창기 도시들의 중심부에는 한결같이 종교의 흔적이 발견된다. 이렇듯 종교가 문화 속에 자리하게 되면, 상업과 정치와 권력이 뒤따라 일어나게 된다. 다시 말해 도시를 도시로, 즉 '신성하고, 안전하며, 활기찬[9] 장소로 만드는 일은 초창기 종교 지도자 및 기관에 의해 발생했다.

바로 이 종교의 핵심적인 역할 때문에, 오늘날 도시 계획 전문가들은 종교야말로 초기의 도시 형성에 있어 주요하고 결정적인 원리였다고 간주한다. 즉 종교가 곧 "도시가 궁극적으로 존재하는 이유"[10]였다는 것이다. 앞서 언급한 성지와 같은 도시 국가를 엿볼 수 있는 가장 이른 예는 그 연대가 대략 주전 5000년경으로 추정되는 어느 작은 도시이다. 이는 비록 우리가 지금까지 언급해 온 현대 대도시보다는 훨씬 작은 규모이지만, 도시 사회를 구성하는 모든 필수적인 요소들을 보여 준다.[11]

이 도시 역사의 초기 단계를 지나게 되면, 도시는 훨씬 규모가 크고 빠른 속도로 발전하게 된다. 도시화의 첫 번째 물결은 큰 국가나 제국의 수도 역할을 담당했던 제국 도시들의 등장과 함께 시작되었다.[12] 이런 도시들 가운데 전설적인 지위를 차지한 첫 번째 경우는 바빌론(Babylon)이다. 성경을 읽어 보면, 그 도시가 하나님의 성과 백성을 대적하는 주요 상대라는 사실을 알게 된다(렘 20-21장; 계 18장). 또한 셀레우키아(Seleucia)와 안티오크(Antioch) 및 "최초의 세계적인 도시이자 최상의 헬레니즘 문화가 혼합된 장소인"[13] 알렉산드리아(Alexandria)의 발전을 가져온 알렉산더 대왕의 제국적 비전도 빼놓을 수 없는 내용이다. 그러나 도시화의 첫 번째 물결에서 가장 위대한 성취는 단연 최초의 대도시, 바로 로마(Rome)라고 할 수 있다.

성경과 교회 역사를 살펴보면 알 수 있듯이, 로마 제국의 수도는 세계사에서 중대한 역할을 감당했다. 로마는 거의 5세기 말까지 지배적인 도시로 군림했는데, 이후로는 콘스탄티노플(Constantinople)만 유일한 제국 도시로 남게 된다. 그리고 로마 제국의 멸망 후에는, 중국이나 이집트와 같은 동방 지역에서는 도시가 발전했지만, 서방 지역은 암흑기(the Dark Ages)를 맞이하게 된다.[14] 서양 역사의 가장 어두운 시기가 상대적으로 도시가 부재(不在)했던 상황과 더불어 발생했다는 것은 우연이 아니다. 도시를 개발하며 발생되는 보안, 경제, 신성한 공간 등이 부재할 때, 개개인은 스스로를 부양할 수밖에 없는 처지에 이르며 이는 결국 도시의 총체적인 쇠퇴를 피할 수 없게 만든다.

도시화의 두 번째 물결은 중세 시대의 중·후반기에 걸쳐 나타나는데, 이 시기에는 인구, 상업, 문화, 교육의 발전이 유럽 도시들, 특히 파리(Paris)와 베니스(Venice)와 밀라노(Milan) 등에서 융성하게 일어났다.[15]

이처럼 성장하는 도시들 가운데서도 종교는 여전히 중심을 차지하고 있었다. 다시 말해, "중세 도시의 심장부에는 성당이 있었다."[16] 그러나 또 한편으로 이 시기는 상업이 도시를 형성하는 새로운 중추적인 요인으로 등장하는 과도기이기도 했다.[17] 그리하여 새롭게 부여된 사회적, 경제적 자유로 인해 도시의 성장이 이루어졌고, 동시에 로마 가톨릭 교회와 같은 종교 권력 기관의 통치에 대한 의문도 자연스럽게 발생하게 되었다. 바로 이 도시화의 물결이 최고조에 이르렀을 때, 프로테스탄트 종교개혁이 일어났다. 이 개혁은 "독특하게도 도시에서 발생한 사건"[18]이었다. 또한 인쇄 기술의 발명으로 대량의 성경책과 소책자들이 인구가 빽빽한 도시와 마을 속으로 퍼지게 되었다. 모든 신자의 제사장권과 세속 직업의 유효성 등의 재천명으로 도시 생활의 새로운 윤리 체계가 형성되었다. 그 결과 도시는 기술, 생산, 사회 생활 등의 측면에서 다가오는 시대를 바라보며 진보하는 길로 나아갔다.

그렇다면 도시 역사의 다음 단계는 무엇일까? 바로 도시화의 세 번째 물결은 종교적 자유의 확장, 상업 시장의 성장, 그리고 논란의 여지가 있지만 인도, 아프리카, 남미의 광대한 지역에 대한 식민지와 더불어 찾아왔다. 산업 도시(the industrial city)가 탄생하게 된 것이다. 기계, 운송 수단, 생산 방법 등에 혁신을 가져다 준 산업 혁명으로 인해 도시의 인구와 재화는 폭발적으로 증가했다. 그리고 상업이 도시의 새로운 중심부를 차지했다. 오늘날 런던(London)이나 뉴욕(New York)과 같은 대도시들도 이 시기에 큰 이득을 거머쥐게 되었다.[19] 이와 같은 산업 도시 현상은 20세기 초까지 전 세계적으로 확장되며, 도쿄(Tokyo), 베를린(Berlin), 상트페테르부르크(St. Petersburg)와 같은 도시들의 엄청난 성장으로 이어진다.[20]

그런데 문제는 이러한 도시의 진보와 함께 도시의 타락이 발생한다는 데 있다. 도시는 인간이 가진 최고의 가능성만이 아니라 최악의 잠재성까지 보여 주는 거대한 거울과 같다. 그렇기 때문에 20세기에 일어난 대규모의 극악무도한 사건들은 그 사건들이 발생한 도시의 거대한 규모에 부분적으로 기인한다고 설명할 수 있다. 그리고 산업 도시는, 간단히 말해 지속되기가 어렵다. 최소한 내가 성장한 미국에서도 산업 도시는 자체적으로 갱신되기 어려운 국면에 처했다. 이는 결국 도시란 인간의 발명보다 물질의 생산에 더 높은 가치를 부여하지 않고는 번성하기 어렵다는 사실을 보여 준다.

도시는 인류 역사의 처음부터 존재해 왔다. 그렇다면 그 도시는 앞으로도 계속 존속할 것인가? 그리고 모든 도시는 결국 산업 도시를 통해 우리가 확인했듯이 점차 쇠퇴의 길을 걷게 될 것인가? 아니면, 최근의 역사에서 우리는 어떤 희망, 곧 도시가 전반적으로 상향 궤도에 올라섰다는 희망을 가질 만한 이유를 찾을 수 있는가? 우리가 현재 서 있는 위치는 어디이고, 향하고 있는 곳은 어디인가?

도시의 현재와 미래

지금까지 살펴보았듯이, 이제 우리는 도시화의 네 번째이자 가장 거대한 물결에 대해 알아보아야 한다. 이 네 번째 물결은 인구 천만이 넘는 대도시(megacity)와 여러 대도시가 함께 연결된 도시 지대(megalopolis), 그리고 탈식민 도시(postcolonial city)와 세계 도시(global city) 등으로 특징지어진다.

이 시기에 나타나는 현상은 도시가 과거 그 어느 때보다 더 커지고, 더 다양해지고, 더 영향력을 갖추고, 더 혁신적이며, 더 세계화될 뿐 아니라, 더 빠르게 진보한다는 것이다. 상하이(Shanghai)에서 모스크바(Moscow), 런던(London)에서 뭄바이(Mumbai), 뉴욕(New York)에서 서울(Seoul), 상파울루(São Paulo)에서 카이로(Cairo)에 이르기까지, 전 세계는 그 어느 때보다 더욱 도시화되었다. 도시를 향한 인류의 행진이 새로운 지점에 이르게 된 것이다. 1900년에는 세계 인구의 14퍼센트만이 도시에 살았는데, 그 비율은 1950년에 30퍼센트로 증가하게 된다. 그리고 2008년에 세계 인구는 균등하게 도시 지역과 시골 지역에 사는 사람들로 양분되었는데, 마침내 2011년에는 도시 지역에 사는 사람들이 더 많아지게 되었다.[21] 선진국에서는 더 놀랍게도 평균 74퍼센트의 인구가 도시 지역에 살고 있다.[22]

현재 상황에 대한 이러한 분석이 부인할 수 없는 사실이라면, 우리는 자연스럽게 다음과 같은 질문을 하지 않을 수 없다. 이 거대한 규모의 도시화는 우연적인 현상인가? 아니면 다가오는 시대에도 세계적으로 지속될 패턴인가? 도시화가 이제는 정점을 찍고 역사의 추는 다시 시골의 농경 사회를 지향하게 될 것인가? 아니면 미래에도 계속될 도시화로 우리의 시선을 이끌 것인가?

앞선 진단이 미래의 현실을 있는 그대로 반영하지는 않겠지만, "가장 신뢰할 만한 예측은 이미 확립된 동향을 따라가는 견해이다."[23] 이런 차원에서 20세기 및 21세기 초반의 부인할 수 없는 동향을 주시하는 연구자들은 거의 예외 없이 21세기와 그 이후에도 계속해서 세계는 점점 더 도시화될 것이라고 결론을 내린다.

예를 들어 세계 인구 전망에 관한 유엔 인구국(the UN Population Division)의 총체적인 연구에 따르면,[24] 2050년까지 세계는 68.7퍼센트의 도시화를 이루게 될 것이다. 더 개발된 지역에서는 그 비율이 86.2퍼센트까지 이르게 된다.[25] 놀라운 사실은 "21세기 중반까지 세계의 도시 인구는 2004년의 세계 전체 인구와 같은 수준에 이르게 된다"[26]는 것이다. 이 예측은 우리가 미래에 경험할 도시가 어떤 상태에 이를지를 보여 준다는 점에서 놀랍다고 할 수 있다.

이 성장은 특히 개발 도상 지역에서 가장 뚜렷하게 나타난다고 기록된다. 가령 2009년에서 2050년에 이르는 동안, 아시아에서 도시 인구 비율은 41퍼센트에서 64퍼센트로 증가할 것이다. 이는 시골 인구가 대략 5억 3천 1백만 명으로 감소하는 반면, 도시 인구는 16억 7천만 명으로 증가하게 된다는 의미이다.[27] 앞으로 다가올 이 변화에 대한 또 다른 증거는 중국이 최근 주요 도시 국가로 전환되고 있다는 데서 찾을 수 있다.[28] 여러 가지 측면에서 이런 전망은 환영할 만한데, 특히 "모든 국가에서 도시화와 번영 사이에는 거의 완벽할 정도로 밀접한 상관성이 있다"[29]는 사실에 비추어 볼 때 환영할 만하다. 물론 그에 따라 새로운 도전과 문제가 발생하겠지만, 도시는 이 문제를 해결할 수 있는 유일한 방안을 가지고 있다. 우리가 사는 세계의 경제적인 재화, 기술적인 혁신, 문화적인 발전은 모두 도시가 도시 생활의 문제를 검토해 낼 수 있는 능력에 어느 정도 기초해서 이루어진 것이다. 그리고 도시가 그 문제에 대한 해답을 찾는 일에 실패할 것이라고 생각해야 할 이유는 없다.

간단히 말해, 이 모든 현상들은 매우 도시화된 미래를 예견한다. 그렇다면 그와 같이 다가오는 미래에 잘 살아가기 위해 우리가 도시에 관해 알아야 할 내용은 무엇일까? 도시에 점점 더 집중되는 영향력을 사용해서 우리는 또한 무엇을 해야 할까? 오늘날 문화에서 도시를 그만큼 영향력 있게 만드는 요인은 무엇인가? 그리고 이러한 도시화의 현상은 복음 전파를 위해 어떤 종류의 기회를 제공하고 있는가?

이제 우리는 이런 질문들에 대한 답변을 찾아보고자 하는데, 특별히 도시의 구조와 의미와 목적에 대한 고찰에 도움이 되는 큰 범주들을 알아보고자 한다.

도시의 형성

과거와 현재, 그리고 예상되는 미래는 도시가 수많은 형태와 규모를 지닌 역동적인 사회라는 개념을 우리에게 보여 준다. 그리고 도시가 보편적으로 공유하는 특징은 매우 많은 사람들이 자신의 의지에 따라 서로 근접한 거리에서 살기로 결정하는 데서 나타난다. 이는 도시의 본질적인 특징이다. 즉 도시란 사람들이 서로 근접한 거리에서 살고, 일하면서, 놀이하기로 결정할 때 형성된다. 여기서 도시에 대한 에드워드 글레이저(Edward Glaeser)의 정의를 참고해 볼 만하다.

> 도시란 사람들 사이에 물리적 공간이 부재한 상태를 일컫는다. …
> 즉 근접함(proximity), 빽빽함(density), 친밀함(closeness)으로 그 상태를 표현할 수 있다.[30]

그는 심지어 "도시는 바로 사람들이다"[31]라는 주장을 하는 데까지 나아간다. 나는 이 주장이 옳다고 생각한다.

만일 도시가 서로 근접한 거리에서 살기로 결정한 사람들의 모임이라고 전제한다면, 왜 인간이 이러한 방식을 선호하는가에 대해 어떤 답변을 제시할 수 있을까? 《도시, 역사를 바꾸다》의 저자 조엘 코트킨(Joel Kotkin)은 사람들이 도시를 건설하는 이유를 이해하는 데 필요한 세 가지 포괄적인 범주들을 다음과 같이 제시한다. 곧 도시는 '안전한'(safe) 삶을 살게 하고, '사회적인'(social) 삶을 살게 하며, '신성한'(sacred) 대상에 대한 이해와 의식을 형성한다.[32] 다른 말로 표현하면, 도시란 권력(power), 문화(culture), 영성(spirituality)의 중심부이다. 이제 우리는 "무엇이 도시를 도시로 만드는가?"라는 질문에 대한 답변을 찾아가기 위해 바로 이 세 가지 범주들을 더 다루려고 한다.

도시, 권력의 중심부

역사는 우리에게 도시를 출현시킨 결정적인 요인 중 하나가 바로 안전에 대한 필요였다는 사실을 알려 준다. 하비 콘(Harvie Conn)은 최초의 도시들에 대한 예시를 들며, 피난처의 개념을 권력의 보좌였던 도시에 대한 사상과 관련지어 설명한다.[33]

> 도시의 성벽은 도시가 사람들을 보호하는 장소임을 상징했다. … 규모가 크든 작든 도시 국가는 문명의 산실이자, 권력의 중심부였다.[34]

말하자면, 법이 없던 세상에서 안전을 추구하고자 한 활동이 사람들을 서로 모이게 하여 자신들을 안전하게 지켜 줄 사회 구조를 건설하게 했던 것이다. 즉 성벽, 군대, 법률, 정부, 상업 등이 안전한 인간 사회를 이룩하는 데 중요한 요소들인데, 이 모든 요소들은 도시에 의해 개발되었다. 오늘날에도 이런 구조들과 그로부터 파생된 요소들이 권력을 측정하는 수단이 된다.

현재 개발된 사회에 살고 있는 대부분의 사람들은 도시를 더 이상 피난처나 보호처로 생각하지 않는다. 하지만 덜 개발된 지역에서 개발된 도시로 개인들이 계속해서 이주하는 현상은 우리가 사는 세상에서 도시가 여전히 그와 같은 기능을 하고 있다는 사실을 의미한다. 통치가 체계적으로 이루어지는 사회에서 살 수 있는 기회, 합리적으로 돈을 벌 수 있는 기회, 훌륭하게 건설된 주거 환경에 거주할 수 있는 기회 등은 수많은 사람들로 하여금 시골에 있는 고향을 떠나 전 세계의 도시를 향해 이동하게 만드는 요인이다. 이런 여러 가지 측면에서, 도시화는 권력의 중심부를 향한 이주의 결과이다.[35]

안전과 재화와 뛰어난 통치 등이 확산될 수 있는 구조가 확립되면, 도시는 번영한다. 미국을 예로 들자면, 통치와 방위의 중심부에서 도시(즉 워싱턴 D.C.)가 탄생한 역사는 필연적인 결과라고 할 수 있다. 또한 경제적 이득을 확보하는 일이 가능한 지역에서 또 다른 주요 도시들(가령 뉴욕과 로스엔젤레스 등)이 성장한 역사도 당연한 결과이다. 사람들은 안전과 보호를 위해 도시로 모인다. 그리고 이런 권력 구조들에 대한 근접성을 계속 확보하기 위해 도시에 남는다. 그렇게 도시에 정착하고 나면, 사람들은 도시가 진보하는 데 의미 있게 공헌할 수 있는 방법들을 생각해 낸다. 한국의 경우, 서울이라는 도시는 안전, 재화, 통치 및 한국 문화에서 형성된 다른 모든 권력 구조의 중심부이다.

도시가 지닌 경제적인 중요성을 살펴보는 일은 도시 지역에 집중되는 권력의 정도를 가늠해 볼 수 있는 한 가지 방법이다. 리처드 플로리다(Richard Florida)에 따르면, "미국의 경우, 전체 경제 생산량의 90퍼센트가 대도시권에서 발생하는데, 그중 23퍼센트는 상위 다섯 군데의 대도시권에서만 이루어진다."[36] 세계 경제 역시, 마흔 군데의 대도시권에 의해 주도된다. 세계 인구의 6.5퍼센트만 살고 있는 상위 열 군데의 대도시권이 세계 경제 생산량의 43퍼센트를 담당한다.[37] 놀랍게도, 뉴욕과 같이 고도로 발전된 대도시의 경제 생산량이 멕시코나 인도와 같은 개발 도상국의 전체 경제 생산량을 능가한다.[38] 이처럼 경제 생산량의 집중화에 대해 논의하다 보면, 불평등이나 빈곤의 문제가 제기될 수밖에 없다. 하지만 정확히 말하자면, 도시가 사람들을 빈곤하게 만든다기보다 오히려 빈곤에서 벗어날 수 있는 다양한 기회들을 제공함으로써 빈곤한 사람들을 도시 안으로 끌어들인다.[39] 즉 "대부분의 사람들에게 도시는 문제가 아니라 그에 대한 해결책이다."[40]

지금까지 소개한 각종 통계를 통해 여기서 강조하고자 하는 바는 도시에 집중된 영향력과 권력의 정도이다. 그렇다고 기독교 사역이 그와 같은 권력 구조들에 의해 정의되어야 한다고 말하려는 것이 아니다. 실제로는 복음이 도시에 자리하게 될 때, 그 복음은 오히려 도시에 만연한 권력의 오용과 남용에 대해 도전하게 된다. 또한 나는 경제 생산량이 높은 지역이 그렇지 않은 다른 지역보다 더 큰 본래적인 가치를 지니거나 혹은 복음을 받아들이기에 더 나은 자격을 갖추고 있다고 말하려는 것도 아니다.

이 모든 내용을 통해 의도했던 바는 단순한데, 곧 우리가 살아가는 세계에서 도시가 얼마나 중요한지를 예증하고자 했던 것이다. 이미 살펴본 바와 같이, 도시는 안전, 통치, 경제적 기회를 제공하는 권력의 중심부로서, 지속적으로 세계 인구의 주류를 점점 더 끌어들이게 된다. 여기서 문제는, 과연 복음을 전하는 교회와 기독교인들이 도시화되는 세계 속에서도 존속할 것인가이다. 이 문제를 다루기 위해 우리는 도시의 또 다른 특징인 문화적 자본의 집중화에 대해서도 살펴봐야 한다.

도시, 문화의 중심부[41]

"도시를 중요하게 만드는 요인은 무엇인가?"라는 질문을 던질 때 재빨리 떠오르는 중대한 주제는 바로 도시가 문화의 중심부라는 것이다. 이 주제를 이해하기 위해 필요한 일이 있다면, 곧 우리의 일상생활이 어떤 형태로 이루어지는지를 한번 생각해 보는 것이다. 오늘날 최고의 문화적인 생산품과 수출품의 대부분은 세계적인 도시에 본부를 두고 개발된다. (로스엔젤레스와 뭄바이와 서울에서 수출되는) TV 프로그램이나 영화, (뉴욕과 파리와 밀라노에서 선보이는) 패션, (도쿄와 서울에서 개발되는) 기술 등은 몇 가지 예에 불과하다. 만일 라이브 극장에서 최고의 공연을 보고 싶다면, 가장 가까운 시내로 가면 된다. 우리가 좋아하는 스포츠 팀 역시 도시 안에 구단을 두고 있다. 최고의 교향악단, 박물관, 연구 기관, 그리고 세계적인 수준의 레스토랑도 거의 언제나 도시에서 찾을 수 있다. 당연히 휴대폰, 전자책 단말기, 컴퓨터, 가전 기기, 자동차도 모두 도시에서 디자인되고 생산된다.[42]

여기서 왜 내가 이런 예들을 제시하겠는가? 도시를 선전하기 위해서인가? 물론 아니다. 당신이 도시를 예찬하는 사람이든 또는 미심쩍게 바라보는 사람이든 간에, 도시야말로 우리가 살아가며 경험하는 문화를 형성하는 주된 환경이라는 사실을 말하려는 것이다. 만일 당신이 현대 문화의 이기들 가운데 어느 것이라도 받아들인다면, 당신은 그저 도시에서 형성되는 문화의 수혜자만이 아니라 그에 의존하는 수용자라고 말할 수 있다. 결국 도시를 제거하면, 문화 곧 당신의 문화가 제거되는 것이다. 바꿔 말해서 도시로 들어가면, 문화가 창조되는 심장부로 들어가게 되는 것이다.

여기서는 도시의 중요성을 설명할 때 전형적으로 취하기 쉬운 (도시 대 외곽 지역 식의) 이분법적 접근을 넘어 그 중요성을 이해해 보려고 한다. 한동안 그와 같은 이분법이 도시와 그 주변의 개발 지역에 관한 논의를 전개할 때 늘 적용되어 왔는데, 거의 도움이 되지 않았다. 따라서 그런 이분법보다는 도시와 외곽 지역 간에 존재하는 상호 작용에 대한 더 확고한 이해가 필요하다. 우리는 이 상호 작용을 도시와 외곽 지역 사이에 이루어지는 일종의 소통이라고 간주할 수 있는데, 이 소통은 실제로 '도시를 문화의 중심부'로 만드는 수준에 이르기까지 매우 적극적으로 진행된다.

외곽 지역은 도시에 의해 형성된 문화만이 아니라 '사람들'도 받아들이게 된다. 그 사람들은 외곽 지역으로 이주하더라도, 결국 도시로 출근해서 일하거나, 도시에서 그들의 문 앞으로 배달되는 문화적 콘텐츠를 받아보거나, 도시에서 익힌 기술을 외곽 지역에서 사용하여 성공을 거두거나, 또는 도시에 있을 때 습득한 세계관으로 자신의 삶과 주변 세계를 만들어 간다. 분명한 사실은 세계 인구가 도시를 중심으로 한창 증가되는 상황에서 도시의 외곽 지역이 점점 더 그 지역과 연결된 도시의 영향을 벗어날 수 없게 되리라는 것이다. 결국 그 어느 때보다, "도시가 발전함에 따라 문화가 발전한다"[43]는 말이 현실이 되어 가고 있다.

도시, 예배의 중심부

우리는 도시가 또한 예배의 중심부로 기능한다는 사실을 생각해 봄으로써 도시의 영향력에 대한 논의를 심화시킬 수 있다. 탁월한 도시역사학자 루이스 멈포드(Lewis Mumford)는 도시의 종교적인 요소가 심지어 경제적이거나 물리적인 요소보다 선행했다고 설명한다.

> 도시의 기원은 … 어떤 의식을 행하는 모임 장소였다는 추측에서 설명할 수 있는데, 왜냐하면 그 장소가 '영적'이거나 초자연적인 힘을, 즉 인생의 일반적인 과정 너머에 있는 더 광대한 우주적인 의미를 나타내는 힘을 한 곳에 집중시키기 때문이다.[44]

도시의 신성한 측면은 "도시가 존재하는 이유 그 자체였는데, 이는 그 신성한 역할을 가능하게 하는 경제적인 측면과도 분리될 수 없었다."[45] 즉 도시는 인간이 자신의 궁극적인 의미를 도출하고자 하는 대상에 기초해서 세워진다는 설명이다. 이를테면, 모스크를 중심으로 하든, 금융 지역을 중심으로 하든, 성당을 중심으로 하든, 유흥가를 중심으로 하든 간에, 모든 도시는 그 나름의 '신'(god)에 대한 경의를 표하며 건설된다는 것이다.

초고층 빌딩이 등장하며 전통적인 교회의 첨탑을 가리는 도시의 형국이 마치 종교의 몰락을 상징한다고 생각하며 슬퍼하는 사람들이 있다.[46] 물론 서구 문화가 전통적인 종교와 멀어지고 있는 것은 사실이지만, 팀 켈러(Tim Keller)나 데이비드 폴리슨(David Powlison) 같은 저자들이 상기시키는 바와 같이 변화될 수 없는 인간의 마음 상태는 바로 무엇인가를 예배하려는 경향성이다.[47] 소설가 데이비드 포스터 월리스(David Foster Wallace)가 말했듯이, "성인이 되어 하루하루 경험하는 삶의 현장 속에는 사실상 무신론이 있을 수 없다. 즉 예배하지 않는 삶이란 있을 수 없다. 모든 사람은 예배한다. 우리의 유일한 선택 사항은 무엇을 예배하느냐이다."[48] 결국 문제는 우리가 예배하고 있느냐가 아니다. 문제는 우리가 무엇을 예배하고 있느냐이다. 마찬가지로 도시가 예배의 중심부인지 여부는 문제가 되지 않는다. 도시는 언제나 그 안에 살아가는 사람들이 최고의 가치로 여기는 대상들에 기반하여 세워져 왔다. 문제는 도시가 예배하고 있는 대상이다.

세계적인 수준의 도시들은 그 자체의 인구 밀도를 감안할 때 세상에서 가장 거대한 종교 공동체라고 설명될 수 있다. 그렇다면 그들은 거기서 무엇을 예배하고 있을까? 도시에 사는 사람들은 "권력, 명성, 소유, 특권, 안락과 같은 거짓된 신들에게로 향한다."[49] 가령 워싱턴 D.C.의 전반적인 모습에서는 권력의 추구가 뚜렷하게 나타난다. 그 도시에 거주하는 대부분의 사람들이 경험하는 일상은 권력에 의해 형성된다. 어떤 사람이 의원 선거에 출마한다든가, 명성 있는 박물관의 역사를 대중에게 공개할 수 있는 열쇠를 가지고 있다든가, 입법 기관의 새로운 인물들을 대상으로 로비 활동을 한다든가 하는 모든 일들이 성공의 관건이 된다. 이런 차원에서 우리의 인생은 다름 아닌 예배의 질서(the order of worship) 내지는 도시의 예배 형식(the urban liturgy)을 반영하는 삶의 양식으로서, 도시의 '우상'에 의해 결정된다고 할 수 있다. 이 사실은 우리가 살고 있는 도시의 우상이 무엇이든 간에 변함이 없다. 우상에 관한 그레고리 비일(Gregory Beale)의 견해를 빌려 표현한다면, 도시는 그 도시가 경외하는 대상을 닮아 가며, 그 결과로서 파멸 또는 회복에 이르게 된다.[50] 그렇다면 서울이라는 도시의 주된 우상들은 무엇일까? 한국인들은 무엇을 경외하며, 무엇을 닮아 가고 있는가?

한 도시의 전체적인 이야기는 수많은 개인들의 이야기가 엮여 만들어진다. 이를 고려해 본다면 예배의 중심부로서 도시가 갖는 개념이 얼마나 복잡해지는지를 알 수 있다. 도시는 그 가장자리까지 온갖 예배자들로 가득 채워져 있기 때문에 예배의 중심부라고 할 수 있는데, 그 예배자들은 다름 아닌 자신의 삶에 충만한 의미를 가져다 준다고 생각되는 여러 대상들에게 자기 인생을 바치는 사람들을 의미한다. 이에 더해 도시에서는 수없이 많은 종류의 예배를 선택할 수 있기에 도시에서의 생활 자체가 영적 개방성(spiritual openness)을 키우는 길이 된다.

> 도시는 영적 탐구심을 일으키는 경향이 있는데, 거기에는 선한 탐구심과 악한 탐구심이 다 포함된다. 혼란과 분투와 도시에서 일어나는 모든 일들이 사람들로 하여금 종교적인 탐구자가 되게 만든다.[51]

다시 말해 도시는 예배하는 사람들로 채워진 예배의 중심부이다. 그 모든 예배자들은 새로운 예배의 대상을 찾는 일에 마음이 활짝 열려 있는 자들이다.

이와 같은 영적 개방성이 위협적이라고 생각하는 사람이 있을 수도 있다. 그러나 기독교인이라면 이러한 현상을 흥미롭게 여길 필요가 있다. 1세기 당시에 급속한 복음의 확장을 가져온 상황적인 배경에도 도시가 가진 영적 개방성이 자리하고 있었다. 크레이그 블롬버그(Craig Blomberg)는 기독교의 빠른 전파를 낳은 주된 요인에 대해 다음과 같이 언급한다.

> 국가 간의 장벽을 뛰어넘는 세계주의적인 영적 분위기가 특별히 도시에서 고조되었다. 과거의 민족적인 차이와 정체성은 무너져 내리고 있었으며, 사람들은 그 변화를 메울 수 있는 새로운 종교나 사상에 목말라했다. 복음은 그런 분위기에서 여러 가지 필요를 느끼고 있던 사람들을 만족시켜 주었을 것이다. … 이처럼 다양한 문화들 사이에 장벽이 제거된 상황은 새로운 세계관이 전달되고 확산된 일과 밀접한 관련이 있다.[52]

마찬가지로 오늘날 도시화의 세계적 현상은 교회가 지금까지 볼 수 없었던 복음의 확장과 그 영향력 증대를 위한 엄청난 기회를 제공해 준다. 복음은 우리가 사는 도시에서 방향을 왜곡해서 들려주는 모든 이야기를 다시 쓸 수 있는 유일한 이야기이다. 바로 그 복음 안에서 예배는 올바로 정립되어 다시 생명력을 갖추게 된다. 그리고 무엇보다도 복음에서 제시되는 하나님이야말로 모든 예배자들이 진정으로 찾기를 갈망하는 대상이다. 따라서 사람들이 도시에서 예배의 대상을 찾기 시작할 때 우리는 그들에게 복음을 전할 수 있는 기회를 얻는 것이다.

결론

이 장의 내용을 통해 독자들이 도시의 중요성을 분명히 확인하게 되었기를 바란다. 인간의 과거와 현재 역사는 권력과 문화와 예배의 중심부로서 도시에 필적할 만한 환경이 없다는 사실을 보여 준다. 미래에도 사람들이 점점 더 모여들고 그 수효가 많아질 도시는 이 세상의 목적과 의미를 추구하는 이야기들을 주도하고, 만들어 내며, 제공하는 역할을 하게 될 것이다.

이는 누군가가 번영하는 대도시의 한복판에 살든 혹은 도시에서 동떨어진 지역에 살든 상관없이 적용되는 사실이다. 그런 상황에서 모든 기독교인들에게 주어지는 도전은 세상의 영향이 집중되는 그곳에서 복음을 전할 것인가, 아니면 그 도시가 생산하는 현상들에 단순히 반응할 것인가 하는 문제이다.

내가 믿기로 복음은 단지 우리로 하여금 반응하게 하는 수준에서 더 나아가 도시의 문화가 만들어 내는 이야기 속에 매력적으로 침투하게 만든다. 왜냐하면 복음에는 도시의 상황에 적용되어 그 안에 있는 사람들의 마음을 근본적으로 새롭게 변화시킬 수 있는 능력이 있기 때문이다.

05

상황화

- 복음이 어떻게 상황화에 도움을 주는가

팀 켈러
Timothy Keller

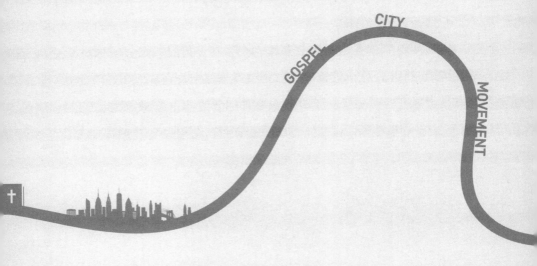

이 장을 시작하기에 앞서 포스트모더니즘에 대해 살펴본 내용을 간략히 복습해 보도록 하겠다. 포스트모더니즘은 인생의 의미가 의무를 이행하는 일이 아니라, 욕망을 성취하는 일에 있다고 설명한다. 또한 포스트모더니즘은 진리가 사람의 외부에 존재하여 그에 행동을 맞추어야 하는 사실이 아니라, 각 개인의 내면에서 발견되거나 정의되는 생각이라고 이야기한다.

포스트모더니즘은 사실상 누구도 완전하게 포스트모던한 방식으로 살아갈 수 없기에 결코 일정한 형태로 존재하지 않는다. 만일 그렇게 살아갈 수 있다면, 사람들은 전적으로 이기적인 행동만을 하게 될 것이다. 따라서 포스트모더니즘은 세계의 여러 지역과 세대에 걸쳐 서로 다른 수준의 영향력을 행사한다. 이를테면 한국의 젊은 세대는 이전 세대보다 포스트모더니즘의 영향을 더 많이 받고 있는데, 이는 한국의 문화가 변화되고 있기 때문이다. 그리고 이처럼 한국의 문화가 변화되고 있다면, 한국교회의 사역 역시도 변화되어야 한다. 그렇다면 어떻게 그런 변화를 가져와야 하는가?

이런 질문은 상황화(contextualization)의 문제를 제기한다. 이 장에서는 바로 그 상황화의 불가피성, 복잡성, 성경적 근거와 정의 및 방법, 그리고 복음이 어떻게 상황화의 과정에 도움을 주는지에 대해 살펴보도록 하겠다.

상황화의 불가피성

목회자가 사역을 하며 결정해야 할 수많은 문제들에 대한 설명을 성경에서 직접적으로 찾을 수 없기 때문에 상황화는 불가피하다. 예를 들어 예배 시간은 얼마나 되어야 하는지, 찬송은 몇 곡이나 불러야 하는지, 기도는 몇 번 정도 해야 하는지, 설교는 몇 분이나 해야 하는지에 대해 성경이 제시하는 기준은 없다. 따라서 목회자는 이러한 사항들에 대해 성경적인 지침이 아닌 문화적인 요인에 따라 결정을 내리게 된다.

내가 뉴욕으로 이사를 가고 얼마 되지 않았을 때, 어느 목회자 기도 모임에 초대를 받은 적이 있었다. 그 모임에 참석한 사람 가운데 절반은 스페인어를 하는 라틴계 미국인이었고, 나머지 절반은 나와 같은 백인 미국인이었다. 그때 나를 초대한 사람이 나한테 이런 말을 했다. "당신이 알고 있어야 할 부분이 있습니다. 설교가 이 시간이면 마쳐야 한다고 당신이 생각할 즘에도 설교는 계속해서 진행될 텐데, 아마 당신이 생각하는 시간보다 두 배는 길게 진행될 것입니다. 마찬가지로 찬양도 끝날 시간이 되었다고 생각할 즘에도 계속 이어져서 당신이 생각하는 시간보다 두 배는 길게 부르게 될 것입니다. 결국 당신은 참기 힘들어서 이렇게 말할지도 모르겠습니다. '오늘 시간이 그리 많지 않습니다. 왜 모든 순서가 이렇게 깁니까?'"

그는 이어서 덧붙였다. "그런데 여기 있는 사람들이 당신에게 적응하고 있으므로 당신도 이들에게 적응해야 합니다. 사실 이 사람들은 오늘 원하는 만큼 설교를 하지 않습니다. 또 자신들이 원하는 만큼 찬양하지도 않고요. 이 사람들은 당신에게 맞추고 있습니다. 그러니 당신도 이들에게 맞추어야 합니다."

성경은 예배가 얼마나 길어야 하는지, 찬양은 어떤 형식으로 해야 하는지, 또 그때마다 감정 표현은 어느 정도로 해야 하는지에 대해 명시하지 않는다. 하지만 모든 교회는 예배를 드릴 때 이런 요소들을 고려하지 않을 수 없고, 그에 대한 결정은 문화적인 요인에 근거해서 이루어져야 한다. 앞서 상황화는 불가피하다고 말했던 이유가 여기에 있다. 이미 모든 사역은 어느 정도 상황화되어 있기 때문이다. 즉 사역이란 그 사역이 일어나는 현장의 문화에 맞춰지게 되어 있다. 예배의 길이나 스타일 또는 설교에서 사용해야 할 표현이나 예화 등에 대한 결정은 교회가 특정 문화에 적응하는 방식을 나타낸다. 이런 과정이 바로 상황화이다. 따라서 상황화는 불가피한 과정이다.

언젠가 런던에 갔을 때, 한 기독교인 남성과 대화를 나누었다. 그는 노동자 계층에 속한 사람이었고, 대학 교육을 받지 않았다. 그는 교회에 가는 일이 정말 좋지만, 설교 예화를 듣는 일은 힘들다고 말했다. 왜냐하면 예화가 언제나 럭비나 크리켓 시합에 관한 내용이었는데, 영국에서 럭비나 크리켓은 교육을 많이 받고 부유한 사람들이나 하는 운동이기 때문이다. 그는 교회에서 듣는 설교에 대해 자기보다 더 유복하고 공부를 많이 한 사람들에게만 전달되는 메시지라고 느끼고 있었다.

다시 한번 말하지만, 모든 사역은 어느 정도 상황화된다. 한국교회도 이미 상황화되어 있기 때문에, 목회자가 사역을 하며 상황화를 해야 하는지의 여부는 문제가 되지 않는다. 상황화는 불가피하다.

상황화의 복잡성

웨스트민스터신학교에서 공부하던 시절에 한국 학생들과 미국 학생들이 그들의 교회 생활에 관해 함께 이야기를 나눈 적이 있다. 그런데 각각의 그룹이 상대편의 이야기를 들을 때, 그 상대편의 교회 생활이 그들 자신의 문화적인 가치에 의해 형성되었다는 사실을 분명히 알게 되었다. 이를테면 미국 학생들은 한국교회가 늘 그렇지는 않아도 어느 정도는 성경보다 유교 문화의 영향을 더 받은 모습을 보게 되었다. 마찬가지로 한국 학생들도 미국교회가 늘 그렇지는 않지만 어느 정도는 성경보다 개인주의 영향을 더 받은 모습을 볼 수 있었다.

이 예화는 상황화가 불가피한 동시에 복잡하다는 사실을 보여 준다. 말하자면, 미국교회는 반드시 미국 문화에 상황화되어야 하지만, 성경의 영향보다 그 문화의 영향을 더 많이 받는 수준까지 상황화되어서는 안 된다. 한국교회도 동일한 위험에 직면해 있다. 한국교회가 복음을 가지고 사람들에게 접근하기 위해서는 한국 문화, 특히 포스트모던화된 문화에 상황화되어야 한다. 그러나 지나친 상황화는 피해야 한다. 이 위험을 피하기 위해서는 충분하게 상황화되면서도 지나치게 상황화되지 않는 균형점을 찾는 수밖에 없다.

지나치게 상황화된 교회는 결국 문화가 추구하는 우상들의 영향을 받게 된다. 또한 충분하게 상황화되지 않은 교회는 문화적으로 이해할 수 없는 집단이 될 뿐 아니라 결과적으로 사람들의 마음에 다가서기도 어렵다. 이런 문제를 극복하기 위해서는 두 가지 사항을 명심해야 한다. 첫째, 하나님의 지침을 본질로 삼아야 한다. 둘째, 다른 문화에 속한 크리스천 사이에 대화가 필요하다.

웨스트민스터신학교에서 배우게 된 매우 중요한 사실이 있다. 이는 내가 속한 문화에 있는 결점을 발견하는 일보다 타인이 속한 문화에 있는 결점을 발견하기가 더욱 쉽다는 것이다. 이를테면 나는 한국인들이 어떤 문제와 관련해서 그들 문화의 영향을 깊이 받을 수 있는지를 잘 볼 수 있다. 반면에 내 자신이 어떤 문제와 관련해서 미국 문화의 영향을 깊이 받을 수 있는지는 잘 볼 수 없다. 다행인 것은 나의 한국 친구들이 미국 문화에 있는 결점을 쉽게 발견할 수 있다는 점이다. 왜냐하면 문화란 그 문화에 속한 사람에게는 거의 보이지 않기 때문이다.

수년 전, 아프리카계 미국인 친구가 나를 자신의 교회에 데리고 간 적이 있다. 물론 그 교회는 내가 목회하는 교회와 예배의 정서를 표현하는 방식도 달랐을 뿐 아니라 모든 요소들이 다르게 이루어졌다. 예배를 마치고 그 친구가 내게 물었다. "우리 교회에서 예배를 드려보니 어떤가?"

나는 이렇게 대답했다. "자네가 아프리카계 미국인 방식으로 예배하는 모습을 봐서 좋았다네."

그러자 그가 말했다. "음, 바로 거기에 문제가 있어. 자네와 같은 백인 기독교인들은, '우리는 너희가 드리는 흑인 방식의 예배가 좋아'라고 말하지만, 정작 그들 자신이 교회에서 예배하는 모습에 대해서는 '이는 백인 방식의 예배야'라고 말하지 않거든. '이는 바른 방식의 예배야'라고 말하지."

어떤 사람이 속한 문화의 80퍼센트는 그 당사자에게는 잘 보이지 않는다. 대부분의 사람들은 그들의 행동이 문화적으로 길들여진 상태에 있다는 사실을 깨닫지 못한다. 왜냐하면 자신의 행동 방식이 마땅히 그렇게 해야 하는 방식이라고 가정하기 때문이다. 그래서 타문화에 접촉하게 될 때에야 비로소 사람들이 다르게 행동한다는 사실을 깨닫는다. 기독교인들은 여기서 더 나아가야 한다. 즉 다른 기독교인들이 다니는 교회에 참석해서 그들이 얼마나 다르게 활동하는지를 보고 그 차이가 왜 발생하는지를 서로 물어보아야 한다. 결국 상대로부터 배우지 않는다면, 균형 잡힌 상황화는 불가능하다.

그 균형 잡힌 상황화를 이루어 가는 또 다른 방법은 성경을 꼼꼼히 읽고 연구하되, 타문화권에서 온 사람들과 함께하는 것이다. 왜냐하면 모든 사람이 자신만의 문화적 색안경을 쓰고 있기에 성경에서 어느 특정 부분을 놓치는 경우가 발생하기 때문이다.

한 가지 예를 들어 보겠다. 내가 한국계 미국인들과 백인 미국인들이 함께 성경 공부를 하는 모임에 참석했을 때의 일이다. 거기서 우리는 장로에 관해 성경이 무엇을 가르치는지를 나누었다. 당시 바울의 목회 서신은 장로가 지도하는 교회에 관한 많은 통찰을 우리에게 제공해 주었다. 해당 본문을 읽고 거기서 성경이 가르치는 바가 사실임을 모두 인정한 후에, 우리는 그 가르침에 비추어 자신의 서로 다른 교회 사역에 대해 비판적으로 돌아보고자 했다.

그때 한 백인 미국인 참석자가 말했다. "미국인들은 너무 개인주의적이고 반권위주의적이어서 흔히 장로들을 선출하고도 그들의 말을 들으려고 하지 않습니다. 만일 장로들이 교회의 한 형제에게 무엇을 해야 한다고 말하면, 그 형제는 '당신이 누구이기에 나한테 어떻게 살라고 말합니까?'라며 반응합니다. 이렇듯 교인들이 장로들의 말을 듣지 않습니다."
그런데 그 모임에 참석한 한국계 미국인들은 동일한 본문을 읽고도 그와
다른 반응을 보였다. "물론 우리도 장로들을 선출합니다. 그런데 우리 교
회에서는 목회자가 장로들의 말을 듣지 않습니다."

이 나눔을 통해 우리는 비록 두 부류의 교회가 장로에 관한 성경의 가
르침을 믿고는 있지만, 실제로는 각각의 문화가 그들로 하여금 그 가르
침에 순종하지 못하게 만든다는 사실을 알게 되었다. 한국교회에서는 목
회자가 너무 큰 권력을 행사했다. 반면, 미국교회에서는 교인들이 너무
큰 권력을 행사했다. 두 경우 모두 장로들만 불쌍했다.

결국 우리는 각자의 문화가 가진 복잡한 상황 속에서 실제로는 우리
가 성경의 가르침을 진지하게 받아들여 우리 자신에게 적용하고 있지 않
음을 깨닫게 되었다. 이 일을 통해 균형 잡힌 상황화를 유지하는 일이 얼
마나 중요하며 또한 어려운지를 모두가 분명히 알게 된 것이다.

상황화의 성경적 근거

성경은 우리에게 상황화를 명령하면서 그에 대한 실례를 보여 준다.
이와 관련해 잘 알려진 본문은 고린도전서 9장이다. 거기서 바울은 그리
스도 안에서 한 사람이라도 얻고자 하여 모든 사람들에게 자신을 맞추었
다고 이야기한다. 이는 그가 한 사람이라도 얻고자 하여 무슨 일이든 했
다는 말이 아니다. 다른 문화에 속한 사람과 대화할 때마다 그 사람한테
다가가기 위해 자신의 화술을 바꾸었다는 뜻이다.

또한 사도행전에서도 바울은 매우 다양한 청중에게 복음을 전하며 매번 다른 방식으로 말을 한다. 그는 동일한 형식의 복음 전도법을 모든 청중에게 획일적으로 적용하지 않고, 그 방법을 매번 뚜렷하게 바꾼다. 이런 모습들만 살펴보더라도, 성경이 우리에게 상황화를 분명히 요구하고 있음을 알 수 있다.

성경에 나오는 그와 같은 예들을 살펴보면, 상황화에 대해 두 가지 측면의 정의를 내릴 수 있게 된다. 첫 번째로 상황화란 특정 문화에 속한 사람들의 물음에 대해 성경적인 답변을 제시하는 과정이라고 정의할 수 있다.

어떤 문화에 있느냐에 따라 사람들은 다른 종류의 물음을 품고 살아간다. 흔히 전통적인 문화에서는 어떻게 하면 자신의 의무를 이행하여 훌륭한 사람 내지는 가족의 일원이 될 수 있을지에 대한 물음이 중요하게 여겨진다. 이와 달리 포스트모더니즘 문화에서는 어떻게 하면 개인의 자유를 추구하면서 정체성을 발견하고 꿈을 이루어 갈 수 있는지에 대한 물음이 제기된다. 두 가지 모두 성경의 가르침에 의해 설명할 수 있는 적합한 물음들이다.

그런데 이와 같이 어떤 문화 속에 있는 사람들의 물음에 대해 성경적인 답변을 제시하는 과정을 상황화라고 이해할 때, 그 과정을 마치 사람들이 듣고 싶어하는 내용을 그들에게 들려주는 일이라고 생각해서는 안 된다. 오히려 그 과정은 사람들이 듣고 싶어하지 않는 내용을 그들에게 들려주는 일이 될 수도 있다.

특정한 문화 속에서 설교하는 목회자는 자신이 속한 문화가 제기하는 물음에 대해 설명해야 한다. 사도행전에 등장하는 바울의 설교들이 제각기 다른 이유가 여기에 있다. 우선 사도행전 13장에서 그는 유대인에게 설교한다. 그런데 14장에서는 성경에 대한 이해가 없는 다신론자들에게 설교한다. 그리고 17장에 가서는 학문적으로 세련되고 교양을 갖춘 철학자들에게 설교한다. 그래서 어떤 때에는 창조주 하나님을 소개하며 설교하기도 하고, 또 다른 때에는 언약의 주님이신 하나님을 언급하며 설교하기도 한다. 또한 부활을 십자가 사건보다 부각시킬 때가 있는가 하면, 그 반대로 강조할 때도 있다. 이처럼 바울이 설교에 다양한 변화를 주었던 이유는 사람들의 마음에 일어나는 서로 다른 물음들을 고려하며 그에 맞추어 설교했기 때문이다.

상황화된 설교를 하기 위해서는 무엇보다도 비기독교인들의 소리를 그들의 문화 속에서 듣는 일에 많은 시간을 들여야 한다. 이를테면 그들과 직접 대화하며 이야기를 듣거나, 그들이 좋아하는 음악을 듣거나, 아니면 그들이 즐겨 보는 책을 읽는 데 시간을 들여야 한다.

두 번째로 상황화란 특정 문화에 속한 사람들이 표현하는 욕구나 갈망에 대해 성경적인 충족을 제시하는 과정이라고 정의할 수 있다. 고린도전서 1장 22-24절이 이런 과정을 잘 묘사한다. "유대인은 표적을 구하고 헬라인은 지혜를 찾으나 우리는 십자가에 못 박힌 그리스도를 전하니 유대인에게는 거리끼는 것이요 이방인에게는 미련한 것이로되 오직 부르심을 받은 자들에게는 유대인이나 헬라인이나 그리스도는 하나님의 능력이요 하나님의 지혜니라."

바울은 이 본문에서 세 가지 작업을 하고 있다. 곧 어떤 사실을 인정하고(affirms), 그에 대해 비판적으로 평가하며(critiques), 결과적으로 새로운 방향을 제시한다(redirects).

먼저 바울은 어떤 사실을 인정한다. 곧 유대인과 헬라인 사이에 있는 문화적 차이에 주목한다. 당시 유대인들은 매우 실리적이어서, 그들의 문화에서는 능력과 일을 처리해 가는 방식이 중요했다. 그런데 헬라인들은 보다 이상적이고 철학적이어서, 그들의 문화에서는 철학과 지혜와 지적 성취가 더욱 중요했다. 바울은 유대인이 능력을 구하는 사실이나 헬라인이 지혜를 찾는 사실을 있는 그대로 인정하며, 능력과 지혜는 그 자체로 선한 가치임을 확증했다.

이어서 그는 십자가에 못 박힌 예수 그리스도를 강조함으로써 그들의 마음을 비판한다. 여기서 바울이 강조하는 내용은 유대인이나 헬라인에게는 이해가 되지 않는 메시지이다. 그 이유는 십자가에 못 박힌 구원자는 유대인에게는 능력이 없게 비추어지고, 헬라인에게는 어리석게 여겨지기 때문이다.

그리고 끝으로 바울은 그 메시지가 올바로 이해될 때 어떻게 십자가가 하나님의 지혜와 능력을 보여 줄 수 있는지를 설명하며, 그들의 마음을 새로운 방향으로 돌린다. 여기서 지혜를 찾고자 하는 헬라인에게는 하나님이 십자가에서 공의를 행사하면서도 우리를 죄로부터 구원하시는 방법보다 더 지혜로운 길은 없다는 사실을 설명한다. 또 능력을 구하는 유대인에게는 우리를 위하여 자신을 죽음에 내어 주신 예수 그리스도의 영향력을 강조하며, 우리의 마음을 변화시키는 희생적인 사랑보다 더 능력이 있는 사건은 없다는 사실을 밝힌다.

이처럼 바울은 각 문화에 속한 사람들에게 메시지를 전할 때, 우선 그들이 얻고자 하는 바가 그 자체로 선하다는 사실을 인정하되, 그것을 추구하는 방향이 어떻게 잘못 되었는지를 비판적으로 평가하고, 마지막으로 그들이 얻고자 하는 바는 오직 예수 그리스도 안에서만 찾을 수 있다는 사실을 강조하며 새로운 방향을 제시한다.

바로 이 세 가지 작업, 곧 사실 인정(affirmation), 문제 비판(critique), 방향 제시(redirection)는 바울이 복음을 전하는 방식의 핵심이라고 할 수 있다. 그는 유대인에게나 헬라인에게나 완전히 동일한 방식으로 복음을 전하지 않았다. 물론 예수 그리스도가 우리의 죄를 위하여 십자가에서 죽으셨다는 복음을 매번 명확하게 전했다. 하지만 그 복음을 각 문화에 적용하는 방식은 매번 달랐다. 즉 문화에 따라 조금씩 다른 접근으로 어떤 사실을 인정하고, 그에 자리한 문제를 비판하며, 결과적으로 새로운 방향을 제시했던 것이다. 이를테면 바울이 보여 준 기본적인 패턴은 이와 같다. 유대인은 이것을 원하고 헬라인은 저것을 원하는데, 그것들은 모두 옳지만, 그것들을 얻고자 하는 방향이 틀리다. 오직 예수 그리스도 안에서만 진정으로 그것들을 발견해서 만족할 수 있다.

아마도 기성 세대의 한국인과 젊은 세대의 한국인도 각자 추구하는 바가 다를 것이다. 이때 추구하는 가치가 옳을 수도 있지만, 그 추구하는 방향이 예수 그리스도를 향하지 않는다면 궁극적으로 그 가치를 얻을 수 없다. 그들이 추구하는 바는 실제로 예수 그리스도 안에서만 얻을 수 있다. 바로 이 고린도전서 1장 22-24절의 원리를 한국 문화에 적용함으로써 우리는 각각의 세대에 복음을 전하는 방법을 배울 수 있고, 또 그렇게 함으로써 이 시대에 상황화된 한국교회를 세워 갈 수 있다.

이 책에서 나는 이미 포스트모더니즘이 주장하는 다음과 같은 표어들을 소개한 적이 있다.

> "당신은 자신에 대해 솔직해야 한다."
> "당신은 자신을 행복하게 만드는 일을 해야 한다."
> "당신은 다른 사람에게 피해를 주지 않는 한, 당신이 원하는 방식대로 자유롭게 살아야 한다."
> "누구도 당신에게 어떻게 인생을 살아야 하는지를 말할 권리는 없다."

이제부터는 이 네 가지 표어들이 보여 주는 포스트모던 시대의 관점들에 대해 어떤 사실을 인정하고, 문제는 비판하며, 새로운 방향을 제시하는 작업을 해 보고자 한다.

정체성에 대한 관점: 당신은 자신에 대해 솔직해야 한다

자신의 정체성에 대해 고민하는 포스트모던 시대의 사람들은 자기 자신과 관련된 여러 가지 측면들을 깊이 생각한다. 그들은 자신이 누구인지, 어떤 재능을 가졌는지, 그리고 무엇을 갈망하는지를 알고 싶어 한다. 기독교인들은 하나님이 사람들에게 서로 다른 재능과 은사를 주어 각자 인생에서 무엇인가를 하도록 계획하셨다는 사실을 알기 때문에, 사람들에게 있는 그와 같은 갈망을 인정할 수 있다.

또한 포스트모던 시대의 사람들은 누군가로부터 사랑을 받고 자신에 대해 좋은 느낌을 갖는 일을 중요하게 여긴다. 이 역시도 기독교인들이 인정할 수 있는 바람직한 갈망이다.

전통적인 문화는 누군가가 훌륭한 아버지나 어머니, 또는 자녀가 되어 가족의 기준을 만족시키는 삶을 살 때 자신에 대해 좋은 느낌을 갖게 만든다. 이는 억압적인 삶을 살게 만들 수 있다.

수년 전에 교회에서 어떤 여성과 상담을 한 적이 있다. 그녀는 심히 낙담한 상태였고, 정신병원에서 통원 치료를 받고 있었다. 그 여성이 직면했던 큰 문제 중 하나는 그녀가 세계적인 수준의 유명한 바이올린 연주자가 되기를 바라는 부모의 소원이었다. 그녀는 매우 노력해 왔지만, 실력이 그리 뛰어나지 않았기에 좌절감을 느끼게 되었다. 그녀의 치료를 맡은 의사는 개인적으로 나에게 이런 말을 했다. "비록 부모에게 만족을 주지 않았더라도, 그녀 자신은 좋은 사람이며 하나님으로부터 사랑을 받고 있다는 확신을 그녀가 가질 수만 있다면, 정신병원에서 퇴원해도 됩니다." 여기서 그녀의 문제는 부모의 기준을 우상으로 만들어서 거기에 이르는 삶을 살지 못할 경우 평생 자기 자신을 미워하는 상태에 처하게 되는 것이었다.

또 당시에 나는 유명한 영화배우나 연극배우가 되겠다고 결심한 어느 청년을 알고 있었다. 그의 부모는 아들이 이러한 꿈을 추구하지 않기를 바랐지만, 그는 자신의 깊은 갈망을 발견하고 이루는 일을 가장 중요하게 여기는 포스트모더니즘 사상을 수용했기 때문에 결국 배우가 되기 위해 뉴욕으로 갔다. 그런데 문제는 그에게 배우가 될 만한 재능이 전혀 없었다는 것이다. 그래서 여덟 차례의 오디션을 받으나 모두 탈락해서 결국 우울증에 빠졌다. 당시 그의 담당 의사는 이렇게 말했다. "만일 하나님이 자신을 사랑하신다는 사실을 이 청년이 알 수만 있다면, 이처럼 깊이 우울해 하지는 않을 것입니다." 안타깝게도 이 청년은 자신의 꿈을 우상으로 만들어 놓고 그 꿈을 성취할 수 있다면 행복해지리라고 믿었던 것이다.

이 청년이 개인주의자로서 지나치게 포스트모더니즘의 영향을 받은 사람이라면, 앞서 언급한 바이올린 연주자는 상당히 전통적인 문화의 영향을 받은 사람이라고 할 수 있다. 그들 모두 자신의 성취에 근거를 둔 정체성으로 인해 고통을 받았다. 한 사람은 부모의 기대를 충족시키기 위해 노력했고, 다른 한 사람은 자신의 기대에 이르기 위해 노력했다. 그러나 그중 누구의 정체성도 자신의 갈망이 제시하는 그럴듯한 약속을 실현시켜 주지 못했다. 이럴 때 우리는 복음을 적용함으로써 그런 사람들에게 새로운 방향을 제시해 줄 수 있다.

요한복음 1장 12절에는 이렇게 기록되어 있다. "영접하는 자 곧 그 이름을 믿는 자들에게는 하나님의 자녀가 되는 권세를 주셨으니." 예수 그리스도에 대한 믿음은 우리가 행한 일 때문이 아니라 예수께서 행하신 일 때문에 하나님이 우리를 사랑하신다는 사실을 신뢰하도록 만든다. 우리는 하나님의 자녀로서 그의 가족으로 입양되었다. 또한 로마서 8장 1절은 이와 같이 가르친다. "그리스도 예수 안에 있는 자에게는 결코 정죄함이 없나니." 그리스도 안에 있는 우리의 정체성 또는 우리의 자기 존중감은 우리가 스스로 이룬 성취가 아닌 예수님이 이루신 성취를 통해 부여 받는다. 따라서 이 정체성은 확고하며 깨어질 수 없다.

열심히 노력해서 자기 존중감을 얻고자 하는 사람들은 타인의 비판에 언제나 민감할 수밖에 없다. 그들의 자존감은 자신의 성과가 어떠하냐에 따라 오르락내리락한다. 이런 사람들의 정체성은 예수 그리스도 안에서 날마다 사랑받는 기독교인의 정체성과 대조될 수밖에 없다. 바로 이 정체성을 결정짓는 관점의 차이를 드러내는 과정이 사람들과 소통할 때 필요하다.

행복에 대한 관점: 당신은 자신을 행복하게 만드는 일을 해야 한다

이 관점은 각자가 궁극적으로 자신을 행복하게 만드는 일을 해야 한다고 주장한다.

일단 한국에서는 어른들이 행복을 원하는 젊은이들에게 "행복해지고 싶다니 무슨 말이냐? 네가 해야 할 일이나 하거라"라고 훈계하는 다소 불안한 상황이 연출될 수 있다는 사실을 인정해야 한다. 이럴 때 우리는 당연히 사람들은 행복해지기를 원하고 기쁨과 만족스러운 삶을 갈망한다는 사실을 인정해야 한다. 물론 비판적인 사고를 할 수 있도록 도와주면서 말이다.

행복에 대한 관점에 비판적으로 접근해 볼 수 있는 가장 좋은 방법은 C. S. 루이스의 '순전한 기독교'(*Mere Christianity*)에서 찾아볼 수 있다. 루이스는 이 방법을 2차 세계 대전 당시의 영국을 배경으로 제시했지만, 이는 오늘날에도 긴요하고 적실성 있는 접근이라고 할 수 있다. 만일 어떤 젊은이가 "나는 단지 행복해지기를 원할 뿐입니다"라고 말한다면, "왜 행복을 원하지? 자네가 할 일이나 하게"라고 반응하며 그런 갈망을 억압하고 무시하는 대신, "그래? 바람직한 갈망이지. 그런데 자네는 지금 어떠한가? 행복한가? 지금 추구하는 그것들이 자네를 행복하게 해 주고 있는가?"라고 물으면서 그들이 가진 갈망은 인정하되, 그들이 가진 관점은 비판할 수 있다.

여기서 루이스는 시간이 지남에 따라 사람들이 상상하는 그 무엇도 사실상 그들을 행복하게 해 주지 못한다는 사실을 그들 스스로 깨닫게 된다고 지적한다. 어떤 사람은 일자리를 구하면 행복할 것이라고 생각할 수 있지만, 정작 취직이 되어도 행복을 느끼지 못한다. 또는 누군가와 결혼하면 행복할 것이라고 생각하는 경우도 있지만, 실제로는 결혼식을 올리고 나도 행복을 느끼지 못한다. 이렇듯 시간이 흐르며 사람들은 자신을 행복하게 해 주리라고 생각했던 모든 일들이 실제로는 자신을 행복하게 해 주지 못한다는 사실을 깨닫게 된다.

일단 그와 같은 깨달음이 찾아오면, 오직 네 가지 선택 사항만 남게 된다. 첫 번째 선택은 루이스가 어리석은 자의 길(the fool's way)이라고 언급한 삶의 방식인데, 다음과 같이 생각하는 태도를 말한다. "나는 더 크고, 더 좋은 무엇인가가 필요해. 그러니 더 좋은 직장을 구하고, 더 많은 돈을 벌어야겠어. 더 멋진 배우자도 얻어야지. 그렇게 되면, 분명 행복하게 될 거야." 물론 이와 같은 어리석은 자의 길은 늘 쫓기고 불안한 삶을 낳게 된다.

두 번째 선택은 냉소자의 길(the cynic's way)인데, 이는 행복하기 원하는 마음 자체를 부정하는 방식을 말한다. 그런 마음을 부정하는 데는 여러 가지 방법들이 사용된다. 그중 한 가지 방법은 불교에서 발견되는데, 불교는 사람들에게 그들 자신을 만물로부터 분리시켜 그 어떤 대상도 사랑하지 말라고 가르친다. 그렇게 하면 불행해지지 않을 것이라는 가르침이다. 또 다른 방법은 모든 일들을 조소함으로써 행복하지 않은 마음의 상태를 다루는 접근이다. 곧 모든 일들에 대해 비웃고 마음을 무감각하게 만들어서, 행복을 추구하는 일 따위는 젊은 시절의 어리석은 짓이라고 치부하는 태도이다.

세 번째 선택은 절망의 길(the way of despair)이다. 이는 타인에게 상처를 주고, 자신도 눈물을 흘리며 슬퍼하고, 그 결과로 언제나 우울해 하면서 인생을 보내는 사람들이 취하는 방식이다.

마지막으로 네 번째 선택이 있는데, 루이스가 '순전한 기독교'에서 설명하는 이 삶의 방식을 여기서는 다음과 같이 서술해 보고자 한다. "만일 이 세상 그 무엇도 당신을 만족시키거나 행복하게 만들어 주지 못한다면, 이는 곧 처음부터 당신이 이 세상을 초월한 다른 무엇인가를 위해 만들어진 존재임을 의미한다고 생각하지 않는가? 그렇다면 당신이 찾고자 하는 바가 다름 아닌 하나님의 사랑이라는 사실에 대해서는 왜 생각해 보지 않는가?"

이와 같이 루이스는 위의 네 가지 선택 사항을 묘사하면서, 먼저 사람들이 가진 행복에 대한 갈망을 인정하고, 다음으로 행복을 추구하는 여러 가지 접근들을 비판적으로 평가하며, 결과적으로 행복이 오직 하나님 안에서만 발견된다는 사실을 드러냄으로써 그 갈망에 새로운 방향을 제시했다. 즉 그는 사람들이 행복에 대해 가지고 있는 관점을 거절하지 않으면서 다름 아닌 상황화를 통해 그 관점이 바른 방향으로 설정되도록 도와준 것이다.

자유에 대한 관점: 당신은 다른 사람에게 피해를 주지 않는 한, 당신이 원하는 방식대로 자유롭게 살아야 한다

먼저 이 관점을 인정하기 위해서는 사람들이 자유를 원한다는 사실을 인식해야 한다. 사실상 모든 나라에서 사람들은 자유해지기를 갈망한다. 나는 한국에서 보낸 짧은 시간 동안 한국 역사에 관한 책을 읽고 이야기를 들으며, 자유라는 주제가 아주 명백하게 한국 문화에 자리하고 있다는 사실을 발견했다. 대표적인 예로 중국이나 일본으로부터의 자유를 언급할 수 있을 것이다. 이처럼 자유는 인간이 가진 깊은 갈망이기에 당연히 그 자체로 인정되어야 한다.

자유에 대한 관점을 비판적으로 평가할 때 감당해야 할 과제는 사람들로 하여금 자유를 실제로 경험했는지 생각해 보게 만드는 것이다. 예를 들어, "나는 자유롭고 싶고 다른 사람에게 피해를 주지 않는 한, 내가 원하는 장소에서 살 거예요"라고 말하는 포스트모던 세대의 젊은이를 대할 때는 자유에 대한 갈망을 인정해 주되, 다음과 같이 그들에게 도전할 필요가 있다. "좋은 생각이지. 그런데 자네는 실제로 자유를 경험해 본 적이 있는가?" 이런 도전은 매번 색다른 대화를 이끌어 내겠지만, 그럴 때마다 대화의 주제는 자유의 경험이 자신에게 무엇을 의미하는지를 발견하는 과정과 연결되어야 한다. 이런 질문들을 던질 수 있다. 당신은 무엇을 위해 살아가는가? 당신의 경력? 정치적인 명분? 혹은 정의를 위

해 일하는 데 인생을 바치고 있는가? 아니면 당신의 가족을 위해 살아가는가?

만일 상대가 무엇이 자기 인생에 목적을 가져다 주는지 대답할 수 있다면, 이는 그 사람이 실제로는 자유롭지 않다는 사실을 반증하는 것이나 다름 없다. 즉 인생의 목적이 무엇이든 간에, 그 목적은 반드시 소유하거나 도달해야 하는 대상이기에 결국 그 사람을 종으로 삼아 주인처럼 지배하려는 역할을 하게 된다. 만일 누군가가 경력을 위해 살아간다면, 그는 자신이 다 고갈될 때까지 일하게 될 것이다. 그리고 만일 그 경력이 성공적이지 않다면, 자기 자신을 미워하게 될 것이다.

또 가족을 위해 살아가는 사람의 경우, 자녀에게 완벽하기를 요구할 수 있는데, 이는 절망적인 바람일 뿐이다. 또는 정치적인 명분을 위해 일하는 경우라면, 바로 그 정치적인 명분이 주인 노릇을 하게 된다. 결국 이러한 목적들을 통해서는 진정으로 자유를 경험할 수 없으며, 자유를 찾고자 하는 각 개인의 노력 역시 불행한 결말을 맞이하게 될 뿐이다.

자유에 대해 이러한 관점을 가진 사람들에게 새로운 방향을 제시하는 방법은 올바른 통치자 또는 주인과의 관계 속에서 자유를 찾는 기독교인의 접근을 보여 주는 것이다.

자신의 경력을 주인으로 삼는 사람은 경력에 실패를 가져오는 어떤 일에 대해서도 그 주인이 자신을 용서하지 않는다는 사실을 알게 된다. 오히려 그 실패에 대해 평생토록 자신에게 형벌을 가할 뿐이다. 또한 경력은 자신의 죄를 위해서도 죽을 수 없다. 심지어 잠시 성공을 거둔다 해도, 경력은 사실상 자신을 만족시키지 못한다. 오직 예수님만이 실패를 용서하며, 인생을 만족시킬 수 있는 통치자이자 주인이시다. 결국 불가피하게도 인생에는 누군가가 혹은 무엇인가가 어떤 사람의 통치자이자 주인이 될 수밖에 없고, 오직 한 주인만이 자유를 줄 수 있는데, 그는 바로 예수 그리스도이시다. 왜냐하면 구원은 은혜에 의해서만 주어지기 때문이다.

대략적으로 이러한 전개에 따라 자유에 대한 관점을 인정하되, 거기에 자리한 문제에 대해서는 비판하고, 더 나아가 대화를 하는 상대에게는 새로운 방향을 제시해야 한다. 그래서 자유를 찾고자 하는 일은 바람직하지만, 그 자유는 지금까지와 같은 방식으로는 찾을 수 없고, 오직 그리스도 안에서만 찾을 수 있다는 사실을 일깨워 줘야 한다.

도덕성에 대한 관점: 누구도 당신에게 어떻게 인생을 살아야 하는지를 말할 권리는 없다

이 도덕성에 대한 관점은 누구도 타인에게 무엇이 옳고 그른지를 지시할 수 없다고 이야기한다. 모든 사람은 각자 자신을 위하여 무엇이 옳고 그른지를 결정할 수 있다는 의미이다.

이런 관점을 인정하는 작업은 다른 관점들의 경우보다 더 복잡한 과정을 거치는데, 바로 그 저변에 자리한 어떤 가정 때문이다. 포스트모던 세대는 도덕적 진리에 대한 다른 사람의 주장을 받아들이면 그 사람이 자신을 억압할지 모른다고 우려하며 그런 식의 진리 주장을 부담스러워한다.

따라서 여기서는 포스트모던 세대의 도덕적 상대주의가 아닌 정의에 대한 그들의 관심을 인정하는 일이 관건이다. 성경은 정의에 대한 관심으로 가득하다. 구약 선지자들이 부당한 현실에 대해 언급하는 예는 놀라울 정도로 많다. 가령 아모스는 첫 번째 장에서 하나님을 대적하여 죄를 범하는 이스라엘 백성과 그 주변 국가들에 대해 메시지를 전하면서, 그와 동시에 이스라엘 주변 국가들에 대해서도 언급하며 가난한 자들을 압제하는 그들의 부당한 행포를 지적한다. 이런 내용을 통해 우리는 하나님이 모든 사람을 위한 정의에 관심을 두고 계심을 알 수 있고, 또한 포스트모던 세대가 가진 정의에 대한 갈망을 인정할 수 있게 된다.

그러나 도덕적 상대주의에 자리하고 있는 심각한 모순에 대해서는 비판해야 한다. 실제로 어떤 사람들은 이 문제를 포스트모더니즘의 아킬레스건이라고 부른다. 포스트모던 세대는 모든 사람이 자신의 도덕적 기준을 정해야 한다는 입장의 도덕적 상대주의를 신뢰한다. 그러나 도덕성이 상대적이라면, 어떻게 타락한 정권에 대해 항거할 수 있겠는가?

만일 모든 사람이 자기가 원하는 방식대로 살 수 있다면, 분명히 정부의 지도층도 자신들이 원하는 방식대로 살 수 있을 텐데 말이다. 여기에 모순이 자리하고 있다. 누군가가 포스트모던 세대를 비판하면, "도덕성의 기준은 상대적이고, 내가 나 자신을 위해 무엇이 옳고 그른지를 결정합니다"라는 답변이 돌아온다. 그러나 그들이 기독교를 비판할 때는 객관적 진리에 대한 기독교의 주장이 부당한 행동이라고 공공연히 비난한다. 이는 매우 심각한 모순이다.

이런 사람들에게 새로운 방향을 제시하기 위해서는 그들이 복음의 절대적 진리를 볼 수 있도록 돕는 일이 필요하다. 이를테면 예수님이 십자가에서 죽으신 이유는 하나님이 정의의 하나님이시기 때문이라는 사실을 이야기해 주어야 한다. 즉 하나님은 인간의 죄를 단순히 간과할 수 없으시다는 사실을 설명해 주어야 한다. 반드시 그 대가가 치러져야 한다는 의미이다. 정의의 하나님이 십자가에서 인간의 정의롭지 않은 모든 죄악의 대가를 스스로 감당하셨다. 그리고 이 과정을 통해 인간을 용서할 수 있는 길을 여셨다. 따라서 십자가는 정의와 절대적인 도덕을 위한 토대를 제공한다. 하나님이 자신을 대적했던 사람들을 위해 죽으셨다는 이 절대적인 도덕에 대한 믿음은 그 믿음을 가진 자를 억압하지 않는다. 복음은 정의를 행할 수 있는 토대를 겸손하고 인격적으로 제시하지, 억압적으로 강요하지 않는다.

복음과 상황화

사실상 균형 잡힌 상황화를 추구하기란 쉽지 않다. 우리 자신에게서 두 가지 위험 요소가 드러날 수도 있기 때문이다. 한 가지 위험 요소는 오래된 문화에 대한 자부심이 지나쳐서 어떤 변화도 거부하려는 태도이다. 우리 자신의 문화에 대한 지나친 자부심은 우리의 사고나 행동 방식의 여러 측면들이 다른 문화의 영향을 받게 될 수 있다는 사실을 믿지 않으려는 태도로 표현된다. 이런 경우, 자기가 일하는 방식이야말로 어떤 문화의 영향을 받은 결과가 아니라 일을 하는 '올바른 방식'이라고 주장할 수 있다.

예를 들어 성경은 우리에게 분명히 교회 지도자들이 권위를 가진다고 가르치지만, 그 권위가 얼마나 사용되어야 하는지에 대해서는 자세히 설명하지 않는다. 어떤 문화에서는 한 사람의 리더가 그를 따르는 다른 사람들의 충고 없이도 결정을 내릴 수 있다. 그런데 다른 문화에서는 리더가 결정을 내리기에 앞서 다른 사람들의 의견을 듣는 데 많은 시간을 사용하기를 바란다. 이에 대해 성경은 문화에 따른 유연성을 발휘하도록 허용한다. 그런데 우리는 간혹 자신의 문화에만 깊이 사로잡혀 우리의 목회 방식이 권위적이든 민주적이든 간에, 그러한 방식만이 교회를 지도하는 기독교적인 방법이라고 생각할 수 있다.

또 다른 위험 요소는 새로운 문화에 지나치게 동화되어 결과적으로 우리 자신이 너무 많이 바뀌게 되는 문제이다. 우리가 이런 문제에 빠질 때, 단지 우리의 문화적인 인식만 변화되는 것이 아니다. 실제로는 그 문화 속에서 생활하며 사람들에게 비위를 맞추려고 역사적인 기독교 신앙을 어느 정도 바꾸거나, 때로는 숨기거나 경시하게 된다. 이는 물론 잘못된 상황화의 모습이다.

복음은 우리로 하여금 이런 양극단의 잘못을 인식하고 피할 수 있도록 도와준다. 복음 곧 우리 자신이 은혜로만 구원받은 죄인들이라는 사실은 지나치게 문화적으로 경직된 자기 의(self-righteousness)를 비판할 뿐 아니라, 우리로 하여금 너무 문화적으로 동화되게 만드는 타인의 인정에 대한 욕구 내지 두려움을 약화시킨다.

뉴욕으로 이주한 뒤 배우게 된 가장 큰 문화적인 차이는 바로 시간 개념이었다. 언젠가 이런 이야기를 들은 적이 있다. 독일에서는 2분을 지각하면, 정말로 늦었다고 생각한다. 영국에서는 10분을 지각하면, 늦었다고 생각한다. 미국에서는 20분을 지각하면, 늦었다고 생각한다. 멕시코에서는 한 시간 정도를 지각하면, 늦었다고 생각한다. 야프 섬(the Isle of Yap)에서는 당일에만 약속을 지키면 된다. 즉 약속 당일이 지난 다음날 도착해야 늦었다고 생각한다.

나는 여러 차례 결혼식 주례를 했다. 보통 식장에서 어떤 문화에 속한 친구들은 시간을 준수해서 도착하는 반면, 그와 다른 문화에 속한 친구들은 훨씬 늦게 도착하는 경우가 있다. 이런 현상은 재미있거나 흥미롭게 보일 수도 있다. 그러나 문제는 식장에 일찍 오거나 정시에 도착한 사람들이 늦게 오는 사람들에 대해 게으르고 무책임하다고 생각하며, 실제로 매우 불쾌하게 여긴다는 데 있다. 또 반대로 시간을 엄수하지 않은 사람들은 상대편 사람들이 경직되고 교만하다고 느낀다. 이런 류의 문제가 문화적인 차이에서 비롯되며, 성경은 이에 대해 아무 말도 하지 않는다. 이는 이를테면 믿음, 소망, 사랑에 속한 문제가 아니다. 시간 엄수의 개념은 문화적인 차이를 반영할 뿐이다.

그런데 인간에게는 자신을 정당화하려는 본능이 있다. 그래서 이런 문화적인 차이를 도덕적인 문제로 삼아 다른 사람을 비난하려고 한다. 가령 유럽인들은 자신들의 생활이 체계적이고 다른 사람들의 삶은 그렇지 않다고 생각하는 데 반해, 비유럽인들은 자신들이 유럽인들처럼 경직되기보다는 관계 지향적이고 따뜻한 마음을 가졌다고 이해한다.

이것이 바로 인간의 마음에 있는 자연적인 경향성이다. 사람은 자신과 다르게 행동하는 사람을 무시함으로써 스스로 더 올바르고 나은 사람처럼 보이려고 노력한다. 그런데 복음은 모든 사람이 은혜로 구원받은 죄인이며, 누구도 다른 사람보다 더 낮지 않기에 타인에 대해 우월감을 갖는 일이 불가능하다는 사실을 일깨워 줌으로써 사람의 마음에 있는 우월감을 몰아낸다. 동시에 복음은 하나님이 그리스도 안에서 우리를 온전히 사랑하신다는 사실을 이야기함으로써 우리의 열등감을 제거한다.

이와 같은 방식으로 복음은 상황화에 수반될 수 있는 두 가지 위험 요소를 피하도록 도와준다. 은혜로 구원받은 죄인은 겸손할 수밖에 없으므로 자신의 문화에 대한 우월감을 가질 필요가 없고, 또한 그리스도 안에서 온전히 받아들여진 사람은 새로운 문화에 완전히 동화되고자 애쓸 필요가 없다.

복음은 우리가 새로운 문화에 다가갈 때, 그 문화를 비판적으로 평가할 수 있도록 충분한 용기를 부여한다. 우리는 다른 사람들의 인정을 필요로 하지 않는다. 도리어 우리는 그들을 사랑하고 그들이 믿음을 갖게 되기를 바랄 뿐이다. 우리를 좋아하기 위해 그들이 필요한 것이 아니다.

06

선교적 교회의 얼굴

- 자기 깨뜨림으로 드러나는 그리스도의 몸

정갑신
Gap Shin Chung

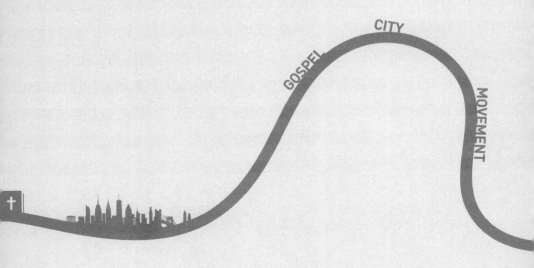

들음과 대답으로 형성되는 하나님 이야기

복음이 모든 것을 변화시킨다는 주장은 도발적이다. 하지만 도발성이 실제성으로 드러나는 것이 복음이다. 복음의 사건은 이미 '우리' 안에서 실제가 되었고 우리는 그 증거물이자 증인이다. 물론, 그것은 위로부터 임한 사건이기 때문에 우리들의 주도성이나 의지는 배제되었다. 하지만 복음은 거기에서 종료되지 않는다. 복음은 '그들' 안에서도 실제가 되어야 한다. 하지만 중요한 사실은 이 역시 우리의 주도성이나 의지와 관련되지 않았다는 사실이다. '그들은' 우리가 아니라 복음으로 변화될 것이다.

그렇다면 복음이 그들 안에서 현실이 되는 일은 우리의 참여에 대하여 완전히 폐쇄되었는가? 우리와 그들 사이에서는 어떤 종류의 접촉도 의미가 없는 것인가? 결코 그렇지 않은 것을 우리는 잘 알고 있다. 복음이 우리에게 "그들을 향하라"고 끝없이 소리치고 있기 때문이다. 만약 우리와 그들의 사이에 어떤 종류의 접촉면도 의미를 갖지 못한다면, 예수님은 우리에게 그들을 향하여 "가라"라고 명령하지 않으셨을 것이다. 바로 거기에서 선교의 주제가 발생한다.

그렇다면 선교란 처음부터 우리의 주도성과 의지의 문제가 아니라는 점이 분명해진다. 동시에, 우리의 의지가 담긴 행동이 작동하지 않는다면 그들에게로 향할 수 없는 긴장을 담고 있게 된다. 이 긴장은 결국 하나님이 주도하시고 우리가 그분의 주도하심에 참여하되, 하나님이 우리의 참여를 주도적으로 사용하셔서 일하시는 '동역의 신비' 안에서 우리의 과업을 일으킨다. 따라서 결국 선교의 주제는 '들음과 대답'의 문제로 귀속된다. 우리는 들음으로 참여하고, 참여를 통하여 듣는다. 그리고 들음에 대답함으로 '동역의 신비'에 속하게 된다. 성령을 통하여 듣고 성령을 통하여 참여하고, 성령을 통하여 답하는 모든 과정 속에서는 오직 '하나님의 이야기'가 기록된다. 따라서 선교는 하나님의 이야기다.

우리는 어제의 들음으로 오늘을 사는 자들이 아니다. 그렇다고 오늘의 대답으로 내일을 확보한 자들도 아니다. 우리는 매일 여기서, 날마다 새롭게 듣고 그 들음에 합당하게 대답함으로 오늘을 사는 자들이다. 따라서 우리를 지배하고 있는 어제의 전제와 신념, 그리고 내일의 불안과 두려움에 억압당하는 길을 가지 않아야 한다. 하지만 들음과 대답의 주제는 오늘 여기서, 날마다 새롭게 듣고 대답하기만 해야 한다는 주장에도 갇히지 말아야 한다. 우리는 이미 확고하게 말씀하셨지만, 날마다 새롭게 들리게 하시는 예수 그리스도의 복음에 대하여 들어야 한다. 그것은 옛 이야기이지만 날마다 새로운 이야기이고, 과거에 속했지만 오늘과 영원을 주도하는 이야기이기 때문이다.

우리는 복음을 통하여, 그리고 그 복음과 함께 말씀하시는 하나님의 음성을 들음으로, 우리의 과거와 화해할 뿐만 아니라 오늘을 통해 내일로 나아가게 하는 능력 안에 거하게 된다. 더불어 그 복음이 '그들' 안에서도 동일한 사건이 될 때 비로소 우리를 여기 있게 한 복음의 목적이 성취된다는 사실을 알게 된다. 이를 위해 우리에게는 복음에 대한 가장 단순한 확신이 필요하다. 복음이 삶과 역사에 대한 진정한 답이고, 복음의 말씀만으로 충분하다는 사실을 순전하게 믿는 믿음이 필요한 것이다.

한 발 더 나아가, 복음 안에 나와 너, 우리와 그들, 그리고 세계에 대한 정밀한 이해가 담겨 있음을 깨달아야 한다. 그에 대한 합당하고 균형 있는 해석을 발견하기를 추구하고, 우리와 그들의 삶을 오늘의 어둠에서 내일의 빛으로 끌어낼 유일한 길이 그 안에 있음을 찾아가기 위해 몸부림쳐야 한다.

따라서 선교적 삶과 선교적 교회는 복음의 말씀을 통하여, 성령의 이끄심을 따라, 매일 새롭게 듣고 대답하는 것을 통해 빚어진다. 그것은 함께하시는 성령님이 복음의 말씀을 가장 단순하고 확고하게 신뢰하게 하시고 복음을 정밀하게 들여다보는 지속적인 행복한 과정을 통해서 형성된다. '단순한 신뢰'와 '정밀한 들여다봄'이 모두 들음과 대답의 과정이다. 그 들음과 대답 속에서 우리는 나를 떠나 너를 향하게 되고, 우리를 기꺼이 내어 줄 수 있는 그리스도의 마음으로 그들과 세계를 향하게 된다.

복음이 모든 것을 변화시킨다는 도발성이 실제성으로 드러나는 사건은 이렇게 끝없이 '이동하는 운동성'을 통해 교회의 역사가 된다. 하지만 이 운동성은 그들을 데려와 우리가 되게 하려는 시도에 의해서 위협받고 그들에게로 가서 그들이 되려는 시도에 의해서 위태로워진다. 둘 다 자기중심성의 지배를 받고 있기 때문이다. 하나는 우리의 우위성을 주장하는 자기중심성이고, 다른 하나는 우리의 우위성을 포기하는 방식으로 관대함을 주장하는 자기중심성이다.

'이동하는 운동성'은 우리와 그들이 함께 복음을 향하게 하는 운동성이어야 한다. 팀 켈러의 말처럼 우리와 그들에게 날마다 복음이 필요하다는 말이 합당한 진단일 것이다. 복음의 절대성 앞에서 우리를 상대화시키되, 우리를 상대화시킴으로써 우리로 하여금 그들에게 상황화되게 하는 힘이 그들을 복음 앞에 서게 한다. 즉, 예수의 은총을 따라, 우리 안에서도 '말씀이 육신이 되는 일'이 발생함으로 그들을 복음 앞에 서게 할 수 있을 것이다.

교회는 복음을 소유한 자로서, 그리스도의 몸으로 그들 앞에 서 있다. 하지만 우리는 교회에 대한 그들의 적대감 혹은 무관심으로 인해, 그들을 버겁게 느껴야 하는 세계 안에 있다. 그것은 그리스도의 몸과 복음에 대한 그들의 무지 때문이 아니다. 그리스도의 몸으로 부름 받아 그리스도의 몸으로 존재하지 못하여 그리스도의 몸이 선포하는 복음이 무엇인지를 알려 주지 않은 우리의 문제일 것이다. "교회는 그의 몸이니 만물 안에서 만물을 충만케 하시는 이의 충만이니라"(엡 1:23).

따라서 복음만이 모든 것을 변화시킨다는 주장이 합당한 주장이 되려면, 어떤 극적인 변화들을 시도하기 전에 무엇보다도 교회가 그리스도의 몸으로 존재한다는 것의 의미가 그리스도의 몸을 이루는 구성원들의 의식 속에서 명확하게 이해되어야 한다. 그리고 그리스도의 몸이 '만물 안에 있다'는 사실과 '만물을 충만케 한다는 것'이 어떤 의미인지를 이해하고 확신해야 한다. 더 나아가 그 안에서 하나님으로부터 들으면서 실천적으로 대답할 수 있어야 한다. 따라서 이 장에서는 한 작은 도시에서 개척된 지역 교회가 이런 과제들에 실천적으로 참여하기 위해 구체적으로 어떤 과정들을 통과하려고 몸부림쳤는지를 다루고자 한다.

'교회는 그의 몸이니'-깨뜨려짐과 들음

성경에서 '교회는 무엇이다'라고 말한 가장 명시적인 증언이 바로 '교회는 그의 몸'이라는 것이다. 신학적 추론을 할 것도 없이 교회가 예수 그리스도의 몸이라면, 그것은 몇 가지 측면에서 매우 의도적인 의미를 담고 있다. 무엇보다 예수님은 하나님 보좌 우편으로 가셨지만 이 땅에서 여전히 자신을 볼 수 있도록 몸을 남기셨다는 것이다. 그렇다면 예수님의 부르심을 받아 모인 그리스도의 몸은 세계가 예수님을 볼 수 있게 하는 통로로서 존재한다.

과연 교회는 예수님을 보여 줄 수 있는가? 세계는 교회를 통해 그리스도가 거기 계심을 볼 수 있는가? 세상이 교회를 통해 무엇을 보고 있는지는 세상에게 물어야 하겠지만, 우리도 눈치껏 알고 있다. 특별히 한국 사회가 한국교회들을 통해서 예수 그리스도를 볼 수 있겠느냐는 질문에 긍정적인 답을 들을 수 있는 교회는 극도로 제한적이다. 이유는 대다수의 교회가 그리스도의 몸으로 존재하지 않기 때문이다. 교회가 그리스도의 몸으로 존재하기 위해서는 교회의 얼굴과 몸짓이 예수님의 것과 같아야만 한다. 따라서 교회의 사역과 관련하여 거의 정형화된 진술인, 가르치고, 치유하고, 전파하는 사역은 궁극적으로 예수님이 취하신 방식 그대로, 자기를 깨뜨려 내어 주는 방식으로 이루어져야만 하는 것이다.

깨뜨려짐 혹은 흩어짐은 내면에서 이루어지는 더 많은 증식을 위한 것이 아니다. 부서를 나누고 소그룹을 지속적으로 분립시켜 증식하는 것은 깨뜨려짐일 수 없다. 예수님의 깨뜨려짐은 거룩에서 완전히 분리된, 이질적인 죄인들을 위한 깨뜨려짐이었다. 교회가 그리스도의 몸으로 깨뜨려진다면 그것은 교회로부터 분리된, 그리고 분리되려 하는 세계를 향한 깨뜨려짐이어야 한다.

아비가 자기 가정 밖에 있는 자들에게 많은 것을 베풀고 나눌 수 있지만, 정작 그것이 가정 안에서의 베풂과 나눔의 연장이 되지 않는다면 그의 행동은 깨뜨려짐이 아니라 깨뜨려지는 형식을 갖춘 위선이 된다. 그는 없는 것으로 있는 척 하는 자, 진실이 없이 진실된 듯 보이려 하는 자일 것이다. 밖에 있는 자들은 그 아비의 베풂과 나눔에서 진실한 얼굴을 볼 수 없을 것이고 배움과 깨달음과 변화를 대신하여 사용하고 이용할 수 있는 대상을 발견하려 할 것이다. 그런 의미에서, 교회가 자기 안에 있는 자원을 스스로 흩어 자기 안에 있는 자에게 나누어 주고 자기 몸 밖으로 독립할 수 있도록 도우려는 몸짓, 곧 새 몸을 낳는 분립 개척은 중대한 의미를 가지고 있다.

물론 예수향남교회는 이런 명백하고 확고한 이해 위에서 분립 개척을 시작하지는 않았다. 안산동산교회가 시행하는 바람직해 보이는 분립 개척에 대한 반응으로, 시대가 건강한 교회의 표지라 여기는 듯 보이는 목회적인 표지에 참여하는 의미로, 분립 개척을 시작했다고 보는 게 바른 설명이다. 물론 그것은 예수향남교회가 아니라 예수향남교회에 가장 큰 영향을 행사할 수밖에 없는 나의 얕은 목회적 안목 때문이었다. 어쩌면 이런 초라한 욕망은 잘 벗겨지지 않는 페인트 같이 앞으로도 오랜 시간 내 안에 남아 있을지도 모르겠다. 하지만 예수 그리스도의 몸으로 존재하려는 열망이 완전히 배제되었다면 결코 하기 어려운 일이었을 것이라는 말에, 그리고 하나님이 가시를 잘 발라내실 것이라는 확신에 위로를 받는다. 어쨌거나 실행되었다는 사실이 사뭇 놀라울 뿐이고, 선 실행-후 각성일지라도, 그 의미를 뒤늦게라도 확인해 가는 것이 감격스러울 뿐이다.

먼저, 2009년 8월에 개척된 예수향남교회는 개척 2년 차에, 분립 개척을 위한 항목이 포함된 규정을 공동의회의 논의를 거쳐 교회의 핵심 방향으로 채택했다. 그 내용은 다음과 같다.

교회 내규에 포함된 분립 개척 규정 – 제5장 분립 개척

1. 당회의 결의로, 만 5년 이상 시무한 전임목사 중 교회 개척의 자질과 의지가 강하다고 교회가 인정한 경우에 분립 개척을 시킨다.

2. 분립 개척교회에 동참하기 원하는 성도들은 공식적인 참여 의사 표시 과정을 통해 기꺼이 참여할 수 있다. 개척 동참자들은 최소 1년, 최대 3년까지 파송받는 조건으로 개척에 동참하는 것을 원칙으로 하되, 파송 기간 후에 모교회로 복귀하거나 개척교회에 남는 것은 본인의 결정에 따라 선택할 수 있다. 단, 복귀하는 경우에는 파송되었던 모든 기간을 본 교회 출석 기간으로 인정한다.

3. 모교회는 분립 개척 목사가 원할 경우, 시무장로 1인과 시무집사 2인, 시무권사 2인을 파송할 수 있고 교회는 적합한 인물을 선정, 설득하여 최소 1년 최대 3년까지 파송할 수 있다(단, 강제하지 않는다-이중 시무장

로에 관하여는 다소 엄격히 시행하고 있으나 시무집사와 권사의 경우에는 자율에 맡긴다). 파송된 직분자가 개척교회에 계속 머물기 원할 경우에는 그 교회의 성도로 영구히 등록할 수 있다. 단, 모교회로 복귀하는 경우에는 파송되었던 모든 기간을 모교회 출석 기간으로 인정한다.

4. 개척이 결정되면, 모교회 안에 지정된 공간이나 기타 장소에서 개척 멤버들 및 기도 지원자들과 함께 3개월 이상 개척 준비 기도회를 가진다. 그리고 그 기간 동안 개척 지역에 교회 개척 예정에 관한 홍보물을 배포한다. 모교회는 이를 위해 적극 지원한다.

5. 분립 개척의 장소 선정과 재정 지원의 규모는 개척 현재 상황을 고려하여 당회의 합의를 거쳐 결정한다. 단, 개척 목회자의 생활비는 모교회에서 수령하던 사례비의 70퍼센트를 개척 후 최대 2년 까지 지원하되 성도들의 자발적 헌금은 예외로 하고, 개척 초기 자금을 위한 지원금 1억 5천 만 원은 5년 거치 5년 상환을 조건으로 한다(개척 초기 자금 상환에 관한 부분은 현실적으로 개척교회가 각별한 속도로 성장하지 못하는 한 실현되기 어렵다는 사실에 공감하면서 유보적인 이해를 가지고 당회에서 논의하는 중이다).

6. 개척 후 최대 2년은 매달 모교회에 개척교회 상황을 보고한다(교회의 특기사항, 성도 현황, 매월 재정 결산 -현실적으로 이루어지지 않고 있고, 모교회도 요구하지 않고 있다). 그리고, 또 다른 분립 개척을 위해 개척 첫 예배를 드린 그 달부터 믿음을 가지고, 매월 헌금 총액의 10퍼센트를 기간 제한 없이 공동 관리(Pooling System)계좌에 보내는 것을 원칙으로 한다- 이 원칙이 3개월 이상 지켜지지 않는 경우에는 '형제 교회' 계약 파기의 대상이 된다(이 부분은 분립 개척한 교회도 지속적인 분립 개척에 동참할 수 있

도록 하기 위한 조치였으나, 구체적으로 실현되지는 못하고 있다. 다만, 이미 분립 개척한 두 개의 교회가 자립할 수 있는 규모로 성장한 상태이므로 감당할 수 있는 분량에 대한 논의 과정을 통해 가능할 수 있으리라 기대한다).

7. 분립 개척한 교회의 담임목회자는 매주 혹은 격주로 갖는 셀 모임에 정기적으로 참석하여 목회 비전과 아픔을 공유하고 함께 기도하면서 자신을 돌아보고 서로를 돌아보는 길을 찾는다(현재, 이 모임은 분립 개척한 목사들 및 예수향남교회 출신 목사들이 함께 격월로 모이는 것으로 정착되었다).

8. 불행히도 분립 개척한 교회가 존립이 불가하여 교회를 폐쇄하거나 타 지역으로 이사해야 하는 경우에는 반드시 모교회와 상의한다. 그리고 교회를 폐쇄하는 경우에는 교회의 상황을 구체적으로 보고하고 즉시 초기 개척 자금을 상환한다.

9. 분립 개척한 교회는 '교회를 낳는 교회의 비전'을 품고 은혜의 동산교회, 그리고 모교회인 예수향남교회 및 타 분립 개척교회들과 더불어 화평 지역(화성, 평택)에서 바이블벨트를 함께 이루어 간다.

예수향남교회는 개척 6년여 만에 첫 분립 개척을 이루었다. 2015년 말 송구영신예배를 통해 파송식이 거행되었다. 개척에는 만 5년을 사역한 선임목사 가족을 중심으로, 주일학교 학생을 포함한 55명가량의 성도들이 동참했다. 이 예수평화교회는 평택과 화성을 아우르며 섬기겠다는 포부를 가지고 있었다. 예수평화교회는 안중 지역에서 그리스도의 몸으로 존재하기 위해, 특히 어린이와 청소년들에게 교회 공간을 적극 내어 주어 그들이 교회의 복음적 문화에 접촉하게 하는 방식으로 사역해 왔으며 2019년 2월 현재, 200여명이 출석하는 건강한 교회로, 특별히 지역에서 상처 입은 이들을 치유하는 교회로 아름답게 성장하고 있는 중이다.

두 번째 교회는 2017년 9월 수원 호매실 지역에 세워진 예수호매실교회다. 역시 만 5년 이상 사역한 선임목사 가족을 중심으로 주일학생을 포함한 66명가량의 성도들이 동참했다. 개척에 동참한 지체들 중 10여 명의 장년성도들이 1년 섬김의 약속을 완수하고 본교회로 복귀했지만, 1년 6개월 여 지난 현재 이미 주일학교 포함 130여명 이상이 출석하면서, 지역에 건강한 개척교회의 모델로 자라고 있다. 이 교회는 예수향남교회 보다 빠른 시간 안에 건강한 분립개척교회를 낳는 영광을 꿈꾸고 있는 중이다.

그 후, 우리 교회의 기준에 따르는 정상적인 분립 개척은 아니나, 행정 및 청년부를 섬겼던 목회자가 본인의 지인들을 중심으로 서울의 특정 지역에서 거의 1년에 걸쳐 함께할 멤버들을 모아 말씀을 나누면서, 10여 명의 공동체 형태를 이룬 후, 2018년 12월 예수향남교회의 파송을 받은, 새로운 형태의 개척도 경험하게 되었다. 그는 처음부터 작은 공동체 교회를 꿈꾼 대로 본연의 길을 모색하며 걸음마를 하는 중이나, 현재 지속적으로 아름다운 공동체를 형성해 가고 있는 중이다. 예수향남교회는 그에게 주일예배 설교 기회를 제공하고, 당일 파송식과 더불어 전 성도들이 개척 헌금을 하여 전달하는 방식으로 지원하였다.

현재는 새로운 형태의 분립 개척을 모색하기 위해 구체적인 준비 과정을 거치는 중이다. 동일 시찰에 소속한 교회 중 교회 건물과 시설들은 완비되어 있으나 지역적 특성 상 지속적인 교회의 위축으로 은퇴를 앞둔 목회자의 향후 생활을 돌볼 재정적 여건을 갖추지 못한 교회와 연대하는 방식이다. 예수향남교회 목회자들 중 그 교회의 후임목사를 파송하되, 예수향남교회가 그 지역에서 출석하는 본 교회 성도들을 파송하고, 향후 2년여 간 그 교회 은퇴목회자의 생활비를 후원하고, 그 과정에서 그 교회가 지속적으로 그 후원을 이어갈 수 있도록 성숙하고 성장해 가는 일에 함께 힘을 모으기로 한 것이다. 이런 형태로 2020년과 2021년에 두 교회를 새로운 형태의 분립 개척으로 세우기 위해 준비하고 있는 중이다.

분립 개척과 관련하여 가장 중요하게 여겨지는 과정은 훈련과 평가이다. 분립 개척을 염두에 두고 있는 사역자들은 CTC코리아에서 진행하는 인큐베이팅 과정(현재는 GCM-Gospel, City, Movement-세미나로 이름이 변경)을 통해 훈련을 받는다. 개척 1년 전에는 동역자들과 교회의 평신도 리더십들에게 평가서를 배부하여 '냉정하고 따뜻한 평가'를 하고, 그것을 사역자들과의 모임에서 대화적 방식으로 공유한다. 이는 개척 당사자에게는 쉽지 않은 시간이지만, 궁극적으로는 유익한 격려를 받을 수 있다.

더 나아가, 교회가 그리스도의 몸으로 존재하려 할 때 핵심적으로 중요한 것은, 몸은 반드시 머리로부터 들어야 한다는 엄연한 진실이다. 앞서 언급했거니와 그리스도의 몸으로서 교회는 들음과 대답의 공동체다. 따라서 끝없이 성삼위 하나님으로부터 듣고 대답하기 위해, 존 스토트의 표현을 빌린다면 '이중적 귀 기울임'에 천착해 있어야 한다. 자신이 누구인지를 잊지 않고 하나님께 귀를 기울이고, 이를 바탕으로 세계에 귀를 기울여야 한다. 죄인으로서 하나님을 향하고, 구원받은 죄인으로서 세계를 향한다. 그리스도의 몸으로 존재하는 교회는 세계에 귀를 기울임으로 하나님께 더 잘 질문할 수 있고, 하나님께 귀를 기울임으로 세계에 더 잘 대답할 수 있다. 즉, 세계에 귀를 기울여 하나님께 질문하고, 하나님께 들음으로 세계에 대답하는 공동체다. 다만, 혼자 듣지 않고 함께 듣는다. 우리를 그리스도의 몸으로 함께 있게 하셨으므로 함께 들어야 마땅하다.

이와 관해서는 〈목회와신학〉 2013년 12월호에 게재한 바 있는 비전 기도회와 관련된 원고를 참조하는 것이 좋겠다. 약 5년의 시간이 흘렀지만, 이 생각과 의지가 여전하기 때문이다.

목회 비전은 세우는 것이라기보다는 다가오는 것이다. 소위 '비전'을 오늘의 고통에서 피는 내일의 꽃이라 이해한다면, 필자의 경우에도 하나님의 그림과 나의 현실의 격차에서 만난 고통에서, 목회 그림이 다가왔다고 할 수 있다. 2006년 1월, 전통적 혹은 정통적 기준에 순하게 물들어간 칠순이 넘은 교회에서 힘에 겨운 담임목회를 시작하게 됐다. 그 힘겨움은 교회가 아니라 순전히 필자의 연약함으로 발생한 자연스런 현상이었다. 과거 대형교회들로부터 배우고 익힌 현대적 목회의 틀이 칠순 고개를 넘어가는 전통 교회의 틀과 격하게 부딪히면서 필자의 자만심을 깨뜨렸고, 꼿꼿했던 영적 기상은 맥없이 고개를 숙였다.

3년 6개월 만에 시작도 못해 본 채 필자의 목회는 막을 내릴 것만 같았다. 그런데 목회의 틀과 그 틀을 통제해 온 내밀한 탐욕을 들추어 내신 하나님의 말씀이 심장에 꽂혔다. "모든 사람이 너희를 칭찬하면 화가 있도다 그들의 조상들이 거짓 선지자들에게 이와 같이 하였느니라"(눅 6:26).

부딪힘과 좌절의 중심에 있는 내 목회의 좌장은 칭찬받으려는 욕구임을 깨달았다. 나는 좋은 목사가 되기보다 좋은 목사라는 '칭찬'을 원했었다. 사람들의 시선을 연료로 삼아 불타오르는 열망으로 나의 영혼을 새까맣게 태웠던 것이다. 그 순간, 주님께 고백했다. "사람들의 시선을 향하는 저의 모든 안테나를 꺾어 주옵소서. 주님의 목회에 참여하고 싶습니다."

그때 주님께서 내 눈에 들어오게 하신 책이 《세이비어교회 이야기》였다. 크나큰 자극과 도전이 묵직한 만큼 부끄러움과 감격이 불같이 교차했다. 40여 년간 150여 명 남짓한 성도들을 온전한 제자로 키우기 위해 몸부림하는 교회, 그리고 세상과 접촉하는 복음의 진정한 얼굴로 세상의 자발적 칭찬을 주님께 돌리는 그 교회가 나를 사로잡았다. 소위, 미셔널 처치(Missional Church)에 대한 비전이 내게 다가온 것이다. 나는 그 비전에서 샘물을 마시면서 기력을 회복했고, 교회 개척을 꿈꾸게 됐다. 무엇보다 함께 기도하고 함께 세우는 교회 개척이기를 원했다. 한 목사의 비전의 깃발 아래 성도들이 모이는 교회가 아니라, 주님의 비전에 참여하려는 각 지체들이 한 지역 교회에서 주님의 비전을 이루려 모이는 교회로 진행되려면 목회 비전을 세우는 일부터 '함께 기도하고 함께 세우는' 방식을 취해야만 했다.

2009년 7월 한 달은 4회에 걸쳐 개척 준비를 위한 비전 기도회(비전에 대해 함께 하나님께 귀 기울이기)를 가졌다. 비전 기도회는 이후 조금씩 세심하게 조정됐고 한 명의 권위자나 몇 명의 주장 강한 성도들이 아니라 자발적으로 참여하는 모든 성도들이 함께 교회의 목회 방향을 정하는 매우 중요한 목회 일정으로 자리 잡았다. 비전 기도회는 대략 다음과 같이 진행된다.

매년 9-10월 중, 자원하는 모든 성도들이 한 공간에 모인다. 모인 성도들을 세 사람씩 소그룹으로 나누어 30분의 시간을 준다. 명년에, 우리 교회가 집중해야 할 주님의 마음이 무엇일지를 주제로 각자 5분 동안 기도한다. 기도 후에는 5분 동안 서로의 말에 경청한다. 이것을 세 번 반복하는 과정에서 가능하면, 세 사람의 마음이 하나의 뜻에 모이도록 힘쓴다. 그리고 모든 그룹마다 자신들이 정한 방향들을 스티커 용지에 적어, 한 개에서 많게는 서너 개씩 제출한다. 제출된 용지들을 벽에 붙여 범주별로 모아 각 범주별 제목을 붙이고, 분류가 잘 됐는지를 모든 참석자들의 동의를 거쳐 통과시킨다. 분류가 되는 동안 성도들은 다과를 나누면서 서로 자유롭고 충분한 대화의 교제 시간을 갖는다. 다시 모인 성도들은 합심 기도 후, 모든 참석자들에게 배부되는 작은 스티커 세 개씩을 손에 쥔 채, 기도 중 마음에 일어난 주제, 하나님의 이끄심이 분명하다고 생각되는 주제에 붙인다(기도하는 동안, 내가 속하지 않은 그룹에서 제출된 의견들 중 부각되는 것이 있는지를 주님께 면밀하게 질문하도록 권한다). 가장 많은 스티커가 붙은 주제를 주님의 뜻으로 받기로 이미 결정했으므로 스티커가 집중된 주제를 명년에 집중해야 할 사역으로 정한다. 그 후에는 세 명씩 구성된 그룹들을 묶어 12-15명의 중그룹으로 확장한다. 그리고 합심 기도 후, 약 1시간에 걸쳐 이 주제를 어떻게 구체적으로 실천할 것인지에 대해 진지한 의견을 나눈다. 각 중그룹들에서 논의한 결과들이 전 참석자 앞에 발표되면 교역자들은 이를 목회적 관점으로 정리하고 주일예배를 통해 온 성도들 앞에 보고한다.

이후, 보고된 주제와 시행 방안들은 사안에 따라 각 사역팀별로 분류되고, 각 사역팀은 명년도 사역 및 예산에 반영시킨다. 이를 통해 개척 이래 매년 정해진 집중 사역들은 '회복과 연합, 소통 Up In Out, 본질로의 회복, 하나 되게 하소서, 우리를 통해 세상이 주님을 봅니다, 청소년! 믿음 다하여 세워가리라' 등이었다. 중요한 것은 성도들이 함께 귀 기울여 들은 하나님의 뜻을 따라 사역의 방향을 정하고, 성도들이 서로를 존중하며 토론한 방식들이 목회적으로 표현되고, 그것에 재정이 사용된다는 것이다. 이를 통해 교회는 온 성도들이 함께 듣고 함께 대답하는 교회로 조금씩 성숙해 간다.

〈목회와신학〉, 2013년 12월호

교회가 그리스도의 몸이라면 교회의 모든 이야기는 결국 하나님의 이야기이고, 하나님의 이야기여야만 한다. 대개 교회에 관한 이야기가 특별히 탁월하거나 저급한 목회자의 이야기와 동일시될 때가 있다. 교회에 변화를 가져 온 특정 프로그램과 성취에 제한되는 경우가 다반사고, 교회의 이야기가 하나님의 이야기라는 사실을 언급하는 순간에도 겸손을 위한 수식어 정도로 사용하는 경우가 많다. 하지만 교회의 모든 이야기는 실로 하나님의 이야기여야 한다.

들음과 대답은 바로 하나님의 이야기를 위한 가장 간결하고 완전한 여정이다. 들음과 대답 속에서만 우리는 자신의 이야기와 공로와 업적을 쌓아가지 않을 수 있다. 들음과 대답 속에서만 우리는 자칫 웃사의 망령에 빠져 마치 내가 하나님을 지켜 드리지 않으면 하나님도 스스로를 지키지 못하실지도 모른다는 과도한 열정으로 행동하는 모순에 빠지지 않게 된다.

'만물 안에서'-그들 안에서 그들과 함께

그리스도는 만물 안에 거하시기 위해 몸으로 오셨다. 따라서 그리스도의 몸으로서 교회는 만물 안에 있어야 하고 만물 안에 있는 것을 자기 존재의 자리로 인식하게 된다. 곧 '세계 안에 있는 그리스의 몸'이 되는 것이다. 세계 안에 있는 그리스도의 몸의 존재 방식은 하비 콕스가 말하려 했던 것처럼, 그들의 질서나 가치와 혼합되는 세속주의에서 분리된 몸, 동시에 그들과 다른 몸으로서 그들과 함께 있기 위한 세속성을 담보한 그리스도의 몸이다. 그들과 함께 있음(세속성)과 그들과 분리됨(탈세속주의)으로 그들의 변화를 열망하는 그리스도의 몸이다.

그런데 만물 안 곧 세계 안에 있는 그리스도의 몸의 가장 일차적인 자리는 바로, 그 몸을 거기에 있게 하신 바로 그 자리, 곧 지역이다. 따라서 교회의 일차적인 물리적 속성은 '지역성'이다.

물론, 지역성이라고 하는 것이 단지 물리적인 의미에 국한되는 것은 아니다. 지역성은 거기에 있게 하신 하나님의 섭리에 대한 확신과 그 뜻을 넘어 자기만의 나라를 구축하려는 욕망을 포기하고 겸비한 충성, 그리고 하나님이 그곳에서 얼마든지, 충분히 그분의 일을 이루실 수 있다고 하는 하나님에 대한 깊은 신뢰 등의 속성을 포함한다.

세계 안의 교회라 할 때, 우리는 자칫 한 지역에 속한 교회가 지역을 넘어 세계를 위한 교회가 되려는 열망에 삼켜지지 않도록 주의해야 한다. 그것은 우상이 될 가능성이 높기 때문이다. 개척교회의 사명을 위해 기도하는 동안 하나님께서는 내면에 감동을 주셨다. '한국교회를 생각하지 말라. 조국교회 운운하지 말라. 다만, 너와 더불어 시작하는 교회가 심긴 그곳을 위해 기도하고 그곳에서 그들과 함께 있으라'.

하나님은 교회로 하여금 교회가 속한 지역에서 지역민들과 더불어 진실한 사귐의 공동체가 되게 하신다. 사귐은 안으로의 사귐뿐 아니라 밖으로의 사귐도 포함한다. 교회는 지역의 결핍과 필요에 영적으로뿐 아니라 실제적으로 대답할 수 있는 사귐과 책임의 공동체가 되어야 한다.

교회는 우선, '조국'의 모든 영혼을 향하려는 '욕망'을 내려놓고 마을 혹은 그 동네 혹은 그 작은 도시를 향하는 몸이어야 한다. 또 지역민들이 교회와 소통할 수 있어야 하고, 교회와 지역이 서로에게 기꺼이 즐거움으로 상호 접촉하고, 상호 참여할 수 있는 '마당'인, 그리스도의 몸을 향해야 한다.

'만물 안에' 거하기 위해서는 무엇보다 '만물'을 이해해야 한다. 만물에 대한 이해는 만물의 언어에 대한 '경청'에서부터 시작된다. 우리는(최초 개척 멤버로 모인 이들은 우리 부부를 포함하여 세 가정이었다) 개척에 앞서, 교회가 위치한 경기도 화성시 향남읍에 관해 조사하고 지역민들의 이야기를 듣는 시간을 가졌다. 지역의 역사와 종교적 지표들을 중심으로 그들이 그 작은 신도시에 이사 오게 된 이유와 배경 등을 알아보는 조사를 실시했다. 그 일은 이미 지역을 잘 파악하고 있던 친구 목사의 지원과 도움으로 한결 쉬웠다.

지역에 있는 공공기관들, 무엇보다 학교와 교회들에 관해 듣고자 했다. 지역 교회들의 현실적, 영적 형편에 관해서는 친구 목사의 자세한 설명이 큰 도움이 되었다. 그리고 화성에 대한 각종 사회경제적 지표들을 들여다보았고, 특별히 교회가 위치한 향남읍 제1택지지구, 1만 세대 작은 신도시 주민들의 구성이 어떻게 되는지 알아보았다. 80퍼센트에 가까운 인구 비율을 차지하고 있는 30대 중산층 안에는 어떤 영적 필요가 있는지, 그들이 참으로 기대하는 것은 무엇인지를 알고 싶었다. 그리고 남자로서는 가입이 어려운, 향남읍 주부들을 중심으로 만들어진 가상 공동체에서 어떤 생각들이 논의되고 있는지를 듣고자 했다.

물론, 지역에 관한 이런 정보와 이해와 해석들을 목회에 정밀하게 적용한다는 것은 결코 간단한 문제가 아니다. 분석된 통계와 숫자 보다는 그것에 대한 해석과 태도가 월등히 중요하기 때문이다. 그에 따라, 체계적인 전략을 수립하기 위한 정보와 지식 보다는 지역을 이해하고 지역민들에게 공감하고 그들과 함께 있기 위해, '그들의 이야기'를 가슴에 담는다는 것이 훨씬 더 중요하다는 사실을 깨닫게 되었다. 정보와 지식에 근거하여, 그들을 단지 사역의 대상으로 파악하는 일은 항상 긴장과 두려움, 혹은 조정하려는 야심을 불러일으킬 뿐이다. 오히려 다가오는 지식들에 의해서, 내가 그들의 이야기 속으로 들어가 그들 중 하나가 되고, 그들과 함께 있음을 기뻐하게 되는 태도가 훨씬 중요하다. 향남으로 이사한 바로 그날, 테니스 동호회에 가입하면서 그들과 나눈 어색하지만 다정한 대화와 반가운 웃음이 여전히 가슴에서 꿈틀댄다. 그들을 향할 때, 그들에 대한 정보 보다 그들을 향한 가슴이 훨씬 더 중요하다는 것을 반복적으로 경험했다.

그 후에는 지역 교회들과 함께 지역에 대하여 듣고 대답하는 일을 하고자 했다. 특별히 20여 개의 교회가 모여 '향남비전클럽'이라는 이름 아래, 성도들의 수평 이동을 절제시키고, 서로의 필요를 채우고, 지역민들과의 정서적 접촉점을 만들기 위해 수차례의 문화 공연을 공동으로 진행하는 일들을 시도했다.

하지만 우리에게는 지역 안에 머물며 지역으로부터 듣는 것은 고사하고, 서로를 통해 들을 수 있는 겸손한 경청의 힘도 없었다. '연합과 대화'라는 거룩한 주제를 매끄럽게 다룰 만한 성숙함이 없었던 것이다. 새롭게 형성되고 있는 작은 도시에서 영적 우위를 선점하려는 마음을 노골적으로 표현하는 이는 아무도 없었다. 그러나 작은 손해에 발끈하고, 자기 교회에 얼굴을 비추었던 성도가 타 교회에 가 있다는 이야기를 듣는 것을 견디기 어려워하는 이들이 생기기 시작했다.

특별히 이때, 부정적인 면에서 가장 큰 영향을 끼친 교회가 바로 예수향남교회였다. 성도들이 과하게 몰려오는 현상으로 인해 '움켜쥐는' 공동체라는 이미지가 형성되었고 교회 연합은 무너졌다. 다만, 5-6년 이상의 잠수기를 거쳐, 최근 《팀 켈러의 센터처치》 덕분에 13개 교회들이 학습 공동체를 이루면서 좀 더 조심스럽고 성숙한 표현을 위해 워밍업을 하는 중이다. 지역에서 지역과 함께, 그리고 서로 함께 있는 지역 교회로서의 기쁨과 설렘을 누리고 싶다.

지역 공동체로부터 듣는 일 중에서 가장 중요한 것은 '질문'에 관한 것이다. 지역이 지역 자신에게, 자신을 둘러싸고 있는 현실에게, 시대에게, 혹은 교회에게, 어떤 질문을 하고 있느냐를 듣는 것이다. 교회는 그들의 질문을 알고, 머리이신 예수 그리스도를 통하여 그들에게 대답하는 공동체로 존재해야 한다.

그들이 쏟아내는 질문들 중 적지 않은 것들은 전문적인 지식과 사회·정치적인 조치와 경제적인 뒷받침을 통해서만 대답할 수 있는 것일 수 있다. 하지만 교회는 그 모든 질문들의 밑바닥에 그들이 갈망하고 있는 가장 본질적인 질문이 무엇인지를 들을 수 있도록 귀를 열고 눈을 세밀하게 다듬어야 한다. 거기에서부터 복음적인 통찰이 그들을 위한 실천적인 대답으로 나타나게 해야 한다. 그런 의미에서 교회는 지역 안에서 그들의 질문과 더불어 '함께 땀 흘리는 선지자'가 된다. 그곳이 바로 '복음만이 모든 것을 변화시킨다'라는 도발적인 진술이 실제 현실로 전환되는 지점이다.

세계의 모든 질문의 심연에는 복음만이 답할 수 있는 갈망이 있다. 교회는 세계에 귀 기울이고, 복음을 통해 그들에게 대답하되, 그들의 언어와 그들의 땀 안에서 함께 수고함으로 대답하는 그리스도의 몸이어야 한다. 그리고 이 '대답'의 여정이 바로 '만물을 충만케 하시는 이의 충만함'으로 존재하는 여정이다.

'만물을 충만케 하시는 이의 충만함이니라'-그것이 그것 되게 하라

교회의 '그리스도의 몸 됨'과 '만물 안에 있음'은 '만물을 충만케 하시는 이의 충만'에 참여하는 과정을 통해 형성되고 확인된다. 그것은 만물 안에 존재함으로, 그리고 '만물 안', 곧 교회를 거기에 있게 하신 그곳에서, 그들의 질문에 대하여 대답하는 것을 통해 이루어진다. 하나님은 만물 안에서 만물을 충만케 하시는 일을 하신다. 무엇보다 하나님은 만물을 만물 밖으로 끌어내려 하지 않으신다. 그러므로 그리스도의 몸은 세계를 향해 '오라'고 요청하지 않고 '가라'는 명령을 듣는다. 그들에게로 가서, 만물이 만물 자신 안에서, 하나님의 본래의 뜻, 만물을 향한 그분의 충만하신 뜻을 회복하도록 섬기게 하기 위함이다.

모든 만물은 창조 안에 심겨진 하나님의 질서, 곧 사랑과 신뢰의 질서를 깨뜨린 우리를 통해 역사 이래 줄곧 함께 탄식하며 고통을 겪고 있다 (롬8:22). 사랑과 신뢰의 질서가 깨어지고, 그 자리에 의심과 두려움이 대체되어 그것의 지배를 받고 있으므로, 만물은 서로 경계하고 대립하고 경쟁하면서, 자기를 위해 타자를 파탄시키는 방식으로 자기를 파탄시킨다. 자아도, 가정도, 존재하는 모든 종류의 공동체 혹은 집단도, 그들 상호 간의 관계도, 어떤 개인적 집단적 성취도 그 의심과 두려움을 통해 몸살을 앓으며 자신을 소진해 간다.

따라서 교회는 만물을 만물 밖으로 이끌어 새로운 세상으로 진입시키려는 통제적 초월 집단이 아니다. 만물이 본래 자신의 얼굴을 찾아가도록, 만물 안에 거하면서 창조주의 얼굴과 구속자의 얼굴을 그들에게 드러내는, 섬기는 종, 자기를 깨뜨리는 종이 되어야 한다. 그 신분으로, 그 태도로, 그 방식으로 교회는 만물 안에서 만물을 충만케 하시는 하나님의 사역에 참여한다. 하나님은 이미 만물 안에서 만물을 충만케 하신다. 따라서 교회는 이미 그곳에서 만물을 충만케 하시는 일을 하고 계신 하나님이 어디서 무엇을 행하고 계신지 묻고, 하나님의 이끄심을 따라 그 사역을 향한 하나님의 초대에 기꺼이 참여해야 한다. 이를 위해 자신과 자신의 욕망이 아니라 하나님께 귀 기울여야 하고 귀 기울임에 답하시는 하나님의 음성에 대답해야 한다.

하나님이 만물을 충만케 하신다는 것을 어떤 의미로 이해해야 하겠는가? 일차적으로 하나님이 각각의 만물에게 주신 존재 의미와 목적이, 다시 말하면 남자에게, 여자에게, 가정에게, 자녀에게, 서로의 관계에게, 학교에게, 문화적 표현들에게, 사회구조적 질서에게 주신 모든 존재 의미와 목적이 하나님이 처음부터 심어 놓으시고 목적하신 뜻에 합당하도록 회복되고 충만해지도록 일하시는 것을 의미할 것이다.

하지만 이 회복의 일이 세계를 향하기 위해서는 교회가 먼저 자신을 향할 수 있어야 한다. 따라서 교회가 진실로 하나님의 뜻을 따른다면 그 형태와 표현의 차이는 있겠으나 모든 교회는 무엇보다 '복음으로 새로워진', 회복 공동체가 되어야 한다. 복음으로 변화된 후 율법으로 살고자 하는 모든 종교적 동기와 태도들을 면밀히 통찰하고 극복해야 한다.

복음적 가치를 추구하고 복음적 설교를 회복하고, 복음적 사역을 진행하고, 사역과 사역의 관계망이 복음적으로 펼쳐지도록 숙고하고, 서로를 대하는 성도들의 눈빛과 태도가 복음적이 되도록 격려하고, 어떤 일에 관한 동기와 선택과 결정이 복음적인 방식으로 진행되도록 성실한 고민을 해야 한다. 이를 통하여 복음 안에서 형성되는 내적인 힘은 자연스럽게 세계로 향하게 된다. 교회를 있게 하신 바로 그곳, 지역을 향하게 된다. 그것이 그리스도의 몸의 본질이기 때문이다.

각 사람의 자아, 가정, 교육, 복지와 문화, 그리고 사회적 이슈들에 이르기까지 삶의 전 영역에서 하나님의 질서, 곧 십자가에서 확연히 드러난 사랑과 신뢰의 질서가 어떻게 근본적인 차원에서 그것들을 '본래의 충만한 질서'로 회복시킬 수 있는가에 대하여, 대화하고 숙고하고 또 숙고하고 대화함으로 실천해야 한다. 예수 그리스도의 십자가와 부활이 가장 완전한 형태로 임하였으므로, 교회는 십자가와 부활의 능력을 가지고 그들의 문화에 들어가 그들의 언어로 접촉해야 한다. 이것이 대답이 될 것이다. 모든 것은 치밀한 계획과 용의주도한 실천 보다는 하나님으로부터 듣고 하나님이 이끄시는 기회에 참여하는 방식으로 진행되어야 한다.

이를 위해 그리스도의 몸으로 여기에 있는 우리는 그들뿐 아니라 우리 안에도 엄연히 내재하여 작동하는 우상들이 있음을 인정해야 한다. 그것들을 면밀히 들추어내고, 우상이 우리가 추구하는 모든 것의 답이 될 수 없음을 확증해야 한다. 우상이 가로챈 자리에, 본래 그 자리에 계셔야 했던 진정한 통치자, 우리 왕 예수 그리스도를 초대함으로써 왜 그분이 우리 삶과 역사의 유일한 답인가를 증거해야 한다. 이와 더불어 우리, 곧 기독교인의 삶이 복음으로 형성되는 일을 위해, 끝없이 새로운 얼굴과 방식으로 복음을 드러낼 수 있도록 준비해야하고, 그 복음에 성도들의 영혼과 삶이 변함없이 노출될 수 있게 해야 한다.

지역 안에서, 하나님의 충만케 하시는 사역에 참여하는 그리스도의 몸으로 존재한다는 신원 의식, 곧 우리가 누구이며 왜 여기에 있는가를 말해 주는 신분에 대한 인식은 우리 안에서 작은 몸짓을 하도록 이끌었다. 상담실을 통해서 사람들의 내면을 복음 앞에 세우고, 마더와이즈나 부부학교 등 다양한 가정 사역들을 통해서 기독교인과 비기독교인 가정들을 복음 앞에 세우는 일을 반복하고 있다. 놀라운 것은 예수님을 모르는 자들도 그들의 가정이 예수님의 이야기로 새롭게 되는 신비를 경험한다는 사실이다. 또 그리스도 안에 있는 자녀들을 중심으로 그리스도 밖에 있는 자녀들까지 포괄하는 대안 학교를 열어, 버겁고 복된 여정을 밟고 있다.

2012년 9월 36명의 학생(유치원, 초등 1-5학년)으로 시작한 학교는 2019년 3월 현재 150여 명이 유치원부터 고등학교 3학년까지 포진해 있다. 매일 복음 앞에서 서게 되는 아이들은 대다수가 밝고 명랑하고 구김살이 없다. '세상을 두려워하지 않고 세상으로 뛰어들어 세상과 함께 서서 세상과 충돌하는 예수의 사람'을 키우는 일이 우리가 꿈꾸는 지점이다. 하나님의 질서 안에서 자녀를 키우고 싶어 하는 그리스도 밖에 있는 부모들도 자녀들을 이 학교에 보낸다. 특별히 중심 상가에 청소년들을 위한 카페를 두어 저렴한 가격으로 운영하는 한 편, 그곳에서 정기적인 모임을 가진다. 무료로 컵라면이나 치킨을 제공하는 컵라면 데이(매주 금요일)에는 100여 명의 청소년들이 찾아온다. 모이는 학생들의 70퍼센트가 교회 밖에 있는 아이들이다. 이들과 함께 공정 여행 혹은 평화 여행을 기획하여 시행하기도 하고, 이들을 대상으로 마태파티(복음 잔치)를 벌이기도 한다. 그리고 지역의 요양원과 연계하여 이미용 및 목욕 봉사를 하고, 독거노인들을 위해 푸드뱅크를 운영하고, 주거 환경이 열악한 이웃들을 위해서는 집수리 사역을 진행한다. 화성시와 연계한 화성호스피스로 섬기기도 한다.

움켜쥐는 세상에서 움켜쥐는 교회는 누추하다. 움켜쥐는 세상은 오직 자신을 깨뜨리고 손 내미는 십자가를 통해서만 진실한 변화의 빛을 발견하게 될 것이다. 내어 줌이 단지 도의적 가치일 뿐이면 그것은 곧 다시 생명을 잃고 자신의 명분에 함몰되어진다. 생명이 일어나 강수처럼 흐르는 운동이 되려면, 그것은 오직 하나님의 사건으로 시작되고 하나님의 주도하심으로 진행되고 하나님의 이야기로 남아야만 한다. 오직 복음의 권세가 이끌도록 내어 주어야만 한다. 이를 위해서 필요한 것은 들음이다. 자신의 전제와 욕망으로부터 듣지 않고 주님의 음성에 귀 기울여야 한다. 전제와 욕망은 듣지 못하게 하는 시끄러움이다. 따라서 날마다 전제와 욕망을 내려놓고 함께 귀를 기울여야 한다. 그렇게 되면 일과 프로그램이 아닌 하나님과의 사랑으로 인해 무엇이든 하게 된다. 그 일은 더 이상 내가 한 일이 아니라, 하나님의 일, 하나님의 이야기가 된다. 우리를 그곳에 있게 하신 하나님이 우리가 듣고자 할 때, 그곳에 있을 이유에 관하여, 해야 할 것에 관하여 말씀해 주실 것이다. 우리의 순전한 대답이 반복되는 동안, 그곳 사람들은 그곳에 그리스도의 몸이 있다는 것을 알게 될 것이다.

07

팀 켈러와 함께하는 질의응답

- 도시 목회자로부터 듣는 목회적 통찰

팀 켈러
TIMOTHY KELLER

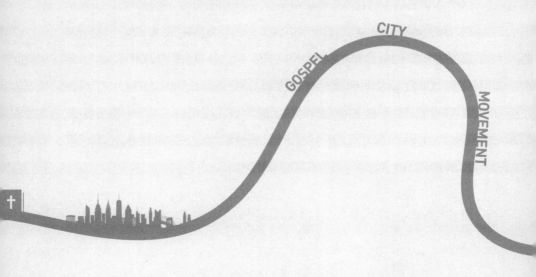

최근 '미투 운동'은 교회에 어떤 의미를 가지는가?

먼저 이런 운동이 일어나는 현상에 대해 매우 바람직하다고 생각한다. 초기 로마 제국의 성(性) 윤리에 따르면, 아내는 남편에 대한 정절을 지켜야 했다. 하지만 남편은 자신이 원하는 누구와도 성관계를 가질 수 있었다고 한다. 그렇기에 남자는 자신의 노예나 하인, 또는 창녀와도 성관계를 가질 수 있었다. 따라서 어떤 남자가 홀로 있는 여자에게 성관계를 요구했는데 그녀가 거절하면, 그가 강압적으로 그녀와 성관계를 가질 수도 있는 매우 모욕적인 상황이 일어나고는 했다. 이러한 상황에서 기독교가 역사에 등장했으며, 초대교회는 당시의 이중적인 잣대를 제거하며 급진적인 가르침을 전했다. 그 가르침은 남자와 여자가 오직 결혼이라는 언약 관계 안에서만 성관계를 할 수 있으며, 서로에 대한 정절을 지켜야 한다는 내용이었다. 이 가르침이 남자와 여자를 평등하게 인식하도록 만들었다.

초대교회는 여러 방법들로 여자들을 후원했다. 당시 로마 사회에는 일반적으로 젊은 여자의 남편이 죽었을 경우 그녀가 즉시 다른 누군가와 결혼을 해야 한다고 여기는 인식이 있었다. 그녀가 상대편 남자를 사랑하는지는 중요한 문제가 아니었다. 단지 누군가와 결혼을 해야만 했다. 이런 상황에서 초대교회가 과부들을 돕는 방식은 근본적으로 새로웠다. 예를 들어 교회는 과부들에게 자신이 원할 때 결혼할 수 있다고 가르치며 실제로 그들의 생활을 도왔다. 그렇기 때문에 과부들은 이제 자신이 원하지 않는다면 결혼을 하지 않아도 되고 자신을 후원해 줄 남자도 필요하지 않게 되었다. 이와 같이 교회는 언제나 여자들의 권리를 강력하게 보호하며 남자들에 의해 착취당하지 않도록 지켜 주었다.

이러한 기독교의 성 윤리는 마침내 로마 제국의 문화에 영향을 미치게 되었다. 초창기 크리스천 로마 황제 가운데 한 명이었던 테오도시우스(Theodosius)는 어떤 여자에게도 그녀의 동의 없이는 남자가 성관계를 강요할 수 없다는 법령을 공포했다. 이는 세계 역사에서 전례를 찾아볼 수 없던 법령이었다. 이처럼 여자가 남자에 의해 착취되어서는 안 된다는 사상은 본래 기독교 사상에 기원을 두고 있다.

그런데 안타깝게도 오늘날의 현실은 교회가 여러 가지 방식으로 문화의 악한 부분에까지 참여하고 있으며, 거기에는 남자가 여자를 지배하는 관습도 포함된다는 것이다. 게다가 더 넓은 세상 문화에서 우리가 읽고 접하게 되는 성적 학대가 똑같이 교회 안에서와 기독교인들 사이에서도 발생되고 있다. 따라서 이런 일이 일어날 때 교회는 그 문제를 다루되, 무엇보다도 회개하고 회복하는 과정이 있도록 노력해야 한다. 만일 어떤 교인이나 교회가 여자를 착취하게 되면, 결국 그들 자신의 기독교 윤리나 가치관에 진실하지 않게 행동했기 때문에 그 모습은 추악할 수밖에 없다는 사실을 기억해야 한다. 이런 점에서 나는 기독교 사역자로서 '미투 운동'을 하나의 바람직한 현상으로 보고 있다.

포스트모던 세대의 많은 젊은이들이 지역 교회에 헌신하기를 주저하고 있다. 어떻게 하면 그들을 대상으로 효과적으로 사역할 수 있는가?

가장 중요하게 생각해야 할 과제는 포스트모던 세대의 젊은이들이 포스트모더니즘의 영향은 덜 받고 복음의 영향은 더 받을 수 있도록 도와주는 것이다. 그들이 헌신을 두려워하는 이유는 포스트모던 세계관이 강력하게 그들의 삶에 자리하고 있기 때문이다. 이를테면 정체성, 자유, 도덕성, 행복에 대한 포스트모던 관점이 영향력을 행사하고 있다.

만일 우리가 계획적으로 설교와 가르침을 통해 포스트모던 문화가 제공하는 관점을 인정하고, 비판하며, 새로운 방향을 제시하는 일을 한다면, 젊은이들이 받아들이는 포스트모더니즘은 시간이 지나며 점차 약화될 것이다. 물론 이밖에도 우리가 할 수 있는 일들이 있다.

무엇보다도 인내하는 일이 사역에 매우 효과적인 영향을 미친다. 간혹 어떤 교회에서는 등록 교인이 아니면 어떤 봉사도 하지 못하게 한다. 비등록 교인은 심지어 교회에 들어오는 사람들에게 주보를 나누어 주는 일도 못한다. 이는 매우 높은 헌신도를 추구하는 교회인데, 일을 하기 원하는 교인들에게 전적인 헌신을 요구하는 교회라고 할 수 있다. 나는 여러 가지 측면에서 이런 교회의 모습에 칭찬할 만한 점이 있다고 생각한다. 하지만 포스트모던 세대의 젊은이들은 매우 느리게 사역에 참여하기 때문에, 높은 헌신도를 추구하는 교회에는 오랫동안 머무르기 어렵다. 포스트모던 세계관의 영향으로 그들은 헌신 자체를 두려워하기 때문이다. 따라서 너무 일찍 그들에게 헌신을 강요하는 교회는 결국 그들을 몰아내게 된다.

이런 상황에서 목회자가 해야 할 일은 그들이 등록 교인이 아니고 영적 상태가 어떤지 분명하지 않더라도 교회 안에서 무엇인가를 할 수 있는 자리를 만들어 주는 것이다. 즉 견고한 신앙을 그리 필요로 하지 않는 일들이 교회 안에 있는지 찾아봐야 한다. 그래서 그들의 세계관을 설교와 가르침을 통해 약화시키면서도 그들을 위한 자리를 교회 안에 만들며 인내의 모습을 보여야 한다. 그럴 때 그중에 많은 이들은 더욱 성숙한 신앙을 지닌 등록 교인이 될 수 있다.

물론 교회를 개척하는 목회자 자신이 포스트모던 세대에 요구하는 헌신을 직접 보여 주는 모델이 될 수도 있다. 우선 목양 관계 안에서 그렇게 할 수 있다. 사람들과 함께 일하는 과정은 매우 어려울 수 있다. 이를테면 사람들이 당신을 만나겠다고 해 놓고도 나타나지 않는 경우가 흔하다. 이때 그들에게 인내하는 모습을 보여 주면, 이는 당신이 그들에 대한 사역을 포기하지 않으면서 어떠한 조급함이나 동요함 없이 그들 스스로가 이야기를 나눌 준비가 되었을 때를 선택하도록 배려하는 모습으로 비추어질 것이다. 이는 자연스레 성숙한 헌신을 나타내는 모델로 여겨지게 된다. 그러므로 끝까지 인내하며 목양하고, 계속해서 그들을 찾아가서 혹 대화하기 어려운 상황을 만나더라도 이야기를 나누기 위해 노력해야 한다.

또한 열심히 일하고 사역을 위해 희생함으로써 헌신이 무엇인지를 보여 주는 모델이 될 수 있다. 젊은이들은 매우 민감하다. 그들 중 어떤 이들은 우리가 돈을 벌기 위해 사역의 길에 들어섰다고 생각한다. 만일 우리가 사역하는 교회에서 어떤 젊은이들이 실제로 그렇게 생각한다면,

그들은 우리가 헌신적으로 일하며 탐욕을 추구하지 않는다는 사실을 알 필요가 있다.

나의 개인적인 경험에서 말하자면, 교회 개척은 돈을 많이 벌 수 있는 길이 아니다. 따라서 포스트모던 세대의 젊은이들이 그처럼 어려운 여건에서도 우리가 열심히 일하며 개인적인 이익을 추구하지 않는 모습을 보게 된다면, 우리에 대한 신뢰감은 높아질 수밖에 없다. 그러니 욕심을 부리지 말고 열심히 일하는 자가 되어야 한다. 우리가 이런 과정들을 통해 헌신을 직접 보여 주는 모델이 된다면, 그 모습을 통해 젊은이들은 더 큰 헌신을 감당하게 될 것이다.

오늘날 교회는 자녀들에게 어떻게 다가가야 한다고 생각하는가?

가족의 역할이 강하던 시대에는 부모들이 그 자녀들을 대상으로 사역했다. 교회는 굳이 그들을 상대로 직접적인 사역을 하지 않아도 되었다. 단지 부모들에게 기독교인의 삶과 성경의 교리를 지도하면, 당연히 부모들이 그 내용을 자녀들에게 가르친다고 생각할 수 있었다. 그러나 오늘날은 그렇지 않다. 교회가 자녀들에게 직접적인 사역을 제공해야 한다.

이를 위해서 교회는 인근 주택 지역이나 아파트 단지 안으로 들어갈 수 있는 방법을 알아봐야 한다. 미국에서는 'Young Life and Child Evangelism'과 같은 교회 협력 단체들에 의해 이런 접근과 계획이 이루어져 왔다. 한국에서도 이런 종류의 사역이 필요할 수 있다.

또 미국에 있는 유대인 공동체는 히브리어 학교 운동(Hebrew School

Movement)이라고 불리는 사역을 개발한 적이 있다. 이를테면 자녀들이 주중에는 도시에 있는 일반적인 공립 학교에 출석하지만, 토요일이나 일요일에는 몇 시간 동안 히브리어를 배우고 성경을 공부하며 그들이 누구인지를 상기하는 시간을 갖게 만드는 사역이라고 할 수 있다. 이는 상당한 효과를 거두었다. 현재 미국에 있는 많은 사람들은 교회가 그러한 사역들을 시도해서 점점 더 세속화되는 문화 속에서 자녀들이 소셜 미디어나 다른 영향을 통해 주입되는 포스트모던 세계관에 갇히지 않도록 해야한다고 생각한다. 이런 차원에서 자녀들을 위해 일주일에 몇 시간은 그와 같은 세계관을 해체하는 일에 사용해야 할지도 모른다.

포스트모더니즘을 비판하기 위한 철학 공부는 어떻게 할 수 있는가?

다행히도 지난 30여 년 동안 철학자들이 저술한 많은 책들이 매우 훌륭하게도 포스트모더니즘을 비판적으로 평가해 왔다. 그중 두 가지를 언급하자면, 아일랜드인이자 가톨릭 신자인 알래스데어 매킨타이어(Alasdair MacIntyre)가 저술한 *After Virtue*(덕의 상실)와 *Whose Justice? Which Rationality?*(누구의 정의와 어떤 합리성인가?)를 추천할 수 있다. 또 다른 두 가지 서적으로는 프랑스계 캐나다인으로서 역시 가톨릭 신자인 찰스 테일러(Charles Taylor)가 저술한 *A Secular Age*(세속 시대)와 *Sources of the Self*(자아의 원천들)를 들 수 있겠다. 아마도 이 책들에는 개신교 독자들이 수용하기 어려운 내용도 있겠지만, 거기서 제공되는 포스트모더니즘에 대한 설명과 비판은 굉장히 탁월하고, 그 접근은 기본적으로 기독교적 비평 방식을 취하고 있다.

전통적인 신학교의 교육 과정은 부피가 크고 내용이 어려운 신학 서적들을 통해 학생들을 가르치도록 구성되어 있다. 그런데 문화를 이해할 수 있도록 도와주는 철학 공부를 정규적인 교육 과정의 일부로 포함시키려는 움직임이 신학교들 사이에서도 점차 일어나고 있다. 물론 아직은 대부분의 신학교에서 그러한 과목을 가르치지 않고, 혹 가르친다고 하더라도 필수가 아닌 선택 과목의 수준에서 다루는 형편이다. 이런 상황에서 우리는 몇몇 철학 과목들을 신학교 교육에 소개하려는 노력을 뉴욕에서 하고 있는데, 아직도 새로운 시작에 불과하다. 지금까지 단지 몇 차례 정도 그런 시도를 해 왔으며, 이는 매우 기초적이고 초보적인 단계에 머물러 있다.

여기서 말하고자 하는 요점은 신학생들이 포스트모더니즘이란 무엇이며, 또 어떻게 그런 시대 정신을 인정하고, 비판하며, 그에 대해 새로운 방향을 제시하는 사역을 수행할 수 있을지를 신학교에서부터 배워야 한다는 것이다.

오늘날 신학교와 교회의 관계에서 개선되어야 할 문제점은 무엇인가?

무엇보다도 신학교 교육이 지역 교회와 연결되어야 한다고 생각한다. 아마도 한국교회 역시 신학교 교육에 관한 한 미국교회의 예를 따라 왔을 것이다. 그렇기 때문에 내가 생각하는 문제가 한국에도 존재할 것이다. 흔히 사람들은 신학교가 사역을 위해 학생들을 철저하게 준비시킨다고 생각한다. 그러면서 헬라어, 히브리어, 조직신학, 교회사, 경건 훈련 등을 신학교가 가르쳐야 한다고 기대한다. 성품을 형성시키는 경건 훈련을 예로 들자면, 이런 훈련이 제대로 이루어지기 위해서는 실제로 사역이 이루어지는 현장인 지역 교회와의 친밀한 관계가 우선 전제되어야 한다. 그래서 기도하고 성경을 읽도록 사람들을 가르치는 일과 그들의 삶 가운데 있는 죄를 고백하도록 돕는 일을 배워야 한다.

17세기 청교도였던 존 오웬(John Owen)은 *Mortification of Sin*(죄 죽임)이라는 책을 저술했다. 이는 회개에 관한 작품이 아니다. 회개란 우리가 죄를 짓고 나서 하는 행동이다. 존 오웬이 '죄 죽임'이라고 묘사한 일은 그와 다른 과정을 의미한다. 곧 우리가 죄를 짓기 전부터 특정한 죄로 기울어지는 마음의 작용을 발견하고 그와 같은 경향성을 약화시키는 과정을 묘사하고 있다. 이런 설명을 통해 그는 마음의 '자세와 경우'(attitudes and instances)라고 일컬을 수 있는 문제가 우리로 하여금 다른 죄들보다 특정한 종류의 죄로 기울어지게 한다는 사실을 지적한다. 그러면서 그 죄가 무엇인지를 알아가는 일과 복음을 사용해서 그 죄를 약화시키는 과정에 대해 묘사한다.

나는 존 오웬이 이야기하는 주제를 선택해서 실천적인 방안을 제시하려는 사람을 오늘날에는 본 적이 없다. 우리는 죄를 짓고 나서 회개하는 일과 성경을 읽고 기도하는 일에 관해서는 이야기하지만, 우리를 끊임없이 따라다니는 죄가 무엇인지를 알고 복음을 사용해서 그 죄를 약화시켜야 한다는 지침은 경건 훈련에 제대로 반영하지 못하고 있다. 이런 훈련은 도움을 받을 수 있는 동료와 스승 내지 선배 목회자가 없이는 실천하기 어렵다. 또한 매일 열심을 다해 기도하지 않고는 실천할 수 없다. 나는 이런 훈련의 과정이 신학교에 있는 동안 이루어져야 하며, 그 훈련

은 동료들이나 목회자와 함께 교회 안에서도 진행되어야 한다고 생각한
다. 이는 오늘날 우리가 잘 다루고 있지 않은 교육 내용이다.

PART 3

운동

08

한국에서의
복음 · 도시 · 운동

- 한국교회가 감당해야 할 시대적 사명

이인호
In Ho Lee

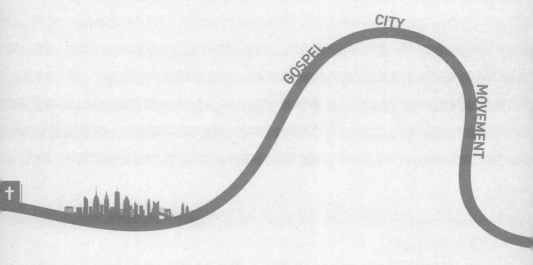

시간이 흐를수록 깊어지는 교회의 세 가지 병폐

종교화, 게토화, 제도화

교회를 개척하고 10년의 시간이 흘러가는 동안 3가지 문제가 드러났다. 첫째, 종교화의 문제였다. 매 예배 시간 마다 설교를 통해 복음을 전하려 힘썼고, 제자 훈련으로 성도 한 사람 한 사람을 세우기 위해 온 힘을 다했다. 하지만 마치 무연 휘발유라고 해도 불완전 연소되면 유해 가스가 배출될 수밖에 없듯이, 시간이 지나가면서 부작용이 드러나기 시작했다. 성도들의 신앙 연수가 더해갈수록, 그리스도를 닮기보다 점점 바리새인을 닮아가는 것이었다. 즉 자신의 공로와 자기 의를 중시하는 종교인이 되어 가는 조짐이 보이기 시작했다. 은혜로운 성도가 되기보다는 도덕화, 율법화되어 자기 과시와 자랑, 그리고 타인을 판단하고 정죄하는 모습들이 점점 눈에 띄었다.

둘째, 게토화의 문제였다. 예배 공간의 모양과 외형, 모든 교회 문화는 다 열려 있다고 말하면서도 우리의 언어는 여전히 기독교 전문 용어를 사용하며 '우리끼리' 문화가 만연하다. 오래된 성도들에겐 편안한 곳이지만 새로운 성도에겐 낯선 곳이 되고 있다. '우리끼리 문화'와 '모임'을 지키기 위해 투입되는 에너지는 커져가는 반면, 지역 사회와의 소통은 멀어져 간다. 마치 거대한 수도원처럼 장벽을 높이 쌓아, 점점 우리 교회가 속한 도시, 지역 사회와 전혀 소통하지 못한 것이다.

셋째, 제도화의 문제이다. 개척 초기에는 조직 자체에 순발력, 운동력이 있어 무엇이든지 신속하게 시대의 분위기와 문화에 반응하며 적극적으로 도전하였다. 하지만 교회 규모가 커지면서 점점 모든 일들이 시스템과 절차를 거쳐야 하기 때문에 많은 회의와 모임을 필요로 했다. 작은 일을 처리하기 위해 소통과 회의 절차가 복잡해졌고, 그에 따라 내부적으로 많은 에너지와 역량이 집중되어, 정작 세상에서 사도적 사명을 감당하기 위한 힘을 소진하고 있었다. 임직의 과정을 거쳐 중직자로 임명되면 그에 맞는 대우를 해 주지 않는다 하여 서로 간에 갈등을 빚는 촌극이 빚어진다. 교회 규모는 커졌으나 오히려 영향력은 줄어든 것이다.

팀 켈러 목사에게서 얻은 해답

이같은 문제 의식을 가질 즈음, 팀 켈러 목사를 만났고 그를 통해서 내가 가진 고민의 명쾌한 해답을 얻었다. 그것을 세 단어로 요약한다면 바로 '복음, 도시, 운동'이다.

첫째, 종교화의 문제에 대해 복음이란 대답을 얻었다. 팀 켈러는 '복음은 가르침이 아니라 소식'이라고 확신 있게 외친다. 그리고 종교와 복음을 날카롭게 비교한다. 그래서 교회 안에서 종교인이 되는 것과 그리스도인이 되는 것의 차이를 명확히 하며 복음을 통해 단지 가르치는 교회와 복음적 교회의 차이를 알게 한다.

나는 복음을 열심히 가르쳤지만, 복음적 교회를 형성하는 일에 실패하고 있었다. 그래서 설교할 때 복음과 은혜를 설교하지만, 교회 운영,

당회를 비롯한 각종 회의, 목회자 청빙, 임직자 선출 등 모든 교회 안팎의 일들은 상당히 종교적이고 세상의 방식을 채택하고 있었다. 또 내 설교는 복음과 율법이 뒤섞여 있었다. 나는 지난 4년 동안 팀 켈러를 통해 복음으로 체질화되어 복음으로 형성되는 교회를 세워가는 법을 알게 되면서, 설교에도 변화가 나타났다. 개인적으로 오랫동안 교제해 온 성도들은 나에게 이렇게 묻곤 한다. "목사님! 요즘 왜 이렇게 설교가 부드러워지셨어요?" 사실 이전의 내 설교는 성도들로 하여금 두 주먹을 불끈 쥐고 세상으로 나가게 하는 것이었으며, 그들을 바꾸어 보려고 애를 썼기에 성도들을 압박하며 소리를 지르곤 했다.

그러나 이제 나는 더 이상 내가 그들을 바꾸려고 하지 않는다. 오직 그리스도가 하신 것처럼 그들을 있는 모습 그대로 받아들이고 사랑하고 오래 참으며 은혜의 복음에 부탁한다. 결국 그분이 바꿀 것을 믿게 되자 오히려 그들을 인정하지 못하는 내 기준과 내 안의 우상과 싸우며, 늘 나를 용납하신 은혜의 복음을 전하고자 애쓰게 되었다. 그러니 자연스레 소리를 크게 지를 필요가 없어졌다. 교회는 점차 은혜로 채워지고, 종교적 외식과 위선이 사라지며, 공로와 자기 의를 자랑하기보다 주의 은혜와 자신의 약함을 자랑하는 분위기로 바뀌어 갔다.

둘째, 게토화의 문제는 도시에 대한 팀 켈러의 탁월한 이해와, 문화를 통해서 어떻게 도시와 소통하고 변화시킬 것인가에서 답을 얻었다. 특별히 장로님들과 《팀 켈러의 센터처치》를 함께 읽고 나누며, 목양을 담당하는 평신도 그룹인 순장님들과 1박 2일 수련회 기간 동안 '복음, 도시, 운동'을 집중적으로 공부하면서 우리가 점점 게토화되고 있는 문제점을 진단하였다. 이를 바탕으로 어떻게 하면 우리 교회가 도시와 지역 사회, 젊은 세대와 소통할 수 있을 것인가를 고민하며 논의한 끝에 교회 내 '문화·복지팀'을 조직하여 지역 사회, 다음 세대와의 소통을 위해 계속적으로 노력하고 있다.

셋째, 제도화에 대해서는 《팀 켈러의 센터처치》에 언급된 '레슬리 뉴비긴'의 이야기가 해답을 주었다. 영국인 선교사로 인도에서 수십 년 동안 사역한 그가 파송될 무렵만 해도 서구 사회의 주된 문화와 제도의 근간은 기독교였다. 때문에 교회는 스스로 문턱을 넘어 들어오는 기독교화된 사람들을 쉽게 모을 수 있었다. 그러나 뉴비긴이 선교를 마치고 돌아왔을 때는 서양 문화의 급속한 비기독교화로 인해 황폐한 선교지의 모습이 되어있었다. 하지만 정작 교회들은 그러한 변화를 감지하지 못했다. 기성세대들은 마치 기독교 왕국이 영원할 것처럼 전통적인 교회 문화 속에서 편안함을 느꼈고 그 사이 젊은 세대들은 교회로부터 빠르게 이탈하였고 이런 현상을 보며 레슬리 뉴비긴은 자신이 인도에 처음 갔을 때를 떠올렸다. 예배 순서, 설교, 공동체 생활 등 신앙의 선이해가 전혀 없는 그들에게 처음부터 하나씩 설명하며 선교적으로 접근해야 했다. 교회 자체가 선교적인 교회가 되어야 했다. 그래서 그는 영국 교회는 하나의 선교 부서가 있는 교회가 아닌 교회 자체가 선교적인 교회여야 한다고 소리 높여 주장하였다.

뉴비긴의 외침이 커다란 울림을 주었다. 지금 한국 사회는 급속히 세속화되어 간다. 나의 생각은 한국교회가 한참 부흥하던 그 시기에 고정되어 있었고 늘 같은 방식으로 교회를 이끌었던 것이다. 예배, 사역 등 모든 것이 선교지에 있는 것처럼 선교적인 모습으로 변화되어야 함을 공감하였다. 그렇게 교회 자체가 선교적으로 변화되어 가면서, 우리의 목적은 하나의 거목이 되기보다는 도시의 영적 생태계를 바꾸는 큰 숲이 되어야 함을 알게 되었다. 그래서 5년 전부터 분립 개척을 시작하여, 이제 3개의 교회를 분립 개척하기에 이르렀다. 그리고 뜻을 같이 하는 동역자들과 한국교회의 복음적 갱신과 분립 개척을 통한 생태계 회복 운동의 한 걸음을 내딛게 되었다.

한국교회의 아픔과 시대적 요청

하나님이 바벨탑을 금하신 이유

하나님은 사람들에게 온 땅에 충만하고, 땅을 정복하며, 모든 생물을 다스리라고 명령하셨다. 이 명령에 충실하기 위해서는 흩어져야 한다. 사방으로 흩어져서 온 땅의 주인으로서 동·식물을 비롯한 세상을 다스려야 한다. 그러나 그들이 흩어지지 않고 창세기에 나오는 바벨탑 사건과 같이 모두가 모여 산다면 어떤 일이 일어날까? 아마도 이 세상의 모든 땅은 정글처럼 아수라장이 되거나, 광야처럼 황폐해지는 등 생태계의 심각한 문제와 위기를 초래하게 될 것이다.

유럽 연합(EU)은 대기업들, 특히 애플이나 구글, 삼성과 같은 세계적인 기업에 대한 규제를 많이 한다. 중소기업보다 상대적으로 더 까다로운 잣대를 적용한다. 재무적 규제뿐 아니라 환경, 노동자 인권, 부정부패

등 비재무적 규제들에 대한 법적 기준을 엄격히 적용하여 사회적 책임을 더 많이 감당케 한다. 이는 대기업의 독점과 전횡을 견제하여 중소기업과의 불균형을 해소하기 위한 조치로 볼 수 있으며 결국 이를 통해 기업 생태계를 조절하려는 것이다. 대기업의 무분별한 시장 잠식과 독과점의 전횡을 견제함으로, 또 자연 생태계가 균형을 이루어 그 생태계가 보존되는 것과 같이 하나님께서는 '생태계'를 보호하기 위해 교회들에게 바벨탑식 경영을 금지시킨 것이다.

한국교회의 기형적인 생태계

우리는 대형교회(Mega Church)를 이야기할 때 미국교회를 떠올린다. 기독교와 관련된 미국 내 통계자료들을 살펴보면, 미국의 개신교인은 약 1억 5천만 명이며 1만 명 이상 모이는 대형교회가 37곳, 대형교회에 출석하는 성도 수는 약 66만 명으로 조사되었다. 이에 비해 한국의 개신교인은 약 960만 명이며 1만 명 이상 모이는 대형교회가 23곳, 그리고 대형교회 교인 수는 약 150만 명이라고 한다.

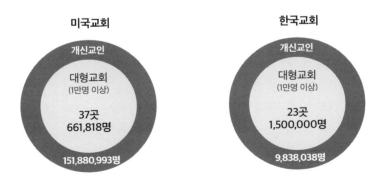

미국교회

개신교인
대형교회
(1만명 이상)
37곳
661,818명
151,880,993명

한국교회

개신교인
대형교회
(1만명 이상)
23곳
1,500,000명
9,838,038명

개신교인 인구가 절대적으로 낮음에도 한국 대형교회의 비율이 미국에 근접할 정도로 높다는 사실을 발견할 수 있다. 즉, 미국보다 한국의 대형교회가 차지하는 비중이 압도적으로 높다는 것이다. 무엇보다 개신교인의 수가 약 15배 이상 차이가 나지만 대형교회에 출석하는 수는 한국이 2.3배 이상 높다는 사실에 우리는 주목해야 한다. 미국의 경우 100명 당 약 0.4명이 대형교회에 출석하고 있으나, 한국은 100명 당 약 15.3명이 출석하고 있으며 이는 상대적으로 한국 개신교인이 미국 개신교인에 비해 약 35배 정도 대형교회를 선호한다는 합리적 결론에 도달할 수 있다.

한국교회 대형교회의 현주소

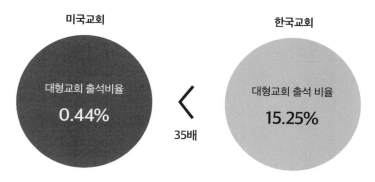

자료출처
Outreach magazine and Lifeway Research(annual report 2017)
리뷰 아카이브(2016.8)
메가처치, 한국교회의 자화상(2016)

한국교회가 처한 위기의 핵심은 이와 같이 심각한 불균형에 따른 생태계의 파괴이다. 오늘날 한국교회가 직면한 어려움은 더 늦기 전에 이 생태계의 복원을 위해 힘쓰라고 우리에게 주시는 하나님의 메시지라 생각한다.

그렇다고 해서 대형교회는 잘못되었고, 소형교회는 옳다는 이분법적 사고에 빠져서는 결코 안 된다. 창세기 11장의 바벨탑 사건에 이어 창세기 12장에는 하나님께서 아브라함을 부르신 사건이 나온다. "우리의 이름을 내어 걸고 흩어짐을 면하자!"라고 했던 인간의 의도를 막으신 하나님께서는 아브라함을 불러 "내가 너로 큰 민족을 이루고 네 이름을 창대하게 하겠다!"라고 말씀하신다. 바벨탑을 쌓겠다고 모인 자들에게 금지하셨던 것을 아브라함에게는 고스란히 허락하신다.

하지만 여기에는 큰 차이점이 존재한다. 바로 하나님께서 아브라함에게 복을 주시며 그를 복의 근원으로 삼으셨다는 점이다. 그 복은 바벨탑을 쌓는 복이 아닌, 열방과 함께 나누며 생태계를 회복하는 복이다. 아브라함이 받은 복을 가지고 죽어가는 것들을 살리며 그들도 복을 누리게 하는 것은 바벨탑 사건과의 결정적 차이점이다. 결국 그가 받은 복은 자신을 위한 것이 아니라 곧 사명이며, 그 사명은 전체 생태계를 살리는 것이다.

하나님의 요청과 우리의 사명

그렇다면 이 땅에서의 창대함과 성공, 그리고 성도수와 교회 부흥의 의미는 무엇일까? 그리스도 안에 있는 우리는 더 이상 자기 입증이 불필요하다. 이미 우리는 그리스도 안에서 입증된 자들인데 목회를 통해 무엇을 입증한단 말인가? 1만 명, 2만 명 모이는 교회를 세웠다고 해서 그 교회가 목회자의 것인가? 그렇게 생각하는 사람이 있다면 그는 교회의 주인이신 그리스도의 자리를 찬탈하는 도적일 뿐이다. 교회 부흥이 자기 입증을 위한 것이 아니라면 그 의미를 어디서 찾아야 할까? 물론 지상명령 성취의 도구로서 교회는 부흥해야한다. 하지만 그것이 정말 목적이라면 지상명령 성취를 위한 더 효율적인 방법은 나 홀로 성장하는 것이 아니며, 더욱이 작은 교회의 성도들을 흡수해서 성장하는 것은 분명 아닐 것이다.

전도는 더 이상 제국적 확장을 위한 자기 세력의 도구가 아니다. 전도는 나누는 행위다. 나눔의 의미로서 전도를 귀한 도구로 삼아 하나님 나라 전체를 회복하고 생태계를 회복하는 것이 하나님께서 우리에게 주신 꿈과 목적이다. '내 교회'만이 아닌, 함께 성장할 때에 지상명령 성취는 더욱 힘 있게 일어나고, 작은 교회들이 살아나 생태계가 회복됨으로서 지상명령 성취는 더 앞당겨질 것이다.

개인적으로 한국교회의 아픔을 바라보며 하나님이 금지하시는 경영을 계속 도모하는 것은 결코 바른 길이 아님을 깨닫는다. 그리하여 지금 이 시대에 '나는 과연 어떻게 목회를 해야 하는가?' 라는 깊은 고민을 우리 교회의 장로님들과 함께 나눌 기회를 갖게 되었다. "장로님, 이렇게 계속하다 보면 1만 명이 모일 수도 있을 것 같습니다. 그런데 이렇게 가는 것이 우리가 가야 할 길입니까? 아니면 제가 은퇴하기 전에 20개 정도의 교회를 개척할 수 있을 것 같은데 그렇게 가는 것이 좋겠습니까?"

너무나 감사하게도 장로님들은 담임목사가 가진 고민에 깊이 동참해 주시고 좋은 의견들을 나누어 주셨다. 구약의 에스더서에 나오는 내용처럼 만약 우리가 '이때'의 책임을 외면하고 '나만 잘되면 됐지'라고 한다면 결국 하나님의 책망을 피할 수 없다.

교회 분립 개척의 중요성

복음적 교회 개척

《팀 켈러의 센터처치》를 읽으며 교회 개척이 매우 중요하다는 사실을 깨달았다. 예수님이 세례를 베풀라고 하신 것은 교회를 개척하라는 명령이었음을 알게 되었다. 사도 바울 역시 도시에 가서 교회를 개척했다. 팀 켈러는 개척된 교회들이야말로 전도의 영향력을 가지게 된다고 주장한다. 개척교회는 새로운 세대와 거주자, 비신자에게 접근하기 매우 용이하다. 따라서 개척교회의 60-80퍼센트가 비신자인 것에 반해, 15년 이상 된 교회는 등록 성도의 80-90퍼센트가 수평 이동한 성도이다. 그래서 세계적인 선교학자인 피터 와그너 박사나, 팀 켈러 목사는 "해 아래 가장 효과적인 전도 방법은 바로 교회 개척이다" 라고 주장한다.

목회자 양성

개척의 중요성을 깨달으면서 앞으로 교회를 개척할 목회자를 양성하는 것의 중요성을 생각하게 되었다. 한국교회 곳곳에서 젊음을 바쳐 열정을 다해 헌신하며 목회를 배우고 있는 부목사님들이 다음 시대를 짊어지지 않는다면 한국교회에는 소망이 없다. 그리고 그들을 양성하는 책임이 개교회에 있음을 깨달았다. 이것을 깨닫자 우리 교회에서 동역하고 있는 부목사님들을 다시 보게 되었다. '이분들이 한국교회의 희망이구나!' 그래서 이들을 훈련하여 분립 개척을 시키는 것이 지상명령 성취의 최고의 전략이고 한국교회가 사는 길이라고 확신하게 되었다.

오늘날 젊은 목회자들 앞에 놓인 현실은 너무 암담하다. 마치 오늘날 한국의 젊은이들이 일할 곳이 없어 방황하는 것과 마찬가지로 수많은 젊은 목회자들이 갈 곳이 없다. 기성 교회에 담임목사로 청빙받을 수 있는 확률은 매우 낮고, 예전처럼 맨땅에 헤딩하는 식으로 교회를 개척하기엔 시대가 너무나 달라졌다. 과거 천막만 쳐도 교회가 되던 시절의 사람들은 사는 집도 천막 수준이었다. 그러나 지금은 다르지 않은가?

이와 같은 고민과 생각을 교회 리더십 그룹과 함께 나누었다. "여러분 같으면 오늘날 교회가 이토록 손가락질 당하고 조롱당하는 시대에 자녀들을 신학교에 입학시켜 목회자의 길로 들어서도록 할 수 있으시겠습니까? 우리 교회 부목사님들은 무엇이 부족하고 아쉬워서 신학 과정을 마치고 평생을 바쳐 하나님 나라와 교회를 위해 헌신한다고 여기 있겠습니까? 만약 우리가 이 분들을 귀하게 여기지 않는다면 도대체 누가 귀하게 여기겠습니까? 가급적이면 우리 부목사님들 다 분립 개척 시킬 테니 순장님들부터 어느 목사님을 따라가서 교회 개척에 동참할지 지금부터 준비하십시오." 이렇게 권면하며 분립 개척 사역을 시작하였다.

인큐베이팅

교회 개척이 잘 되려면 인큐베이팅이 중요하다. 오늘날 개척교회의 현실은 생존율이 25퍼센트 정도로 음식점 생존율과 비슷하다고 말하며, "개척교회는 인테리어를 하는 순간부터 망한다", "인테리어 업자들을 교회와 식당이 먹여 살린다" 혹은 "소명이 목회를 가능하게 하는 것이 아니라 보증금이 목회를 가능하게 한다" 등의 자조 섞인 소리가 팽배하다. 그렇다면 성공률은 어떠할까?

생존율과 성공률은 다른 개념이다. 물론 한 교회가 세워져서 '성공했다'의 기준이 모호할 수 있다. 하지만 한 보고서에 따르면 교회가 개척 이후 성공할 확률이 시대마다 점점 낮아지고 있다고 한다. 그래서 70년대에는 50:1, 80년대 100:1, 90년대 150:1이라는 것이다. 정확한 통계는 잘 모르겠지만 지금은 250:1보다 더 어려운 것 같다. 종종 외부 목회자 모임에 참석해 보면 80퍼센트 이상의 목사님들이 그 교회에 청빙받아서 사역하고 있는 분들이다. 교회를 개척하여 함께 교회를 세우는 목사님들을 만나기가 매우 어렵다. 여러 가지 이유와 상황들이 있겠지만, 가장 큰 문제는 바로 충분히 준비되지 않은 상황에서 섣불리 교회를 개척했기 때문이다.

즉, 유아 사망형 교회와 요절형 교회가 늘어나게 된 가장 근본적인 원인은 '미숙아 개척'에 있다. 기성 교회와 선배 목회자들이 충분히 인큐베이팅하고, 그들을 양육하며 돌보았다면 조기에 문을 닫는 교회가 지금보다는 훨씬 많이 줄었을 것이다. 그래서 우리 교회는 약 6개월의 시간을 가지고 성숙한 개척 멤버들과 사전에 비전을 나누며 교회 분립 개척을 준비한다.

CTC코리아의 비전과 전략

한국교회 생태계 회복을 위해 지난 몇 년 동안 동역자들과 함께 고민하며 뜻을 모아 CTC코리아를 설립하였다. 우리는 함께 지혜를 모아 이러한 비전을 한국에서 펼치기 위한 실제적 사역 방안들을 다음과 같이 정리하였다.

교회 개척자 훈련

CTC코리아에 참여하는 분들은 두 부류로 압축된다. 첫째, 교회 개척자들로서 곧 교회를 개척하실 분이거나 개척교회를 막 시작한 분들이다. 이들에게는 복음적 교회를 어떻게 개척할 것인가에 초점을 두고 인큐베이팅 과정을 진행한다. 또 다른 부류는 이미 교회를 개척하고 어느 정도 교회를 세워가고 있는 기성 교회 목회자들이다. 이들과는 교회를 복음적으로 갱신하여 생태계를 살리는 건강한 교회로 나아가는 꿈을 함께 공유한다.

복음, 설교, 도시, 운동, 전도 실습, 북 쉐어링, 액션 플랜, 기도 훈련 등은 물론 CTC를 통해 받은 탁월한 인큐베이팅 과정을 근간으로 삼아 한국 상황 속에서 건강한 교회를 개척하고 세워 갈 수 있는 실제적 훈련들을 여러 목회자들과 동역한다. 이러한 훈련 과정을 마친 분들을 대상으로 CTC에서 실시하는 평가(assessment) 방식을 거쳐, 평가 결과를 담임목사님께 피드백 하는 과정을 준비하고 있다.

우리 교회도 현재 3개 교회를 분립 개척 하였고(2019년 3월 기준) 세 분의 목사님들은 모두 인큐베이팅 과정을 수료하였다. 그리고 그분들이 교회 개척을 하면 담임목사가 코칭할 수 있도록 한다. 정리하면 목회자 한 사람이 2년간 충분히 인큐베이팅 및 평가 과정을 거친 후 교회를 개척하고 이후에도 계속 코칭받을 수 있는 방식이다.

기성 교회 목회자 훈련

기성 교회 목회자에게는 복음, 도시, 설교, 운동의 측면에서 심도 있는 커리큘럼을 제공한다. 이를 통해 복음신학, 설교, 상황화, 문화, 선교적 교회, 성경적 배경, 분립 개척 등 다양한 부분들을 함께 배울 수 있다. 나는 이 부분을 특히 강조하고 싶다. 나를 포함한 모든 기성 교회 목회자들은 배워야 한다. 우선 CTC와 팀 켈러 목사로부터 목회 철학과 정신, 방향성과 가치 등 모든 것을 철저하게 학습한 후 그것들을 우리의 토양과 상황에 맞도록 수정하여 잘 접목해야 한다. 철저하게 한국적으로 토착화시켜야 한다. 그러기 위해서는 지금까지 팀 켈러 목사 사역의 바탕이 되는 성경과 신학, 그리고 사역적 배경 등에 대한 철저한 연구가 선행되어야 한다. 기술과 방법만 배워서는 결코 우리 것으로 만들 수 없다. 정말 중요한 것은 '지금 내가 목회하는 교회에서, 그리고 지역 사회와 한국교회 안에서 적용할 수 있느냐'가 핵심이자 능력이다. 그 능력을 갖추기 위해 우리는 기본적인 원리에 집중해야 한다.

팀 켈러는 우선 성경 본문 그 자체가 말하는 것에 매우 충실하며, 그 말씀을 바탕으로 어떻게 그리스도와 구속사적으로 연결하고, 하나님 나라와 복음적으로 연결하여 이러한 내용들을 오늘을 살아가는 사람들에게 실제적으로 다양한 모습으로 적용할 수 있는지에 대한 해답을 준다. 이것이 바로 CTC가 추구하는 그리스도 중심적 설교이다. 이 부분이 CTC를 매우 신뢰하게 만들며 앞으로도 함께 지속적인 훈련과 사역을 같이 할 것이다.

더사랑의교회 분립 개척 사역의 실재와 열매들

더사랑의교회는 현재 2년마다 교회를 분립 개척하고 있다. 더사랑의교회에서 수년 간 목회를 경험하고 CTC코리아가 실시하는 인큐베이팅 과정을 수료한 부목사님과, 한 분의 시무장로님, 그리고 함께 섬기기를 원하는 성도님들을 파송하여 또 하나의 복음적 교회를 세워가고 있다. 분립 개척의 과정은 아래와 같다.

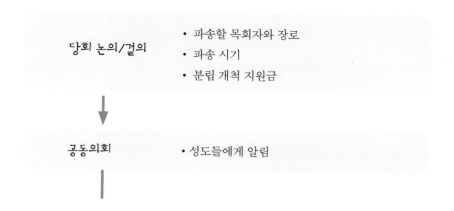

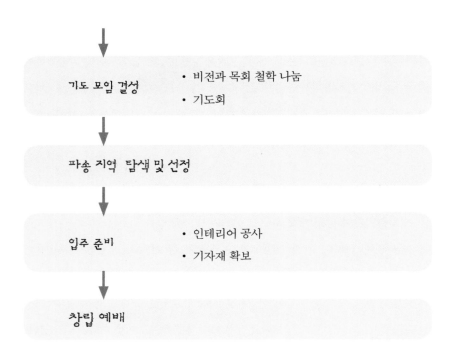

기도 모임 결성
- 비전과 목회 철학 나눔
- 기도회

파송 지역 탐색 및 선정

입주 준비
- 인테리어 공사
- 기자재 확보

창립 예배

더사랑의교회는 하나님의 은혜로 2015년 1월 4일, 더원사랑의교회(김현철 목사 파송)를 용인 서천 지역에 분립 개척했고, 현재 250여 명이 모이는 교회로 성장했다. 또 2017년 1월 1일, 더시티사랑의교회(강영구 목사 파송)를 동탄 지역에 분립 개척, 약 170명이 모여 하나님을 예배하는 교회로 성장했다. 세 번째 분립한 더드림사랑의교회(이상훈 목사 파송)는 2019년 1월 6일 창립예배를 시작으로 현재 약 120명의 성도들이 함께 교회를 세워가고 있다.

분립 개척은 많은 에너지가 요구되는 사역이다. 그럼에도 불구하고 교회가 감당해야 할 시대적 사명임을 깨닫고 최선을 다해 지속할 것이다. 비단 더사랑의교회 뿐 아니라 모든 한국교회가 함께 이 운동에 동참하기를 바라는 마음이 간절하다. 그리고 반드시 함께해야 한다. 이 사역이 한국교회의 생태계에 큰 변화를 가져다 줄 것이다.

●

09

건강한
교회 개척 생태계

- 교회 성장인가, 도시 부흥인가

노진산
STEPHEN RO

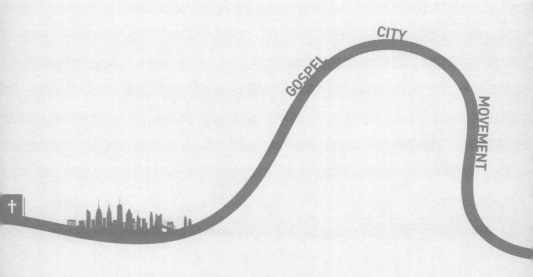

GOSPEL CITY MOVEMENT

교회 생태계에 관해 이야기하기 전에 나의 배경을 이야기를 하는 것이 좋겠다. 나는 1976년 13세에 미국으로 이민을 와서 지금까지 42년 동안 살고 있다. 나에게는 34세 때 큰 터닝 포인트가 되는 사건이 있었는데, 그때부터 교회 개척에 대한 꿈을 갖게 되었다. 맨해튼에서 팀 켈러 목사를 자주 만나, 교회 개척에 대한 상담을 한 것이 그것이었다. 37세가 되던 2000년에 지금 섬기고 있는 다민족 교회 리빙페이스교회(Living Faith Community Church)를 개척했다.

뉴욕 플러싱(Flushing)에서 다민족 교회를 개척하면서 스스로 다짐한 것이 있다. 그것은 사람들이 우리 교회를 통해서 복음을 듣고 지역을 변화시키는 교회를 세우겠다는 마음이었다.

이웃과 지역을 위해 존재할 뿐 아니라 복음으로 성장하고 변화되는 교회 개척을 꿈꾸었을 때 마음에 깊이 와닿은 세 가지 비전을 품게 되었다. 이는 어떻게 복음으로 도시를 채우고, 축복하고, 변화시킬 수 있을까에 대한 것이었다. 뉴욕을 복음으로 채우고, 축복하고, 변화시키는 교회 개척의 비전을 품고 마침내 나는 개척을 했다.

꿈꾸던 교회 개척의 시작

교회 개척을 하면서 여러 교회의 도움을 받았는데 그 가운데서도 특히 리디머교회로부터 훈련과 물질적인 도움을 많이 받았다. 리디머교회에서 도움을 받을 수 있었던 것이 나의 교회 개척에 중요한 역할이 되어주었다. 2000년 리디머교회는 공식적으로 처음 전문적인 교회개척센터(church planting center)를 만들고 있었다. 그전에도 물론 많은 교회들이 리디머교회를 통해 개척이 되었지만, 그때 처음으로 공식적인 교회개척센터가 만들어졌다. 그리고 교회개척센터 이야기를 듣자마자 나는 바로 리디머교회를 찾아갔다. "교회를 개척하고 싶습니다. 교회를 개척하는 교회를 개척하고 싶고, 리디머교회에서 지금까지 배웠던 많은 것들을 적용하고 싶습니다. 지금 저희 집에는 약 12명이 모여서 기도하고 있는데 저에게는 두 가지가 필요합니다."

그 자리에는 팀 켈러 목사와 담당 디렉터가 있었다. 그들은 내게 두 가지가 무엇인지 질문했다. "첫째, 돈이 필요합니다. … 그리고 둘째, 저를 훈련시켜 주세요"라고 대답했다. 나는 그 두 가지를 지원받아 교회를 개척하게 되었다.

이런 후원을 받으면서 처음부터 생각했던 것이 있는데 우리 교회는 우리만을 위한 교회가 아니라 다른 교회와 지역을 위한 교회가 되어야 한다는 생각이었다. 당시 우리 교회는 재정적으로 자립할 수 없는 상황이었고 심지어 재정적인 도움을 받고 있었지만, 교회 개척자금을 적립하기 위해 교회 재정에서 십일조를 떼어 모으기 시작했다.

하지만 교회는 생각대로 성장하지 않았다. 교회 개척 후 3년, 4년 열심히 한다고 했는데도 별반 변화가 없었다. 처음에는 사람이 꽤 모이는 것 같다가도 순식간에 빠지곤 했다. 뉴욕에서 교회를 개척하신 어느 목사가 7년 동안 목회를 하면서 일곱 번 새로 개척했다는 생각이 든다고 말했는데 나도 예외가 아니었다. 뉴욕은 굉장히 찰나적인(transient) 도시이다. 많은 사람들이 계속 들어오고 나가는 도시이기 때문에 이런 말을 한 것 같다. 우리 교회도 예외 없이 어려웠다. 그럼에도 계속해서 복음 중심적인 예배와 소그룹 활동을 하며 장로들을 임직하고 당회를 세우면서 마침내 천천히 복음적인 부흥을 경험했다. 그후 어떻게 계속 성장할 수 있을까 고민하면서 십여 년을 보냈다. 그러던 중 하나님께서 돌파구를 주셨다. 그것은 교회 개척의 모델과 방법에 있어서 생각의 방향을 바꾸는 것이었는데 단순히 분립 개척에서 회중 교회로 가는 것이었다.

분립 개척에서 회중 교회로 방향을 바꾸다

교회를 개척할 때 목사가 가장 힘들어 하는 것은 외로움과 재정이다 (서울도 비슷할지 모르겠다). 나는 큰 교회에서 부목사로 9년 동안 사역했다. 부목사를 하면서 매일 같이 사역하는 동료들과 이야기하고 경건회를 갖고 신학적인 문제로 싸우고 같이 기도하는 생활을 했다. 나의 성격과 맞는 것은 팀 사역이었다. 그런데 교회를 개척하고 보니 철저히 혼자였다. 무척 외로웠다. 이런 경험으로 인해 나는 단순한 분립 개척과는 조금 다른 형태의 교회 개척을 구상하게 되었다. 조직적으로 하나의 교회이면서도 여러 회중으로 분리된 교회들을 각각 다른 지역에 개척하는 것이었다.

우리 교회에는 세 부류의 회중이 존재했는데 세 부류의 회중의 장점은 이 회중들이 함께 분립되기에 목회자와 교회 개척한 사람의 외로움을 덜어 줄 수 있다는 점이었다. 다른 곳에서 사역을 하지만 일주일에 한 번씩 모여 기도하고 교제하는 일이 몇 년 동안 지속되었다. 또한 재정적으로 부담이 크지 않은 것도 장점이었다. 사무실과 사무 용품 그리고 전화를 같이 쓰고, 은행 계좌를 여는 문제 등 이 모든 것들을 같이 할 수 있기 때문이었다.

또 다른 장점은 회중 시너지 효과이다. 교회 모임과 리더십 모임을 같이하거나 따로 할 수 있다. 우리가 개척한 교회의 이름은 킹스크로스교회(King's Cross Church)였다. 리빙페이스교회와 하나의 교회이지만, 다른 이름을 가진 교회이다. 2019년 3월 18일에 조직교회로서 첫 예배를 드렸다. 그곳에 세워진 네 명의 장로들은 내가 1년 동안 직접 훈련했고 몇 주 전 공동회의를 통해 선출되었다. 그분들은 전부 30대 초반에서 중후반이다. 아주 젊은 교회이다. 자녀를 키워 결혼을 시키는 것처럼 이 교회는 완전히 독립을 이루었다.

우리는 조직적으로는 다른 교회이지만, 같이 할 것을 약속했다. 우리의 비전은 도시를 복음으로 가득 채우고, 축복하고, 변화시킨다는 세 개의 단어이다. 그리고 그 방법으로 삼은 것이 교회 개척이다. 그렇기 때문에 우리는 끊임없이 교회를 개척한다. 교회 개척은 큰 교회만 하는 것이 아니라 작은 교회도 충분히 할 수 있고 이제 도시의 교회들이 서로 연합하고 협력해서 이 일을 한다면 충분히 그 지역을 바꿀 수 있다는 확신과 신념을 갖고 있다.

분립 개척을 하면서 어떻게 교회 개척을 계속 할 수 있는가를 질문하는 이들이 있다. 답은 동역(partnership)이다. 이제 교회 사역은 담임목사한 사람이 모든 것을 다 할 수 없는 단계에 이르렀다. 사역을 분담하는데 사역자들을 초빙하는 것도 우리 교회만을 위한 것이 아니라 도시 복음 생태계를 위한 일이어야 한다. 교회는 교회를 위한 제자 훈련에 많은 투자를 해 왔다. 도시에 사는 교인들이 시간을 많이 보내는 곳은 직장이고 따라서 도시를 변화시키는 것은 영성과 일(faith and work)을 연결하는 것이다. 그래서 영성과 일 파트 담당자(Director of Faith and Work)를 청빙해야 한다.

교회 개척 생태계를 위한 리더를 세우다

뉴욕의 복음적인 교회 개척 생태계를 위해서 투자하려면 그 일에 전문성을 갖고 이끌어 줄 수 있는 리더가 필요하다. 그래서 최근에 교회 개척 담당자(Director of Church Planting)라는 명목으로 교회 개척을 위한 담당 목사님을 청빙했다. 브라질에서 태어나고 성장하고 뉴욕에서 수년 동안 여러 차례 교회 개척을 이루었고, 교회 개척에 관하여 많은 연구를 한 분이다. 그래서 이 일을 위해서 따로 재정을 두고 투자를 하며, 또 다른 곳에서 지원을 받아 그가 일을 담당하게 하고 있다. 그가 하는 일은 교육부도 아니고 소그룹 인도나 심방도 아니다. 그의 일은 딱 하나이다. 우리 교회에서 교회 개척의 생태계가 돌아갈 수 있도록 하는 일이다. 교회 개척의 생태계가 무엇인지는 잠시 후에 자세히 살펴보겠다.

나는 결국 우리 교회만이 아니라 내가 속해 있는 퀸즈 지역의 교회 생태계가 함께 돌아가야 한다고 생각하게 되었다. 나와 같이 복음적인 생각으로 교회 개척에 헌신하는 퀸즈 지역의 네 명의 목회자들이 이러한 협력을 도모했다. 이 지역에 필요한 교회들을 개척하기 위해 각 교회 재정의 2퍼센트씩을 기부하기로 결정하였다. 우리는 모두 퀸즈 지역에 교회 개척 생태계를 이루는 것에 동의하였다. 교회 개척자를 선별하고(Recruiting), 평가하며(Assessment), 훈련하고(Training), 코칭하고(Coaching), 재정적인 도움(Funding)을 주는 일을 시작했다. 이러한 과정을 통해 교회 생태계가 일어날 수 있다.

교회 개척을 하고, 교회를 위한 교회 개척을 준비하자고 말할때마다 마음 깊은 곳에서 자문하는 것이 있다. 이것이 우리 교회의 성장을 위한 것인가 아니면 도시의 부흥을 위한 것인가 하는 질문이다. 목회의 목적과 소명이 내 교회의 성장인지 아니면 도시의 부흥인지를 지속적으로 자문하며 점검하는 것이 필요하다.

교회 성장입니까, 도시 부흥입니까

나는 정말로 도시가 부흥했으면 좋겠다. 그리고 재미있는 일은 하나님이 그냥 내버려 두지 않으신다는 것이다. 도시 부흥을 위해 분립하면 또 금방 성장이 되는 것을 알아차리게 됐다. 그러자 좋은 생각이 들기 시작했다. 교회 성장에 아주 좋은 방법은 도시 부흥이라는 이름 아래 개척을 하고 젊은 사람들은 또 이런 일을 하는 목사와 이런 교회에 매력을 느끼게 하면 된다는 생각이 들기 시작했다.

그런데 나도 모르게 내 마음을 어떻게 다스려야 할지 모를 때가 있다. 아내가 곁길로 새지 않도록 옆에서 많이 도와주고는 있지만 항상 이런 성장의 유혹 가운데 있다. 그래서 끊임없이, 교회 개척 생태계를 이루기 위해 노력하는 이들에게 조심스럽게 도전하고 싶은 질문은 솔직히 "교회 성장입니까?" 아니면 "도시 부흥입니까?"이다.

처음 신학교에 가기 전날의 기억이 생생하다. 나를 신학교에 가도록 불러 주신 하나님께 너무 감사한 나머지 전날 한숨도 잘 수 없었다. 나 같은 사람이 주님의 종이 될 수 있다는 사실에 감사하고 감격했다. 3년 동안의 신학교 생활은 마치 매일 청년부 수련회에 와 있는 것처럼 뜨거웠다. 그러나 그 마음도 시간이 지나며 서서히 식어 갔다. 그때 하나님께서는 나에게 터닝 포인트를 주셔서 생각의 전환점을 갖게 하셨다. 34세, 처음으로 교회 개척을 통해 교회 복음 운동이 도시 부흥을 이루기를 소망하게 되었다. 하나님께서 나를 사명의 자리에 부르신 이유를 다시 한 번 생각하고, 끊임없는 고민으로 주님께 질문을 드리는 시간들이었다.

많은 교회가 그러하겠지만, 우리 교회도 매 주일예배에 사도신경으로 신앙 고백을 한다. 사도신경으로 고백할 때에 "I believe in the holy spirit, the holy catholic church"라고 고백한다. 한국교회에서는 "거룩한 공회와 성도가 서로 교통하는 것과"를 죽 연달아서 신앙고백을 한다. 나는 이것을 꼭 나누어서 읽어야 한다고 부탁드린다. "거룩한 공회"와, "성도가 서로 교통하는 것과"를 나누어 읽어야 한다. 거룩한 공회를 믿는다는 말은 무슨 말일까? 카톨리켄(καθολικὴν)이라는 헬라어는 지역 교회라는 말보다 전체적인 교회를 가리킨다.

에드먼드 클라우니라는 교수가 쓴 *The Church*(교회)라는 책에서 지역 교회보다는 전체적인 교회가 성경적인 가르침이라고 말씀한다. 우리 지역 교회뿐만 아니라 전 교회, 교회의 보편성, 즉 교회가 그리스도의 교회라는 것을 우리가 매 순간, 매 주일 고백하고 있는 것이다. 하지만 "거룩한 공회를 믿사오며 성도가 서로 교통하는 것"이라고 고백한 후 대표 기도하는 사람이 우리 교회가 다른 교회보다 뛰어나고 더 성장하고 더 좋은 교회가 되고 우리 교회가 더 부흥하는 교회가 되게 해 달라고 기도할 때 교인들이 "아멘"이라고 답한다면 그 고백이 어떻게 삶과 교회의 목회 철학에 연결될 수 있겠는가. 이는 신앙 고백처럼 얼마나 고백적인 삶을 우리는 살고 있는지에 대한 질문이다. 우리들이 이런 교회의 보편성을 부정한다면 파벌주의, 인종 차별, 시장 원리의 길로 교회는 갈 수 밖에 없다.

작년, 어거스타 조지아에서 1800년대에 지은 가장 오래된 교회 중의 하나인 현지인 교회에서 부흥집회를 할 기회가 있었다. 그 교회 목사는 발코니를 가리키며 흑인 노예들을 따로 앉혀 예배드리게 한 곳이라고 말했다. 과거에도 분명 이 교회는 사도신경으로 신앙 고백을 했을 것이다. 그러나 그들의 삶은 그 고백과는 거리가 멀었다.

삶 가운데 매 주일 고백하는 거룩한 공회를 믿는 이 신앙 고백이 교회의 보편성을 믿지 않을 때 우리는 시장의 원리로 돌아갈 수밖에 없다. 이 가게가 저 가게보다 손님이 더 많은 것처럼 우리 교회가 더 잘 되기를 바라고 그런 이야기를 나눈다면 마음 아픈 일이다. 왜 공회의 보편성이 중요한가? 운동의 역동성 때문이다. 운동은 다른 기질이나 다른 관점의 사람들이 공통된 비전의 목표로 함께 모일 수 있는 협력의 역동성을 필요로 한다. 다른 사람들이 만나 서로 머리를 맞대고 다른 생각을 하면서 내가 이 사람에게 그리고 저 사람에게 배울 수 있구나 하는 것을 깨닫고 함께 움직이는 것이다. 다 똑같을 수 없다는 것을 알아야 한다.

지금까지 내가 배운 인생의 교훈 중 하나는 사람들은 각기 다르다는 것이다. 우리 교회에서 설교하며 이런 이야기를 했다. 우리 교회가 다 잘되고 우리 사회가 다 잘될 수 있는 비결이 있다. 모든 사람이 나처럼 생각한다면 어떤 문제도 생기지 않을 것이다. 그러나 그렇지 않다. 모든 사람들이 나처럼 생각한다면 역동적인 힘이 사라진다. 생각이 다른 사람들이 모여 머리를 맞대고 생각하고 부딪히는 가운데 역동성 있는 힘이 나타난다.

하나 됨의 증거가 무엇인가? 우리가 하나 되지 못하면 세상은 우리를 인정하지 않는다. 요한복음 17장 23절에서 "곧 내가 그들 안에 있고 아버지께서 내 안에 계시어 그들로 온전함을 이루어 하나가 되게 하려 함은 아버지께서 나를 보내신 것과 또 나를 사랑하심같이 그들도 사랑하신 것을 세상으로 알게 하려 함이로소이다"라고 예수님은 기도하셨다. 예수님이 아버지께로부터 온 것을 세상이 알아야 된다고 말씀하셨는데 기도를 통하여 우리에게 그 기도의 응답을 이미 보여 주셨다. 저들이 하나가 된다면….

우리 교회가 하나 되지 못하고 보편성을 잃으며 거룩한 공회를 우리가 믿고 있지 않다면 이런 운동은 일어나지 않을 뿐더러 신뢰가 사라지고 교회의 존재성마저 잃을 수밖에 없다. 교회 연합이 깨지는 것이다. 어린아이들이 놀 때 왜 자꾸 싸우냐고 했더니 아이들이 하는 말이 자기네들은 싸우는 것이 아니라 교회 놀이를 하는 것이라고 했다는 말을 들은 적이 있다.

나도 비슷한 경험이 있다. 우리 교회에 20대가 모이는 소그룹에 방문한 적이 있다. 필리핀, 중국, 백인, 그리고 한국 사람이 있었다. 모두들 이민 2세들이고 영어권에 속한 이들이었다. 마음에 상처가 있던 것을 나누어 보라는 질문을 했을 때 거기에 있던 한국 청년 네 명이 하는 말이 교회가 싸우고 깨지는 것을 볼 때 마음이 아팠다고 말을 했다. 나에게는 커다란 충격이었다. 공회를 인정하지 않는다면 우리들은 서로 협력해서 일할 수 없다. 협력해서 일을 해야지만 복음 생태계가 형성되고 운동이 일어날 수 있다.

여기서 리디머교회와 팀 켈러 목사가 존경받는 이유를 여기서 나누고 싶다. 리디머교회는 내가 속한 PCA(미국장로교)라는 교단에 있는 장로교회이며 우리 교회와 같은 노회에 있다. 그런데 리디머교회는 장로교회만 개척하지 않고 오순절교회도 개척하고 거기에 자금을 지원한다. 뉴욕에서는 침례교회도 지원을 해서 교회가 개척이 되었다. 할렘에 있는 오순절교회도 마찬가지다.

젊은 흑인들이 있는 교회에 펀딩하고 교육을 해 주는 이유가 이 사람들을 장로교회로 만들기 위함이 아니다. 정말 복음적으로 한 교회가 세워지고 지역이 변화되는 것에 투자하고 훈련시키는 것을 보면서 굉장한 감동을 받았다. 자체 브랜드를 만드는 것이 아니라 도시의 부흥에 헌신하는 것이다. 그것이 바로 리디머의 사례연구(case study)인데 여러 모양으로 그런 일이 일어나고 있다. 얼마 전 식사 자리에서 팀 켈러 목사가 여기에 모인 사람들이 어느 교단인지에 대해 질문했다. 다양한 사람들이 모인 것 같다고 대답하자 바로 이것이 필요한 것이라는 이야기를 나누었다.

정말 우리들이 거룩한 공회를 믿는 그래서 연합으로 일할 수 있는 그 일이 일어나기 전에는 생태계가 일어날 수 없다. 그리고 이런 운동이 일어날 수 없다. 우리는 운동을 이용할 수는 있지만 운동을 일으키지는 못한다. 생태계의 모습은 가질 수 있지만 생태계로 도시를 바꿀 수는 없다.

복음 운동을 일으키는 생태계의 세 원형

그렇다면 복음 운동을 일으키는 생태계가 무엇인지 살펴보면 좋겠다. 팀 켈러 목사가 복음 운동을 일으키는 생태계의 세 가지 원형을 설명했다.

상황화된 복음 신학이 중심이다

가장 중심에 상황화된 복음 신학이 자리한다. 우리가 핵심적으로 주목하는 것은 도심 문화에 상화화된 복음을 소통하는 것, 정말 제자화할 수 있는 상황화된 복음을 전하는 것, 어떻게 그들의 언어로 우리가 복음을 전할 수 있을지에 대한 말씀이다. 이 상황화된 복음을 전할 때 율

복음 운동을 일으키는 생태계의 세 원형

법주의나 혹은 상대주의에 빠질 수 있다. 율법주의는 나의 공로와 순종 등 내 행위로 하나님께 인정받는다는 생각이고 상대주의는 하나님은 내가 어떻게 행하든지 무조건 나를 사랑하신다는 생각이다. 하나님은 나를 사랑하시기 때문에 내가 원하는 그 어떤 것을 할지라도 그분은 나를 사랑하실 것이기 때문에 개의치 않아도 된다는 것이다. 그래서 이 상대주의와 율법주의에서 벗어날 수 있도록 하는 것이 바로 상황화된 복음 사역이다. 상대주의와 율법주의의 양쪽 끝으로 지나친 상황화(Over Contextualization)와 부족한 상황화(Under Contextualiztion)를 볼 수 있는데 지나친 상황화는 문화를 지나치게 배려하고 저항력이 없기 때문에 인기를 얻을 수는 있다. 문화와 비슷하고 똑같은 것이 많은 것이다. 교회가 어떤 세상적 단체나 모임과 똑같아 보이는 것이 지나친 상황화다.

내가 속한 한인 회중의 교회 표어를 교인들에게 항상 물어본다. 저희 교회의 표어가 뭐죠? 그러면 다 한 목소리로 "오버(over)하지 말자" 라고 대답한다. 정말 우리 교회의 표어는 "오버하지 말자"이다. 오버할 때 문제가 생긴다. 너무 세상을 배려하다 보니 저항력이 없어진 것이다. 반대로 부족한 상황화라는 것은 문화를 배척하고 정죄함으로 진정한 복음의 변화가 없는 것이다.

교단을 초월한 교회 생태계를 이루다

그 다음 바깥에 있는 층을 보면 교단을 초월한 교회 개척 운동이 있다. 이 핵심 주변으로 많은 교회의 배가 운동이 일어나야 한다. 이것이 복음 생태계다. 복음 생태계가 일어났을 때 아주 자연스럽게 교회 개척 생태계로 돌아갈 수 있다. 새로운 교회가 있을 때마다 그 주위에 오래된 교회의 새 바람을 불어주는 것은 새로운 프로그램이 아니라 새 교회다. 새 교회가 생길 때 그 교회의 아이디어를 통해서 다른 교회는 많은 교훈을 받는다. 우리 교회만 해도 그렇다. 이제 18년이 되어서 어느 정도 고정화된 것이 있다. 그래서 우리들은 나름대로의 틀 안에 들어가 있는데 우리들이 개척한 교회에 가 보면 신선하고 창의적인 아이디어들이 많이 있는 것을 본다. 교회에서 어떤 분들은 킹스크로스교회는 이렇게 혹은 저렇게 한다고 말한다. 그렇게 몇 번을 들으면 기분이 언짢을 때도 있다.

그러나 내가 그런 말들을 들어야 할 이유는 그런 새로운 아이디어들을 통해서 이미 있는 교회들이 새로운 것들을 배우게 된다는 것을 알기 때문이다. 다름을 인정하면서도 그 지역에서 일어나는 일, 그리고 우리 주변에서 일어나는 일들을 통해 서로 배우는 것이다.

사역의 네트워크를 이루다

그리고 제일 바깥쪽에 있는 원은 중요한 사역의 네트워크이다. 즉 특화된 전도 사역(specialized ministry)이다. 이런 사역은 그 지역의 기도 운동이 될 수도 있고 특별한 전도 사역에 같이 동참하는 일이 될 수도 있다. 파라처치(para church; 기독교 단체)와 협력해서 정의와 구제의 사역으로 그 일이 이루어질 수도 있고 일과 영성의 일들을 통해 특별화된 사역을 할 수도 있다. 그 지역에서 가정 사역이나 지도자 양성을 하는 사역들 아니면 특별한 연합 운동을 할 수도 있다. 교회 바깥에 있는 파라처치와 같이 일을 하면 이런 복음의 생태계 운동이 활발히 일어날 수 있다.

교회가 어느 정도 규모가 되면 다른 사람이 필요 없다라고 생각하기 쉽다. 노회에서도 그렇고 다른 지역에서도 그렇고 다른 파트너십이 아쉬울 이유가 없다. 왜냐하면 혼자 다 할 수 있기 때문이다. 스스로 충족할 수 있기 때문이다. 그러나 우리들의 목적은 스스로 충족할 수 있게 되는 것에 도달하는 것이 아니라 복음으로 인한 도시 변화가 목적이다. 즉 우리 혼자 할 수 없음을 깨달아야 한다. 복음은 모든 것을 변화시킨다. 이런 확신이 있기 때문에 다른 교회뿐만 아니라 다른 파라처치의 운동과 사역들에 같이 동참하면서 특화된 전도 사역들을 일으켜야 한다.

'생태계가 손상되지 않았을 때에 전환점에 이를 수 있다'는 사회학 명제가 있다. 이것은 생태 요소들이 제자리에 있고, 교회 창립 후 5-6년 만에 새로운 교회를 개척하려는 정신이 있을 때 교회 개척 운동이 일어난다는 의미이다. 미국에서 교회 개척을 준비하는 분들을 평가하고 훈련하는 일을 할 때 교회 개척을 하려는 앞으로의 10년 계획 방향을 작성하게 한다. 개척한 지 5, 6년 되었을 때 또 다른 교회를 낳을 수 있는 계획이 거기에 들어가 있는가를 본다. 교회를 낳는 교회가 될 수 있도록 하는 운동을 이끌어 내는 것이다.

만일 중심 도시 인구의 10퍼센트가 복음 중심적 교회 안에 참여하고 있다면 그 도시에는 복음 운동이 일어나고 복음으로 가득찼다라고 한다. 도시에서 복음으로 세워진 많은 기독교인들이 성장해 기독교적 영향을 계속 발휘할 때에 사회적인 삶에 영향을 주고 변화를 만들어 낸다. 우리 도시들은 단지 몇몇 교회들이나 사역들을 필요로 하는 것이 아니라 도시 복음 운동이 필요하다. 도시 복음 운동이 도시를 변하게 하기 때문에 이런 일을 하는 목회자들이 일어나야 한다.

교회 생태계에 필요한 다섯 가지

교회 생태계에 있어서 꼭 필요한 다섯 가지가 있다. 모집(Recruitment), 평가(Assesement), 트레이닝(Training), 코칭(Coaching), 펀딩(Funding)이다. 이 다섯 가지를 전부 설명할 수는 없지만 모집에 대해서 그리고 17년 동안 직접 관여해 왔던 평가에 대해 나누고자 한다. 한국에서도 이런 평가가 가능하다면 꼭 있어야 하는 이유에 대해서도 나누고자 한다.

모집

미국에서는 "도시 속의 복음"(Gospel In The City)이라는 세미나를 통해서 모집을 한다. 한국에서는 "센터처치 컨퍼런스"를 통해서 많은 분들에게 오리엔테이션을 하고 있다. 우리가 하는 일은 교회 개척에 마음을 품었을 때 서로 관계를 통해 교회 개척에 입문할 수 있도록 도움을 주는 것이다. 그리고 관심자 세미나(Readiness Seminar)라는 것이 있는데 미국의 경우, 신학교나 교회의 노회 같은 곳을 방문하여 교회 개척에 얼마나 관심이 있는가에 대한 세미나를 진행한다. 한국의 경우 스터디 모임도 있다. 또한 교회 개척을 적극 권장하고 싶은 이들이 있다면 개인적으로 초청하기도 한다. 우리 교회 같은 경우는 교회에서 사역자로 일을 하면서 훈련을 받고 교회 개척을 하게 한다.

평가

현재 리디머교회는 교회 개척자 평가를 많이 하지 못한다. 그래서 우리가 속해 있는 교단의 평가센터(Assessment Center)에서 평가를 받게 하고 있다. 이곳에서 3박 4일 동안 시간을 보내면서 평가를 받고 이 평가가 끝났을 때에 추천서를 써 준다.

나도 17년 동안 평가자로 이 일을 맡고 있다. 교회를 개척할 때에 소위 성공과 실패의 주요 요소는 개척자라는 것을 매번 깨닫게 된다. 그렇기 때문에 교회 개척의 소명을 받고 이것에 부르심을 받은 분들이 교회 개척을 해야 하는 것이 참으로 중요하다. 이 과정은 개척 소명을 점검하는 시간인 셈이다.

교회 개척자가 갖고 있는 실력의 유무를 따지는 것이 이 평가센터에서 하는 핵심의 일이 아니라는 점이다. 교회 개척을 하도록 하나님께서 준비시키시고 만들어 주셨다는 것을 여러 가지 방법을 통해 검증하는 것이다. 교회 개척 지원자는 지원서를 내기 전에 먼저 의무적으로 사전인터뷰(Pre-Application Interview)를 받아야 한다. 나도 이 사전 인터뷰를 여러 번 했는데 교회 개척 지원자와 시간을 정해 전화로 한 시간 동안 인터뷰를 한다. 이때 가정생활, 설교 스타일 그리고 기도 생활을 점검한다. 그리고 소그룹을 시작해서 그것을 성장시켜 본 일이 있는지, 다른 사람들과 갈등이 있을 때 어떻게 그 문제를 해결하고, 리더십을 어떻게 발휘하는지, 전도 생활은 어떻게 하는지 등등에 관한 질문을 한 후 좀더 같이 생각해 보고 검증해 보고 싶을 때 지원 신청서를 받는다. 그리고 온라인 설문를 통해서 그들에 대한 데이터를 수집한다. 이 사람이 교회에서 어떤 일들을 하는지 포괄적으로 설문하기 위함이다. 최근에 지원자가 설교한 영상을 온라인으로 받는다. 설교를 얼마나 성경적, 복음적, 그리스도 중심적으로 하는지를 듣고 평가한다. 또한 지도자의 자질을 검사하는 도구인 CLI, CLSI를 사용하여 컴퓨터 설문을 진행한다. 열 개의 항목과 삼십네 개의 역량을 보는데 지원자와 그를 추천하는 사람 6명에게 똑같은 설문 조사를 한다. 6명 중 2명은 지원자를 감독했던 사람, 2명은 같이 일했던 사람, 나머지 2명은 제자로 가르쳤던 사람이다.

예를 들면, "나는 설교를 잘한다 나의 설교를 통해 사람들이 변화된다"라는 설문에 1번부터 5번까지 해당되는 번호에 체크를 하게 한다. 보통 미국인들은 거의 대부분 4번이나 5번에 체크를 한다. 설교를 잘한다고 생각하기 때문이다. 한국인들은 거의 3에 체크한다. 2는 좀 아닌 것 같고, 4는 좀 교만해 보이는 것 같고, 4지만 4라고 쓸 수 없어서 3으로 쓰는 것 같다. 때로 어떤 분들은 5라고 다 체크한다.

그런데 이 질문을 지원자에게만 하는 것이 아니라 다른 6명에게 모두 하고 평가시에 그 결과를 보여 준다. 이것을 통해 자신에 대해 배우는 기회를 갖는다. 이렇게 열 개의 항목과 삼십 네 개의 역량들을 통해 교회 지도자로서의 자질 검사를 하는데 첫 번째가 진실성, 책임감, 윤리성, 신뢰감이다. 이때 목회자들이 많이 실망을 경험한다. 자신이 생각하는 이런 항목들의 기준 평가가 본인과 다른 사람들 사이에 격차가 있는 것을 보기 때문이다.

목사의 생명이 진실성이라고 생각하기 때문에 나는 거짓말을 안 한다, 책임감이 있다, 시간 약속을 꼭 지킨다라는 설문에 4나 5를 썼는데 다른 사람이 2나 3을 쓰면 실망감이 클 수밖에 없다. 보통 경건 생활은 본인보다 다른 사람들이 더 높게 쓰는 것이 대부분이다. 17년 동안 본 경험에 의하면 사람들은 목사들의 기도 생활과 큐티 생활과 경건의 삶이 훨씬 더 높다고 생각하는 것 같다. 그러나 막상 본인들은 항상 이것이 낮다고 생각한다. 주로 2나 3정도 쓰는 분들이 많다. 미국 목회자들도 예외는 아닌데 주위 사람들은 거의 4나 5를 적는다. 다른 사람들에게 목회자들이 그렇게 보여지는 것 같다. 아마 우리 교인들도 나의 기도 생활이 아주 풍요롭다고 생각할지도 모르겠다.

나의 아내가 나에게 자주 하는 말이 "이걸 교인들이 봐야 하는데…"이다. 이것이 실상이다. 그런데 교인들은 그것을 모르기 때문에 경건 생활이 4-5라고 생각한다.

이미 교회를 개척한 목사 100명에게 '교회 개척에는 무엇이 중요합니까' 라는 설문지를 보냈더니 다음과 같은 결과들이 나왔다. 진실성, 경건, 선교적 열정, 비전 제시, 복음적 의사소통, 적응력, 정서적 안정성, 가정생활, 열매에 대한 기대감, 운영 능력, 이상 열 개의 항목이 교회를 개척했던 목사들이 중요하다고 생각했던 것들이다. 교회를 개척할 때 이런 역량들을 가지는 것이 중요하다는 결론이다. 그리고 백 명의 사모들에게도 같은 방법으로 질문을 했더니 여기서는 경건 생활, 가정생활, 진실성, 적응력, 선교적 감각 그리고 정서적 안정성이 포함됐다. 결국 교회 개척에는 정서적 안정성이 무척 중요하다는 것이다.

나의 경우 교회 개척을 하면서 훈련을 받을 때 미국 목사들이 너무 힘들어하는 것을 봤다. 바쁘고 스트레스가 쌓이고 하는 일이 너무 많다고 하면서 나는 어떠한지 물었다. 나는 한인 교회에서 9년 동안 부목사로 사역했다. 새벽 6시부터 밤 12시까지 심방하고 다른 사역을 감당했던 경험이 있었다. 도리어 교회를 개척하고 시간이 너무 많이 남는다고 했다.

교회 개척을 할 때 자연스러운 교회 개척이 있는가 하면 부자연스러운 교회 개척이 있다. 왜 교회 개척을 하려고 하느냐는 질문에 많은 사람들이 무엇을 해야 할지 몰라서, 하나님이 끝까지 몰아붙이셔서, 이것도 저것도 다 안 되어서 순종하고 개척해야 할 것 같다고 하는 분들이 꽤 많았다. 그들은 스트레스를 안고 교회를 개척한다.

이런 이유로 CSI, CLSI 같은 검사 도구를 통해 성격 검사를 한다. 미국에서는 전문적인 카운셀러를 초청해서 부부 상담을 하고 그 부부 사이의 문제점이나 한 번 더 물어봐야 하는 부분들이 있다면 평가하는 목사들과 나눈다. 또한 디스크(DISC) 성격 유형 검사를 한다. 이 모든 데이터를 모아 평가센터에 가기 전에 한 사람당 60쪽 분량의 정보를 갖춘다. 열 쌍의 부부가 오는데 평가자들은 평가센터에 가기 전에 이 자료들을 다 읽어본 후 모인다. 이 모든 정보를 갖고 지원자들의 행동을 관찰한다. 설교와 소명 선언, 사례 연구, 복음 전도, 교회 개척 전략, 가족 인터뷰에 초점을 맞춘다.

먼저 10분씩 설교하게 한다. 보통 이런 시나리오를 준다. 처음 개척하고 첫 예배인데 그 교회에 교회를 안 다니는 비기독교인들과 회의론자들 그리고 냉소적인 사람들이 앉아 있다. 그 사람들을 향해서 복음을 전하는 설교를 하라고 한다. 교인들을 향한 설교뿐 아니라 비기독교인들에게 변화를 주고 기독교인들에게 덕을 끼치는 복음 설교가 가능한지를 듣는다. 이렇게 10분씩 열 명의 설교를 듣는다. 설교가 다 끝나면 설교에 대해 얘기하는 시간을 갖는데 그때마다 내가 항상 하는 말은 "여러분. 10분 동안 설교하시는 것 힘드셨죠? 여러분의 설교를 듣는 우리도 힘들었습니다"이다. 왜냐면 기독교인들과 비기독교인들이 같이 앉아 있다는 사실을 상상하면서 설교하는 것들 그리고 복음을 전하는 일들이 우리에게는 별로 익숙하지 않기 때문이다.

설교를 듣고 난 후 소명에 대해 질문한다. 어떤 소명으로 교회 개척을 원하는지를 목사와 사모가 함께 프레젠테이션을 한다. 그 후 10분 동안은 질의응답 시간이다. 모두 30분 동안 진행된다. 또한 그룹별로 사례 연구를 주고 의견을 나누게 한다.

평가자들이 거기서 관찰하는 것은 그 사례 자체를 풀어나가는 능력을 보는 것이 아니라 그 사례를 풀면서 누가 리더의 역할을 했는지, 누가 관찰하는 사람의 역할을 하는지, 누가 냉소적인 태도를 가지고 있는지 이 모든 것을 살펴보며 관찰한다. 교회를 오래 다닌 사람이 예수님을 믿고 싶어 예수님이 어떤 분인지 말씀해 달라는 시나리오를 주며 5분 동안 복음을 전하라는 상황을 만들어 준 후 복음 전도를 어떻게 하는지 관찰한다. 그리고 교회 개척 전략을 세우는 일을 한다. 이때 우리 교단에서 교회를 개척하고자 하는 도시들의 목록을 주고 각 그룹에게 여섯 시간 동안 그 지역에 교회를 어떻게 개척할 것인가에 대해 전략을 나누게 한다.

모든 평가를 마치고 참가자들에게 느낌을 물어보면 가장 좋았던 시간으로 평가자들과 가진 두 시간 인터뷰 시간을 주로 꼽는다. 평가 결과에서 다른 사람들로부터 4, 5를 받았지만 자기 스스로는 3을 준 목사들은 자기 자신들을 칭찬하지 못한다. 하나님이 주신 은혜에 감사하지 못하는 것이다. 이런 것을 보면서 평가자로 참여했던 목사들이 그들을 인정해 주고 이런 은혜를 주신 하나님께 정말 감사하라고 격려한다. 또한 잘하고 있는 부분들을 부각하고 설교 중 좋은 부분을 짚어 주며 다른 사람들이 해 준 좋은 평가에 대해 이야기해 주면서 하나님이 주신 이런 좋은 은사와 환경에 대해 나눌 때 덩치가 산만한 백인 목사들이 우는 모습을 여러 번 봤다. 담임목사나 다른 권위있는 목사에게서 한 번도 칭찬을 받아보지 못했다고 말하는 이들도 있다.

그리고 평가자들이 꼭 질문하는 것이 있는데 포르노에 관한 것이다. 여기서 많은 목회자들이 시인하고 그 아내들은 종종 울기도 한다. 사모에게는 다른 이성에게 감정적으로 연결된 적인 있는지도 질문한다. 젊고 재능이 많을수록 넘어질 확률이 높은데 이런 부분들을 잡아주는 것이다. 이 평가에서 가장 중요한 것은 외면이 아닌 영적 삶의 우선 순위를 이야기하는 것이다. 사역에서 가장 큰 실패는 진정으로 하나님의 부르심을 분별하지 못하는 것에서 비롯되기 때문이다. 하나님의 부르심과 은사가 없는 채로 사역에 임하면 많은 문제가 있을 수 밖에 없다. 은사보다는 성품에 우선 순위를 두어야 한다.

팀 켈러 목사는 성령의 은사보다는 성령의 열매로, 재능보다는 성품으로 사역하라고 항상 가르쳤다. 그가 존경받는 것은 바로 그런 명석함과 겸손함 때문일 것이다. 그는 세월이 지날수록 더욱 더 철저하게 자기 자신을 관리하는 것 같다. 크리스천 리더십은 하나님이 주신 재능을 사용해서 하나님의 목적을 하나님의 방법으로 달성하는 것이다. 그 어떤 것보다 중요한 것은 하나님이 주신 소명이고 또한 이것과 똑같이 중요한 것이 우리의 성품이다. 우리의 리더십은 은사를 가지고 비전을 나누며 사람들을 설득하고 돕는 것이므로 소명과 성품이 아닌 실력만으로는 결코 오래 갈 수 없다.

로버트 맥체인 목사는 "교인들이 당신에게 가장 필요로 하는 것은 당신의 거룩함이다"라고 목회자들에게 말했다. 옳은 말이다. 지도자가 사람을 이끄는데 유일하게 중요한 것은 거룩하고 사랑이 넘치고 그리스도를 본받는 성품이다. 1943년에 세상을 떠난 맥체인 목사는 이사야 60장 1절로 생애 마지막 설교를 했다. "일어나라. 빛을 발하라. 이는 네 빛이 이르렀고 여호와의 영광이 네 위에 임하였음이나라."

이 설교를 마치고 집으로 돌아온 그는 고열을 앓다가 일주일 후에 사망했다. 어떤 교인이 맥체인 목사에게 이렇게 편지를 썼다. "저같이 미천한 사람이 몇 자 적어 올리는 것을 양해해 주시기 바랍니다. 지난주 목사님의 설교를 들었습니다. 설교를 듣고 저는 교회에 나오게 됐습니다. 목사님이 말씀하신 내용 때문이 아니라 설교하시는 목사님의 모습 때문이었습니다. 저는 그 어디서도 보지 못했던 거룩한 아름다움을 목사님에게서 보았습니다. 목사님은 하나님의 영광이 구세주에게 임하심에 대해 말씀하고 있었는데 저는 그때 구세주의 영광이 목사님께 임하심을 보았습니다. 바로 그것이 저를 그리스도께로 나아가게 했습니다."

기독교 리더는 능력보다 성품, 성품보다 소명으로 교회를 이끈다. 교회 개척자에게 필요한 세 가지는 순서대로 소명(calling), 성품(character), 능력(competency)이다. 그러나 우리는 이것을 거꾸로 본다. 과거 미국에서는 교회 개척을 잘할 것인지 못할 것인지에 관심을 두었고 그 결과 많은 손해를 봤다. 때문에 이제는 소명을 가졌는가에 더 많은 초점을 둔다. 하나님께서 부르신 이 길을 계속 그리고 끝까지 갈 수 있을지를 본다. 성품과 능력은 그 후에 보는 것이다.

트레이닝

최근 뉴욕에서 평신도 훈련(Apprentice Program)을 하고 있다. 이 프로그램을 위해 경험 많은 리더들에게 20대에 알았으면 좋았을 것들을 물어보았다. 그리고 그 결과를 토대로서 평신도 리더들을 훈련하고 있다. 모두 다섯 가지 항목인데 소명, 복음신학, 리더십, 도시비전 그리고 교회와 문화이다. 또한 도시 목회를 위한 프로그램(City Ministry Program)에서는 설교, 선교, 목회 사역과 리더십에 대해 훈련한다.

리디머교회에는 별도의 훈련 프로그램(Fellows Program)이 있는데 이것은 예비 개척자들을 위한 훈련 과정이다. 여기에는 모두 네 가지 훈련이 있다. 첫째는 도시 상황(Urbun Context)에 대한 이해, 둘째는 교회 개척에 대한 이해, 셋째는 신학에 대한 이해, 넷째는 목회 리더십이다.

그리고 교회를 개척한 지 1, 2년 된 목회자들을 상대로 하는 인큐베이터 과정이 있다. 한국에도 동일하게 교회 개척하는 목회자들을 위한 인큐베이터 과정이 있다. 한국에서는 16모듈 2년 프로그램을 GCM(gospel, city, movement)세미나라는 이름으로 진행하는데, 복음 신학과 복음 이해, 리더의 개인 생활, 문화와 상황과, 전도의 네트워킹, 사역 중심의 선교적 교회론, 은혜의 갱신과 복음 체험, 제자화와 리더십 개발, 하나님 나라 중심의 기도, 딱 맞는 사람들과 더불어서 교회를 이끌어 가는 것 , 다른 사람들을 통해서 교회를 이끌어 가는 것, 리더십 트레이닝, 복음 설교1(그리스도를 발견하고 선포하는 일), 복음 설교2(그리스도를 마음에 적용시키는 일), 난관을 뚫고 교회를 이끌어 가는 것, 한 몸 된 공동체 갱신의 역동성, 교회를 다음 단계로 끌어올리기, 조직화를 통한 리더십 등이 이 인큐베이터 과정에 포함되어 있다.

코칭

앞서 말했듯이 생태계에는 다섯 가지 요소, 즉 모집, 평가, 훈련, 코칭 그리고 펀딩이 있다. 뉴욕에서 교회를 개척한 목사들이 모집, 평가, 훈련을 마쳤는데도 무척 힘들어 하는 것을 보았다. 이 생태계가 일어나기 위해서는 훈련 외에 꼭 수반되어야 하는 코칭이 없었던 것이다. 코칭은 같이 옆에서 도와주는 일인데 내가 경험한 바로는 담임목사로 있으면서 부교역자가 나가서 개척한 교회에 코칭을 하는 것은 별로 좋은 예가 아니다. 나도 다른 사람들을 코칭하는 것은 잘하지만 우리 교회 부교역자들에게는 잘 못한다. 마치 다른 교회 청년들한테는 상담을 잘 하는데 우리 아이들한테는 잘 못하는 것과 같은 현상이다.

나는 아들이 셋 있다. 27, 25, 21세이다. 이 아이들과 이야기하면 답답할 때가 많이 있다. 때로는 막 윽박을 지르고 꾸짖는데 이렇게 하면 아이들이랑 점점 더 멀어지고 아이들이 나와 이야기하는 것을 별로 안 좋아한다. 그런데 그래도 감사한 것은 아이들이 엄마와는 이야기를 잘 한다는 것이다. 아이들은 문자를 수시로 보내면서 이건 어떠냐 저건 어떠냐, 이럴 때는 뭘하냐, 이 식당에 왔는데 이런 음식이 있는데 뭘 먹냐, 어떤 옷을 살까, 여자 친구와 어떤 주제에 대해서 어떤 이야기를 했으면 좋겠는지 등등 엄마한테 모든 것을 이야기한다. 그러면 나는 아내로부터 그런 이야기를 듣는다. 애들이 나에게 질문하는 것은 딱 하나다 . "엄마 어디 있어?"

내가 어릴 때 흑인 동네에서 자라서 그런지 나에게는 소울(soul)이 있다. 젊은 사람들은 나를 쿨하다고 좋아한다. 그런데 우리 아이들은 그렇게 생각하지 않는다.

그래서 우리 아이들을 교회 청년들처럼 대하기로 마음먹었더니, 그때부터 나와 아이들의 사이가 좋아졌다. 청년들처럼 대하니까 달라졌다. "얘는 우리 교회 청년이다. 잘 해주지 않으면 떠날 수도 있겠다. 그래서 잘 해 줘야 되겠다. 너무 심하게 말하지 말아야지. 우리 교회 청년이다." 이렇게 생각하니 많이 좋아졌다.

똑같은 현상이다. 내가 우리 교회 부목사를 코칭하려 하니 그게 안됐다. 다른 목사들은 코칭을 하는데도 말이다. 물론 코칭을 하면서도 많은 실패를 했다.

코칭은 CMM(Church Multiplication Ministries)이라는 곳에서 개발했다. 현재 리디머교회에서 사용하고 있다. 탐우드라는 사람이 개발한 것인데 그는 연결하고(Connect), 관찰하고(Review), 목적을 발견하고(Objective), 전략을 짜고(Strategy), 간구(Supplication)하는 것의 영어 첫 글자를 따서 CROSS(십자가)라고 이름을 붙였다. 처음 만났을 때 서로 연결하고 이야기하고 지난번 목적을 나누었던 것을 점검하고 다음에 무엇을 할 수 있는지 목적을 만들고 그 목적을 어떻게 이룰 것인지 전략을 같이 정하고 기도하는 것이다.

펀딩

교회 개척에는 펀딩이 꼭 있어야 한다. 내가 미국에서 놀란 것이 있는

데 미국에는 안디옥 펀드라는 것이 있다. 우리 교회에서 교회 개척을 위해서 어느 정도의 펀드가 있으면 그 금액에 매칭해서 지원금을 주는 사람이 있다. 우리 교단 사람인데 그분이 주는 지원금의 두 배를 우리가 헌신해야 한다. 그래서 최근에 우리가 10만 달러를 받았는데 우리들이 그 금액에다 20만 달러를 보태게 되면 30만 달러가 되는 것이다. 우리들이 교회에 편당할 수 있도록, 그래서 다른 교회들도, 우리 옆에 있는 교회들도 우리가 개척하는 교회들도 펀딩을 통해서 교회 개척을 도와 줄 수 있도록 하는 일이다. 그러기 위해서는 이 평가(Assesement) 과정을 정말 잘해야 한다. 훈련은 어렵지 않아도 되는데 평가는 잘해야 한다. 교회를 개척하고자 하는 소명이 있다면 훈련을 받으면 된다. 그래서 선별이 중요한 것이다.

교회 개척 운동을 일으킬 때 이 복음 생태계가 계속 같이 돌아가야 한다. 이렇게 활성화된 생태계가 우리 교회에 있어야 하고 우리 지역에도 있어야 한다. 우리 지역을 포함한 더 큰 생태계가 작동되기 위한 것이다. 교회 개척은 복음이 도시 운동의 중심에 있는 것이다. 도시가 변하기 위해서는 반드시 교회 개척이 이루어져야 한다.

교회 개척의 방법을 어디에서 배울 수 있는가? 사도행전에서 좋은 원리들을 찾을 수 있다. 먼저, 교회 개척은 자연스러워야 한다. 교회 개척은 충격적이거나 부자연스러운 사건이 아니다.

우리 교회의 경우, 교회 개척은 성경적인 핵심 가치 위에서 진행된다. 그 핵심 가치는 복음과 기독교 세계관이다. 이런 가치관을 나타내는 것이 교회 개척 정신이다. 교회 개척 정신은 교회의 핵심 가치에 완전히 들어가 있다. 그래서 교회를 개척하는 것은 주일학교를 하는 것처럼, 찬양대를 하는 것처럼, 청년부가 돌아가는 것처럼 자연스럽게 돌아가는 것이다. 그래서 이것을 담당하는 교역자가 있는 것이다. 교회 개척은 끊임없이 자연스럽게 일어나는 것이지 충격적이거나 가끔씩 일어나는 일이 아니다. 사도행전 14장에서 우리는 사도 바울이 계속적으로 하는 일들을 볼 수 있는데 전도하고, 공동체를 세우고, 지도자를 세우고, 떠나는 것이다. 장로를 세운 후 떠나고 또 전도하고 공동체를 만들고 지도자를 세운 후 떠나는 이런 사이클이 반복해서 일어나는 것이다.

사도행전에는 두 개의 교회 착수 모델이 있다. 교회 개척이 그중 하나다. 지금은 교회 개척을 혼자 맨몸으로 맨손으로 그냥 맨땅에 헤딩하듯이 하지 못한다. 그런 식으로 교회를 개척하는 사람들은 80, 90년대에 많이 있었다. 미국의 릭 워렌 같은 목사는 카리스마가 있고 사람을 끄는 힘이 있어서 사람들이 늘 모여 들었다. 그러나 지금은 90년대처럼 그런 유형의 사람들을 뽑아서 교회 개척을 시키지 않는다. 이전에는 교회 개척자용 프로파일과 일반 목회자용 프로파일이 따로 구분되어 있었다. 사업을 잘하는 사람이거나, 수단이 좋은 사람처럼 창업을 잘 할 것 같거나, 말을 잘하거나, 사람을 끌어 모을 수 있는 사람은 교회 개척자 유형이고, 상대적으로 얌전한 사람들은 목회자 유형이라고 여겨졌다. 그러나 지금은 그렇지 않다.

사도행전에는 파이니어링(pioneering)교회 개척뿐 아니라 교회가 교회를 개척하는 사례들이 나타난다. 빌립보교회나 고린도교회처럼 새로운 집회나 가정 교회를 배가시켜 교회를 개척하는 것이다.

부자연적인 교회 개척에는 두 가지 양상이 있다. 첫째는 반항적 교회 개척이다. 기존 교회에서 실망하여 뛰쳐나와서 새로운 교회를 세우는 것이다. 반항적 교회 개척은 교회에 대한 부정적인 시각으로 시작하는 것이므로 많이 위험하다. 그래서 이런 교회는 되지 말자고 한마음으로 나왔는데 나와서 보니 이 사람은 주일학교가 싫었고 또 저 사람은 찬양, 예배 방식, 설교 등등이 싫었다는 것을 알게 된다.

반항적 교회 개척은 기존 교회에 대한 불만으로는 한마음이지만 새로운 교회에 대한 비전으로는 하나가 되지 못할 때가 많다. 이런 일들이 아주 많이 일어난다.

둘째는 마지못한 교회 개척이다. 이런 유형의 교회 개척은 상황과 분위기 때문에 억지로 교회 개척에 동참하는 것이다. 소명이 없는 교회 개척은 성경적이지 않으며, 자연스럽지도 않고, 하나님 나라 확장에 별 도움이 되지 않는다. 자연적 교회 개척은 교회 지도자가 교회 개척을 교회의 사역 가운데 하나로 인식할 때 가능하다. 지도자는 재정과 교인과 리더를 놓아줄 마음의 여유를 가져야 한다. 나는 복음을 이야기할 때 복음에 연결된 두 단어를 매우 좋아하는데 바로 자유와 여유다. 이것은 복음이 주는 혜택이자 선물이라고 나는 생각한다. 복음 안에서 그리스도가 하나님이 인간이 되었고 그리고 그 인간이 된 예수 그리스도가 우리를 위하여서 대신하여 십자가에 달리시고 부활하셨고 우리에게 다시 오신다. 업사이드 다운(Upside Down; 위에서 아래로), 인사이드 아웃(Inside Out; 안에서 밖으로), 포워드 백(Forward Back; 앞에서 뒤로), 이 복음의 내용을 통하여 얻을 수 있는 참으로 큰 은혜가 자유와 여유다. 우리 목회자들이 리더를 보낼 수 있고 잃을 수 있는 여유를 가지는 것, 내 것이 아니기 때문에 내가 소유하거나 컨트롤하지 않아도 된다는 것을 알아야 한다.

뉴욕에 있는 어떤 60대 백인 목사가 자기는 월요일에는 꼭 기차역을 간다고 하는데, 그 이유가 달리는 기차에서 자유를 느끼기 때문이라고 했다. 사람들은 모두 컨트롤을 해줘야 하는데 기차는 말 한마디 안 해 줘도 서로의 길을 간다고 했다. 농담이었는지 아니면 정신적으로 문제가 있었는지 모르겠지만, 그는 "사역 자체에서 어떤 형태로든 컨트롤을 포기할 수 있는 여유가 있습니까?"라고 내게 질문한 적이 있다.

바로 이런 자유와 여유를 통해 도시 변화가 일어난 것이다. 자신의 교회보다 하나님 나라를 더 생각할 수 있는 복음적 여유가 있는지 고민해야 한다. 하나님 나라를 교회보다 더 크게 생각할 수 있고 교회가 하나님 나라의 도구임을 생각해야 한다. 하나님 나라가 아닌 것은 무엇인지 고민해야 한다. 하나님 나라에 대한 갈망이 있기에 생각의 여유가 있는 것이다.

도시를 전도하는 것은 도시 전도 프로그램을 통해서가 아니라 전도적 교회들을 통해서 이루어진다. 전도 프로그램도 좋다. 많이 할수록 좋다고 생각한다. 그렇지만 정말 도시가 변하는 일은 전도적 교회를 통해서 이루어진다. 우리 교회에 아무리 좋은 전도 프로그램이 있어도 우리 교회가 개척한 킹스크로스교회가 지금 하고 있는 일을 우리가 할 수는 없다. 플러싱에 개척한 킹스크로스교회는 한번도 교회에 와 본 적이 없는 이민자들, 중국 아이들, 중국 2세 아이들이 찾아온다. 지역의 초등학교, 중학교, 고등학교 아이들이 걸어서 교회에 온다. 우리 교회는 지역적으로 조금 떨어져 있는 곳이라 이런 일이 일어나기 무척 힘들다. 플러싱에 개척한 이 교회를 통해 참으로 멋있는 일들이 일어나고 있다.

도시에서 기독교 부흥은 교회 개척을 통해 이루어진다

도시에서 기독교인이 증가하는 방식은 교회 갱신을 통해서가 아니라 주로 교회 개척을 통해서이다. 다시 말해, 전도적 교회를 통해서 기독교 부흥이 이루어진다. 물론 교회 갱신도 중요하고 필요하다. 하지만 기독교인이 증가하는 방식은 주로 교회 개척을 통해서 일어난다. 왜 그런가? 도시에서 기존 교회를 갱신하는 가장 좋은 방법이 교회 개척이기 때문이다.

오래된 교회 옆에 새 교회가 생기면 기존 교회는 갱신된다. 이게 법칙이고 원리이다. 이런 이유 때문에 교회를 개척해야 한다. 그래서 이 생태계가 계속 돌아가야 된다. 도시의 순기능적인 다양성에 도달하는 방식은 새로운 교회를 통해서 가능해진다. 이렇게 하면 다양한 사역들이 많이 일어난다. 도시에서 새로운 기독교 사역이 활성화되는 가장 확실한 방법은 새로운 교회를 세우는 것이다.

교회 개척 정신은 개척 목사나 리더를 의지하는 것이 아니라 결국은 하나님을 의지하는 일이다. 나는 교회를 개척하면서 그리고 교회에서 사람들이 떠나는 것을 경험하면서 하나님을 의지하는 것이 어떤 것인가를 배우고 있다. 나는 믿음이 약해서 하나님보다는 사람을 더 의지할 때가 많다. 나의 아내에게 "A장로님만 있으면 돼. 나는 A장로님만 믿어"라고 했는데 A장로님이 떠났다. 그 후 나는 하나님만 의지하겠다고 다짐했는데 또다시 다른 성도를 의지하고 있는 모습을 지금도 보고 있다.

바울은 교회를 개척하면서 다른 사람에게 교회를 맡긴다는 표현을 쓰지 않고 하나님께 맡긴다는 표현을 사용한다. 우리는 궁극적으로 사도 바울에게 교회 개척을 배우는 것이 아니라 예수님께 교회 개척을 배워야 한다. 예수님이야 말로 최고의 교회 개척자다.

마태복음 16장 18절에 예수님이 이런 말씀을 하셨다. "내가 이 반석 위에 내 교회를 세우리니." 리더들을 세우고 천국의 열쇠를 주신다고 하셨다. 예수님은 내가 우리 교회를 위하는 마음보다 훨씬 더 큰 것을 알고 일하고 계신데 이런 사실을 잊을 때가 얼마나 많은지 모른다. 베드로의 신앙고백과 하나님의 말씀 위에 예수님이 교회를 세우신다. 우리가 교회 개척을 하는 것은 온전히 하나님의 일이다. 사도 바울은 "나는 심었고 아볼로는 물을 주었으되, 오직 하나님께서 자라나게 하셨나니"라고 했다. 결국 심은 이나 물 주는 이는 아무것도 아닌 것이다. 나는 이 부분이 마음에 안 든다. 참 마음에 안 든다. 뭐 그렇게까지 아무것도 아니라고 말씀하셔야 되는지 모르겠다.

사도 바울이 "그런즉 심은 이나 물 주는 이는 조금 수고했지만, 오직 자라게 하시는 분은 하나님뿐이니라"라고만 했어도 내가 "아멘"이라고 했을 텐데, "나는 심었고 아볼로는 물을 주었으되 오직 하나님께서 자라나게 하셨나니." 결국, 심은 자도 물을 주는 자도 아무것도 아닌 것이다.

교회 개척은 나에 관한 이야기도 아니고 우리에 관한 이야기도 아니고 하나님에 관한 이야기다. 나는 작아져야 되고 예수님이 커져야 한다. 오직 자라나게 하시는 분은 하나님이시다. 우리의 교회 생태계는 이렇게 일어나야 한다.

부록

한국교회와 팀 켈러, 그리고 복음 도시 운동

- CTC의 복음 DNA가 나의 목회 사역을 어떻게 형성해 왔는가

고성제
SUNG JE GOH

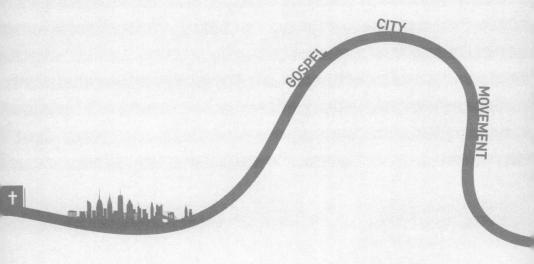

필자의 목회 여정에서 팀 켈러 목사와의 만남은 하나님이 주신 큰 복이었다. 그 만남이 필자에게 얼마나 복된 만남이었을지는 필자가 그를 만나기 20여 년 전에 만든 교회 소개지를 보면 조금 짐작할 수 있다. 개척 초기부터 필자는 교회를 알리는 홍보지에 필자가 어떤 설교를 하고자 하는지에 대해 간단한 설명을 실었다. 각 항의 제목만 소개하면 다음과 같다.

① 균형의 문제에 대해 고민하는 설교

② 변증적 설교

③ 십자가의 복음을 풍성하게 선포하는 설교

④ 구속사적 설교

⑤ 단지 '예수 믿고 천당! there and then'이 아닌 '지금 여기에서의 책임 here and now'도 강조하는 설교

⑥ 공동체를 강조하는 설교

⑦ 그리스도 중심적 설교

⑧ 시사적이고 상담적인 설교(각 항목에 대한 상세 내용은 각주의 소개지 내용 참조).[1]

이렇게 인용하고 보니 혼자 좋은 말 다 끌어다 쓴 것 같아 쑥스러운

감도 있다. 사실 그 하나하나는 당시 필자가 오래 고민하던 것을 정직하게 풀어놓은 것이기도 하다. 하지만 우리의 비극은 가치 있는 고민을 오래 품고 있다 하더라도 반드시 올바른 답을 갖게 되는 것이 아니다. 물론 고민하지 않는 것보다야 낫지만, 그렇다고 쉽게 만족스러운 답에 이르게 되지는 않는다. 답을 얻지 못한 채 고민만 오래하고 있는 것은 괴로운 일이다. 부끄럽게도 나의 경우는 다소간에 그러했다고 말할 수 있다. 진지하게 고민은 했지만, 속 시원한 진전은 없었다. 조금 진전이 있었다 하더라도 전체적으로 통합 정리된 데에서 뿜어 나오는 것이 아니었다. 언제 굴착이 끝나 저편 빛을 볼 수 있을지 모르는 가운데 오늘도 터널을 뚫고 있는 사람의 심정이랄까…. 나는 누군가의 도움이 필요했다.

팀 켈러 목사와의 복된 만남

팀 켈러 목사와의 만남, City to City 그리고 그 운동을 참여하는 동역자들과의 만남은 바로 그런 때에 이루어졌다. 그것은 마치 먼지와 땀으로 범벅된 작업자에게 저편에서 비춰는 한 줄기 빛과 같았다. 그와의 만남 이전부터 복음을 바르고 균형 있게 전하기를 원하며 나름 애를 썼지만, 팀 켈러 목사와의 만남은 차원이 달랐다. 그것은 한 마스터(대가)와의 만남과 같았고, 탁월한 멘토를 만난 느낌이었다. 그와의 첫 만남은 내게 격려(위안)와 부끄러움과 안도감이 뒤엉킨 묘한 감정을 가져다 주었다.

먼저는 격려였다. 그것은 그동안 고민해 온 방향이 틀리지 않았다는 위안과 같았다. 팀 켈러 목사가 세밀하게 관심을 두고 고민한 부분들이 내가 고민해 온 부분들과 상당 부분 중첩되고 있음을 보는 것만으로도 약간의 희열과 위안이 느껴졌다. 회중 가운데 있을 사실상의 비신자들을 의식한 변증적 설교에 대한 강조, 타 종교나 신념을 극복해 나가되, 비난이 아닌 존중의 태도로 극복하려는 태도, 그들의 언어와 사고, 문화를 잘 분석해 그들을 극복하려 애쓴다는 점, 모든 설교는 그리스도 중심적 설교여야 함에 대한 강조, 복음 안에 모든 것에 대한 답이 있음에 대한 확신 등이 그러했다.

하지만 그와의 만남은 부끄러움도 안겨 주었다. 팀 켈러 목사의 가르침은 그동안 내가 고민해 온 고민이 얼마나 폭이 좁고 미숙하며 피상적이었는지를 알게 해 주었기 때문이다. 그동안 나름 고민하며 설교해 온 것들은 무척이나 허술하고 무엇보다 전체적으로 통합된 탄탄함에서 흘러나오는 것이 아닌 거의 파편처럼 흩어진, 조직되지 못한 지식들이었다. 이런 부족한 목사를 의지해서 신앙의 여정을 걸어온 성도들에게 미안함과 고마움이 느껴졌다. 내가 잘 정립된 목회자였더라면 성도들은 얼마나 더 잘 세워지고 복음 안에서 기쁨과 확신에 찬 생활을 했을까라는 마음이 들었다.

그리고 안도감을 주었다. 복음을 깊고 넓게 그리고 분명하고 확실하게 이해하고, 그 토대 위에서 신앙의 여러 주제들을 이렇게 치열하게 고민하여 뚫어내고, 통합하여 균형 있는 복음적 입장을 정리해 낸 탁월한 마스터를 만난 데 대한 안도감이었다. 지금까지 고민해 오면서도 마땅히 시원한 답을 얻지 못한 부분들에 대해, 확고한 복음적 논리 위에서 명쾌하게 답을 찾아가도록 도와줄 길잡이를 만난 느낌! 그것은 로이드 존스나 존 스토트를 만난 것과는 또 다른 느낌이었다. 팀 켈러 목사라면 나뿐 아니라 지금 한국교회 전체가 처한 현실을 타개해 나가는 데에 본질적 도움을 줄 수 있겠구나 하는 생각이 들었다. 그리고 이 운동을 한국과 미국의 City to City 동역자들과 함께한다는 것이 커다란 기대감을 주었다.

팀 켈러 목사가 준 도움들

필자는 팀 켈러 목사와의 만남을 통해 목회와 신학을 새롭게 하는데 많은 도움을 받았다. 그중에 나에게뿐 아니라 한국교회에도 크게 도움이 될 것이라 믿어 의심치 않는 몇 가지를 적시하면 다음과 같다.

복음으로 새로워지다

먼저, 팀 켈러 목사는 우리에게 복음으로 새로워지도록 도움을 준다. 지금 한국교회는 한마디로 복음의 위기를 겪고 있다. 물론 현 위기는 교회와 목회자의 윤리적 타락으로 초래된 부분이 많이 있다.[2] 그렇다고 모든 교회가 그런 것은 아니다. 아직 우리 사회에는 구석구석 이름 없이 빛도 없이 수고하며 희생하는 많은 목회자들이 있다. 문제는 윤리적 문제를 일으키는 목회자는 말할 것도 없고, 이름 없이 수고하시는 분들에게 있어서 복음의 상황은 어떠한가 하는 것이다. 그들의 그 고귀한 수고와 희생에도 불구하고 교회는 복음으로 풍성하며 그 깨달음으로 빚어져 있는가? 한국교회 성도들과 접촉하면 복음의 향기가 묻어나는가? 한국 기독교인들에게서 복음으로 인한 희열과 자유가 느껴지는가 아니면 각종 의무로 구성된 종교의 무거움이 느껴지는가?

최근 한국 기독교인의 수는 급격하게 감소했고, 지금도 '역-엑소더스'(탈교회)는 계속되고 있다. 이 모든 것을 몇몇 대형교회의 탈선 탓으로 돌릴 수만은 없을 것이다. 왜냐하면 사람들이 떠나는 더 근본적 이유는 그들이 교회 안에서 진정한 복음을 발견할 수 없기 때문이다. 그들이 교회 안에서 경험한 것은 우상과 죄의 속박과 두려움에서 해방시켜 주는 복음이 아니라 그저 의무나 관습으로 옭아매는 종교뿐이었다. 진리를 만나기를 기대했으나 그들이 목격한 것은 진리를 스스로 부정하는 모순된 삶이었다. 그래서 사람들이 '진리를 찾아 교회를 떠나는' 기막힌 현상이 벌어진 것이다. 이것은 교회의 윤리적 노력 차원으로 극복될 일이 아니다. 한국교회가 복음을 통해 심층적으로 새롭게 될 때 극복될 수 있다. 필자는 바로 이 점에서 나를 포함해 한국교회가 도움을 받을 수 있다고 본다.

복음에 대한 팀 켈러 목사의 담론들이 더욱 마음 깊이 와닿는 이유는, 그것이 방법론이나 프로그램에 관한 것이 아니기 때문이다. 그의 조언은 작은 것 하나까지도 근본적으로 복음적 원리에 뿌리를 둔다. 그래서 그의 조언이 한국교회를 뿌리부터 건강하게 할 수 있을 것이라고 생각한다. 복음에 대한 팀 켈러 목사의 선명한 이해와 깊은 적용은 반드시 배워야 할 것이다. 그는 복음을 혼동하기 쉬운 것들과 대비함으로써, 선명하게 이해하도록 탁월하게 도와준다. 우선 복음을 각종 의무와 종교적 관습으로 가득한 종교와 대비시킨다. 그의 탁월한 설명은 우리가 얼마나 복음 아닌 종교에 빠져 있는지를 깨닫게 한다. 그리고 이 깨달음은 우리를 종교로부터 복음으로 전환하게 한다.

복음과 그 결과를 혼동하지 말라

그는 복음과 복음의 결과(선행, 섬김, 헌신, 등의 윤리적 삶)를 혼동하지 말 것을 주문한다. 이것 또한 우리가 얼마나 자주 실수하는 부분인지 모른다. 복음 자체에 대한 풍성하고 올바른 강조가 결과를 만들어 내는 것이다. 그래서 복음을 더욱 풍성하게 선포하는 일에 힘을 다해야 하는데, 우리는 그렇게 하지 않고 오히려 복음이 가져올 결과에 초점을 맞추어 메시지를 선포하는 경우가 많다.

그렇다 보니 교인들은 동기 부여는 받지 못한 채 의무감만 짊어지게 되었고 괜히 교회를 다녀서 더 '수고하고 무거운 짐 진 자들'이 되고 만다. 동기부여는 없이 의무만 강조한 것이 한국교회를 끝없는 죄책감 아래로 몰아가고 성도들을 바리새인과 같은 위선자로 만든다. 우리는 얼마나 많은 교회들이 이런 모습인지 잘 알고 있다. 이 점에서 팀 켈러 목사의 가르침은 한국교회가 올바른 길에 서도록 돕는다.

한 가지 언급하고 싶은 것은 팀 켈러 목사의 이런 조언은 늘 균형에 대한 세심한 주의 가운데 이루어지므로 더욱 신뢰할만하다는 것이다(균형에 대해서는 추후 다시 언급하겠다). 균형에 대한 그의 관심은 그가 복음과 복음의 결과를 혼동하지 말라고 할 때에도 나타난다. 그는 '이 둘은 다른 것'이라고 말한 후 즉시 '그 둘은 분리되어서도 아니 된다'고 강조한다. 복음이 복음의 결과로 이어지는 것은 당연하며, 설교자는 마땅히 그렇게 되도록 유의해야 한다는 말이다. 팀 켈러 목사의 이런 가르침은 목회자들이 목회 현장에서 순간 헌신하지 않는다고 무섭게 책망하다가, 급작스럽게 은혜의 복음을 선포하는 등 둘 사이에서 갈팡질팡 하는 일을 막아준다. 복음의 풍성한 선포가 이 모든 것이 가능하게 함을 믿고 꾸준하게 복음을 선포하도록 도와주는 것이다.

마음의 우상을 분석하고 복음을 선포하다

팀 켈러 목사는 우리 마음의 우상 분석을 통해 복음이 효과적으로 선포하도록 돕는다. 나 자신을 포함한 우리는 대개 우상을 피상적으로 이해함으로써 자신은 우상과 무관한 줄로 착각한다. 하지만 그는 우상을 예리하고 실제적으로 이해하게 함으로써 복음이 한층 날카롭게 선포되도록 도와준다. 우리에게 내재된 불안과 두려움, 인정과 통제의 욕구 등이 어떤 우상들을 만들어 내는지를 잘 드러냄으로써 우리가 복음을 선포하되 허공을 치는 것 같이 하지 않게 한다. 복음이 우리 안의 무엇을 겨냥해서 어떻게 선포되어야 하는지, 그리고 그 결과로 자유롭게 될 것을 기대하게 한다. 이렇게 팀 켈러 목사는 설교자의 우상 해체 작업을 도와줌으로써, 회중 안에 어떤 우상이 있는지에 대해 아무런 인식도 없이 그저 선포만 하던 비효율을 벗어나게 하고, 복음이 청중의 내면 깊이에서 울림이 되게 한다.

복음의 상황화에 힘쓰라

한편 이 모든 것과 함께, 복음의 상황화에 대한 그의 강조는 복음이 오늘 여기서 살아가는 이들에게 '와닿는 말씀'이 되게 돕는다. 물론 설교자라면 누구나 어느 정도 상황화를 하고 있을 것이다. 그럼에도 불구하고 팀 켈러 목사는 설교자가 왜 그것을 해야 하는지, 어떻게 해야 하는지, 과도한 상황화와 과소한 상황화 사이에서 어떤 방법으로 균형을 취해야 하는지 등에 대해 바르게 생각하도록 자세히 도와준다. 그리하여 기존에 해 오던 상황화의 바른 길을 제시함으로써 설교가 주변 문화와 적절하게 관계하도록 돕는다. 이를 통해 설교가 더욱 적절성 있는 설교, 들리는 설교, 와닿는 설교가 되게 하는 것이다. 설교가 이렇게 마음에 깊이 와닿을 때, 복음의 결과도 기대할 수 있다. 결국 팀 켈러 목사는 복음이 복음 아닌 것과 구별되게 할 뿐만 아니라, 복음이 바르게 선포되어 결과를 가져올 수 있도록 필요한 조언을 아끼지 않는다.

복음과 관련해서 필자가 가장 감동받는 부분은 복음 안에 인생의 모든 질문들에 대한 답이 다 들어있다는 그의 확신과 열정이다. 바로 이런 분명한 확신 때문에 그는 설교할 때마다 그 속에서 무언가에 대해 답을 하려고 시도한다. 회중은 그의 설교를 통해 적어도 한 가지 질문에 대해서는 답을 듣게 되는 경험을 하게 된다. 그런 이유로 그의 설교는 모든 회중에게 매력적이고 심지어 비신자에게까지 매력적으로 들려 전도가 된다. 전해야 할 내용을 전하는 데에 그치지 않고, 설교를 듣는 회중 가운데 분명히 존재하고 있을 비신자와 회의자의 반론과 질문에 대답하려고 애쓰는 팀 켈러 목사의 모습은 우리가 본받아야 할 대단히 중요한 태도이다. 이 점은 미숙하나마 필자 또한 이전부터 노력해 오던 부분이다. 그러다 보니 필자의 설교도 미약하나마 누군가에게 대답을 하는 측면, 누군가의 반론을 다루는 변증적이고 설득적인 측면이 있었다. 그런 설교들이 맹목적 신앙에 강한 거부감을 가진 젊은 세대들에게 와닿았는지, (설교가 결코 짧지 않음에도 불구하고 - 약 55분에서 1시간을 설교함) 젊은이들의 교회 참여가 갈수록 높아지고 있다. 그 결과로 14년 전 부임 당시 거의 대부분이 노인들이었던 우리 교회는 당시에 비하면 상당히 젊어졌다. 심지어 연령 역전을 이루게 되었다.[3] 이제 팀 켈러 목사를 알았으니 '질문에 대답하는 설교'를 하는 부분에 있어서도 더욱 강하여지고 발전하게 될 것이라 생각되며, 그것이 회의적인 세대에게 깊이 닿을 수 있지 않을까 기대해 본다.

복음 안에 답을 확신하는 사역자

오늘날 젊은이들이 대거 교회를 떠난 현실에 대하여 "요즘 젊은이들은 진리에 관심이 없어!" "젊은이들은 너무 감각적인 것만 추구해!"라며 쉽게 그들 탓을 하는 경향이 있다. 그러나 팀 켈러 목사처럼 복음 안에 분명한 답이 있음을 확신하고, 철저한 상황화를 통해 누군가에게 답하는 설교를 한다면 분명히 젊은이들의 마음을 움직일 것이라고 믿는다.[4]

문제는 오늘 우리 목회자에게 그런 확신이 있는가 하는 점이다. 이 확신이 없는 목회자는 성도들의 질문에 대해 대답하기를 지레 포기하고, 과거 교회에서 늘 듣던 대로 "묻지 말고 믿어라"라는 설득력 없는 말을 되풀이하게 될 것이다.

복음 안에 삶의 가장 아름답고 완전한 답이 있음을 확신하는 사역자는 복음 안에서 그 보물을 찾기까지 쉬지 않는다. 좀처럼 답을 발견하지 못하고 있는 동안에도 그는 복음 안에 그 보물이 존재한다는 사실 하나로 흥분과 기대를 가지고 열정적으로 탐구를 계속해 나간다. 결국 교회는 그런 목회자들에 의해 새로워질 것이며, 이 회의론자들의 시대는 그런 목회자들에 의해 극복될 수 있을 것이다. 그런 점에서 필자는 우리 모두가 팀 켈러 목사가 발굴한 보화(대답들)를 배우는 데에 만족하지 말고, 복음 안에 모든 답이 있다는 분명한 확신 속에서 탐구를 계속해 온 그의 치열한 자세를 배워야 한다고 말하고 싶다.

지금까지는 복음 갱신의 측면에서 필자가 감동받은 부분들을 중심으로 한국교회에도 도움이 될 것으로 기대되는 부분들을 이야기했다. 하지만 그것은 그가 주는 도전의 일부일 뿐이다. 그는 복음 갱신 이외에도 복음이 교회 안에만 머물지 않고 모든 면에서 지역 사회(세상·도시)를 품을 수 있도록 이론적 뒷받침을 잘해 주고 있다. 그리고 그것이 하나의 연합적 운동이 되도록 헌신하며 도전한다. 보수신학 계열에 서 있는 필자로서 그에게 특별히 감사하는 것은 그가 '보수신학이 가지기 쉬운 편협함을 보수신학에 의해 극복'하고 있다는 점이다. 어떤 논지를 위해 성경 말씀을 일부러 비틀지 않고도 교회가 이 모든 책임 가운데서 균형을 갖추도록 일깨워 주는 점이 너무나 감사하다. 더욱이 그가 이 모든 것을, 학자로서가 아니라 (학자이기도 하지만) 목회자로서 하고 있기에 더욱 존경스럽다. 목회자로서 필자는 매주 설교 준비와 심방, 시무 교회 하나 운영하고 돌보는 일만으로도 여력이 없기 때문이다.

도시를 품는 일과 운동의 측면에 있어서 그가 주는 영감과 교훈은 너무나 많지만 다 생략하고 (이 부분에 대해서는 그의 책 《팀 켈러의 센터처치》 참조),

마지막으로 한 가지만 더 언급하며 마무리하려 한다. 바로 균형을 위한 그의 세심한 노력이다.

한국교회에 필요한 것은 균형이다

균형의 문제는 필자 또한 오랜 동안 중시하며 관심이 많았던 부분이다. 심지어 필자는 한국교회가 무너지는 데에 '균형에 대한 무관심과 노력 부족'이 크게 일조한다고 생각한다. 예수님을 믿지 않는 사람에게는 예수님을 믿는 일이 시급하다. 하지만 일단 예수님을 믿은 사람에게는 바로 믿는 일, 균형 있게 믿는 일이 중요하다. 균형이 깨진 신앙은 온갖 문제의 온상이며, 교회를 사회적 혐오와 지탄의 대상이 되게 할 뿐이다. 기독교 전래 100주년을 오래전에 넘어선 한국교회는 진즉에 성숙하고 균형 잡힌 모습을 보여 주어야 했다. 교회는 복음이 아름다운 것이며, 그 안에 '아름다운 것 중에 가장 아름다움', '완전한 것 중에 가장 완전함'이 있음을 보여 주어야 했다. 하지만 한국교회의 모습은 그것과 거리가 멀었다. 왜 그렇게도 몰상식하고, 균형이 깨진 모습인지 …. 균형의 문제는 있어도 되고 없어도 되는 문제가 아닌 것이다.

균형의 중요함은 자연스럽게 균형의 세심함을 요청한다. 이 점에 있어서 균형을 위한 팀 켈러 목사의 세심함은 대단히 인상적이다. 그는 자신과 다른 신앙의 노선들 사이에서, 각 입장들을 존중하며 균형을 잡으려고 노력한다. 여기서 존중은 그저 무례하다는 비난을 피하기 위한 최소한의 예의 정도가 아니다. 그것은 각 노선이 했을 고민을 존중하는 마음으로 진지하게 받아들이고 그들의 핵심 주장으로부터 배우려는 겸손한 자세다. 그의 말과 글에는 그런 겸손과 균형에 대한 엄청난 관심이 잘 드러나 있다. 균형을 위한 그의 관심은 때로는 이 점에 관심이 있는 나도 따라잡기에는 너무 세심하고 복잡해서 무력감을 느낄 정도다. 하지만 그럴 때조차도 '이런 점에까지 주의를 기울이다니! 과연 팀 켈러 목사다!'라며 무릎을 치며 한 차원 더 발전하게 된다.

균형을 위한 그의 열망은 그의 신학적 비전을 정리한 책의 제목(《팀 켈러의 센터처치》)에서도 잘 나타난다. 센터처치는 서로 다른 신앙 모델들, 심지어 서로 상반되는 모델들 사이에서, 그것들이 가지고 있는 진지한 고민, 성격적 장점, 핵심적 통찰을 붙잡으려고 노력하는 가운데 자리 메겨지는 교회다. 그저 이것과 저것 사이에서, 이것도 아니고 저것도 아닌, 혹은 이것도 조금 저것도 조금 섞어 만들어진 '균형'이 아니라, 그 모든 것 가운데 있는 성경적 핵심 통찰을 진지하게 이해하고 붙잡으려는 끊임없는 노력 가운데 이루어지는 균형이다. 그는 우리가 완전히 반대되는 모델들로부터도 그 핵심적 통찰을 배우려고 진지하게 노력할 때 그 모든 입장들 사이에서 더욱 중심에 가까워질 수 있다고 조언한다. 그의 책 제목 《팀 켈러의 센터처치》는 그가 얼마나 열렬히 그 지점을 추구해 왔는지를 잘 보여 준다. 필자는 한국교회가 팀 켈러 목사의 설교와 글을 통해 모두 다 센터 처치가 되기를 소망한다.

주

PART 1

01

1. Phillip Connor, "6 Facts about South Korea's Growing Christian Population," Pew Research Center, August 12, 2014, http://www.pewresearch.org/fact-tank/2014/08/12/6-facts-about-christianity-in-south-korea

02

1. Bryan Chapell, "Introduction" in *The Gospel Transformation Bible* (Wheaton, IL: Crossway,2013), viii.

2. 본 섹션은 팀 켈러의 *Center Church: Doing Balanced, Gospel-Centered Ministry in Your City* (Grand Rapids, MI: Zondervan, 2012), 40-44를 요약한 글이다. 이 책은 국내에서 다음과 같은 제목으로 출판되었다. 《팀 켈러의 센터처치》 오종향 옮김 (서울: 두란노, 2016).

3. Timothy Keller, *Center Church: Doing Balanced, Gospel-Centered Ministry in Your City* (Grand Rapids, MI: Zondervan, 2012), 65; 《팀 켈러의 센터처치》 오종향 옮김 (서울: 두란노, 2016).

4. Graeme Goldsworthy, *Preaching the Whole Bible as Christian Scripture: the Application of Biblical Theology to Expository Preaching* (Grand Rapids, Mich.: W.B. Eerdmans, 2000), 4. 이 책은 국내에서 다음과 같은 제목으로 출판되었다. 《성경신학적 설교 어떻게 할 것인가》 김재영 옮김 (서울: 성서유니온선교회, 2002).

5. Edmund P. Clowney, *Preaching and Biblical Theology* (Phillipsburg, N.J.: Presbyterian and Reformed Pub. Co., 1979), 80. 이 책은 국내에서 다음과 같은 제목으로 출판되었다. 《설교와 성경신학》 류근상 옮김 (고양: 크리스챤출판사, 2003).

6 데이비드 머레이(David Murray)는 "구약성경 전체는 무엇에 관해 말하고 있는가?"라는 질문을 던지며 책의 내용을 소개하기 시작한 후, 이어지는 총 네 장(3-6장)에 걸쳐 예수, 베드로, 바울, 요한의 반응을 살피며, 그렇게 신약성경이 서로 다른 저자들과 목소리를 통해서도 한결같은 방식으로 구약성경의 흐름을 이해한다는 사실을 논증한다. David Murray, *Jesus On Every Page: 10 Simple Ways to Seek and Find Christ in the Old Testament* (Nashville: Thomas Nelson, 2013). 이 책은 국내에서 다음과 같은 제목으로 출판되었다. 《구약 속 예수》 조계광 옮김 (서울: 생명의말씀사, 2014).

7. Darrell L. Bock, *Luke*, vol. 2 (Grand Rapids, MI: Baker Books, 1994-1996), 1937. 이 책은 국내에서 다음과 같은 제목으로 출판되었다. 《누가복음 2》 신지철 옮김 (서울: 부흥과개혁사, 2017).

8. Dane Ortlund, "And Their Eyes Were Opened, And They Knew: An Inter-Canonical Note on Luke 24:31", JETS 53/4 (December 2010), 717-728.

9. Clowney, *Preaching and Biblical Theology*, 100.

10. 유대교의 성경 해석 방법과 기술에 관한 더 많은 정보를 얻기 위해서는 다음의 문헌들을 참고하라. G. K. Beale, *Handbook On the New Testament Use of the Old Testament: Exegesis and Interpretation* (Grand Rapids, MI: Baker Academic, 2012), 103-132. 이 책은 국내에서 다음과 같은 제목으로 출판되었다. 《신약의 구약 사용 핸드북》 이용중 옮김 (서울: 부흥과개혁사, 2013). Kenneth Berding and Jonathan Lunde, *Three Views On the New Testament Use of the Old Testament*, Counterpoints series. *Bible and Theology* (Grand Rapids, Mich.: Zondervan, 2008), 22-41. Richard Bauckham, *The Book of Acts in Its First Century Setting*, 1. (Grand Rapids, Mich.: Eerdmans, 1995), 454. Richard Bauckham's article in *Hearing the New Testament: Strategies for Interpretation*, 2nd ed. (Grand Rapids, Mich.: W.B. Eerdmans Pub. Co., 2010), 90.

11. Richard N. Longenecker, *Biblical Exegesis in the Apostolic Period*, 2nd ed. (Grand Rapids, MI: Eerdmans, 1999), 20.

12. 요 6:31; 12:15, 40; 롬 4:3-7; 히 7:1-28 등을 참고하라.

13. 가령 하나님 나라, 율법과 은혜, 언약, 창조-타락-구속-완성, 참 하나님과 우상, 예배, 성전, 의와 허물, 결혼과 충절, 형상과 모양, 아들의 신분, 안식일과 안식, 지혜와 말씀, 정의와 심판 등이 있다. 각 주제에 대한 더 상세한 연구를 위해서는 D. A. 카슨(Carson)이 편집한 IVP의 *New Studies in Biblical Theology* 시리즈를 참고하라.

14. 출애굽기 33장 19절의 말씀은 이와 같다. "여호와께서 이르시되 내가 내 모든 선한 것을 네 앞으로 지나가게 하고 여호와의 이름을 네 앞에 선포하리라 나는 은혜 베풀 자에게 은혜를 베풀고 긍휼히 여길 자에게 긍휼을 베푸느니라."

15. 출애굽기 34장 6절의 칠십인역에는 이런 표현이 사용되었다. πολυέλεος καί ἀληθινός(역주: 긍휼이 풍성하고 진실한). 요한복음 1장 14절의 헬라어 원문에는 이런 표현이 사용되었다. πλήρης χάριτος καί ἀληθείας(역주: 충만한 은혜와 진리).

16. 요한복음 1장 14절의 헬라어 원문은 다음과 같다. καὶ ὁ λόγος σάρξ ἐγένετο καὶ ἐσκήνωσεν(거주했다, 성막을 쳤다) ἐν ἡμῖν

17. 사용된 도표는 팀 켈러의 개인 노트에 있는 자료를 수정한 내용이다.

18. Murray, *Jesus on Every*, 91.

19. Edmund P. *Clowney and Rebecca Jones, How Jesus Transforms the Ten Commandments* (Phillipsburg, N.J.: P & R Pub., 2007), xiii.

03

1. 다음 책에서 제임스 패커가 기록한 서문을 참고하라. Edmund P. Clowney, *The Unfolding Mystery: Discovering Christ in the Old Testament*, 2nd ed. (Phillipsberg, New Jersey: P & R Pub., 2013), 7-8.

2. 이에 대한 자세한 분석을 위해서는 다음 책을 참고하라. Timothy Keller, *Preaching: Communicating Faith in an Age of Skepticism* (New York, NY: Penguin Books, 2016), 255-256. 이 책은 국내에서 다음과 같은 제목으로 출판되었다. 《팀 켈러의 설교》 채경락 옮김 (서울: 두란노, 2016). 여러 신학자들과 설교자들이 성경의 모든 본문에서 그리스도에 이르는 방법을 분류하는 다음과 같은 기준들을 가지고 있다. 싱클레어 퍼거슨(Sinclair Ferguson): 1) 약속과 성취, 2) 모형(type)과 대형(antitype), 3) 언약과 그리스도, 4) 구원에 대한 예비적 참여(proleptic participation in salvation)와 그에 이어지는 현실(subsequent realization). 시드니 그레이다누스(Sidney Greidanus): 1) 구속사적 진행, 2) 약속과 성취, 3) 모형론, 4) 유비, 5) 지속되는 주제, 6) 신약성경의 참고, 7) 대조. 브라이언 채플(Bryan Chapell): 1) 예언, 2) 준비, 3) 반영, 4) 결과. 데이비드 머레이(David Murray): 1) 창조, 2) 구약성경의 인물들, 3) 하나님의 출현, 4) 하나님의 율법과 계명, 5) 이스라엘의 역사, 6) 선지자, 7) 모형, 8) 언약, 9) 잠언, 10) 시편 기자들. 각각에 대해 다음을 참고하라. Sinclair Ferguson, *Preaching Christ from the Old Testament: Developing a Christ-Centered Instinct* (London: Proclamation Trust Media, 2000). Sidney Greidanus, *Preaching Christ from the Old Testament: A Contemporary Hermeneutical Method* (Grand Rapids: Eerdmans, 1999). 이 책은 국내에서 다음과 같은 제목으로 출판되었다. 《구약의 그리스도 어떻게 설교할 것인가》 김진섭 외 옮김 (서울: 이레서원, 2002). Bryan Chapell, *Christ-Centered Preaching: Redeeming the Expository Sermon* (Grand Rapids,: Baker, 1994). 이 책은 국내에서 다음과 같은 제목으로 출판되었다. 《그리스도 중심의 설교: 강해설교의 새로운 지평》 엄성옥 옮김 (서울: 은성, 2016). David Murray, *Jesus on Every Page: 10 Simple Ways to Seek and Find Christ in the Old Testament* (Nashville, Thomas Nelson, 2013).

3. 앞 장에서 언급한 바와 같이, 이와 유사한 개념이 마태복음 4장에서도 발견된다.

4. 사사기의 마지막 구절은 이야기가 불완전하게 마무리되는 장면을 보여 주며 장차 온전한 왕이 오게 되리라는 사실을 암시한다. 즉 사사기는 "그 때에 이스라엘에 왕이 없으므로 사람이 각기 자기의 소견에 옳은 대로 행하였더라"라는 말씀으로 끝을 맺는다(삿 21:25). 사사기의 이야기는 장차 자기 백성을 구원하고 그 사사 시대에 존재했던 악순환을 영원히 끝내 버릴 온전한 사사 또는 온전한 왕을 가리키고 있다.

5. 삼손은 이에 대한 또 다른 예이다. 물론 구약 시대의 사사들과 예수 그리스도 사이에는 상이점 들이 있지만, 놀라울 만큼 유사점들도 많이 있다. 삼손의 경우 그가 마지막 사사였던 것처럼, 예수님도 구속사의 궁극적인 구원자이시다. 이 두 경우에 대해 성경은 각각 탄생과 죽음에 관 한 이야기를 소개한다. 이를테면, 두 경우 모두 천사가 탄생 소식을 알릴 뿐 아니라(삿 13:3-5; 눅 1:26-38), 어머니가 예사롭지 않게 소개되고(삿 13; 눅 1), 광야에서 시험의 기간을 거치며(삿 14:5-6; 눅 4:1-11), 부모로부터 오해를 받거나(삿 14:1-3; 눅 2:41-52), 비유를 사용하고(삿 14:12-20; 눅 8:9-10), 가치가 없는 사람을 조건 없이 사랑하지만 그로부터 배신을 당해 헐값에 팔리게 되며(삿 16:4-6; 눅 22:3-6), 적들에 의해 눈이 뽑히거나 가려지고(삿 16:21; 눅 22:64), 결국 죽기 직전에 기도하며 믿 음 가운데 죽게 되는 모습(삿 16:28-30; 눅 23:46)을 소개한다.

6. Iain M. Duguid, *Living in the Gap between Promise and Reality: the Gospel According to Abraham*, 2nd ed., *The Gospel According to the Old Testament* (Phillipsburg, New Jersey: P & R Publishing, 2015), 49-51. 이 책은 국내에서 다음과 같은 제목으로 출판되었다. 《크리스천이 사는 법》 김정식 옮김 (서울: 좋은씨앗, 2002).

7. 더 상세한 설명을 위해서는 다음을 참고하라. *Vern Poythress's Symphonic Theology* (Phillipsburg, New Jersey: P&R Publishing, 1987) 및 John Frame's *Doctrine of the Knowledge of God* (Phillipsburg, New Jersey: P&R Publishing, 1987).

8. 이는 팀 켈러의 개인 노트를 참고했다.

9. 심지어 비기독교인들도 예배를 지향하는 인간의 마음에 있는 경향성을 인식해 왔다. 한 예로 잘 알려진 저자인 데이비드 포스터 월리스(David Foster Wallace)가 케년대학(Kenyon College)의 2005년 졸업식에서 "모든 사람은 예배하며, 우리에게 주어진 선택은 무엇을 예배하는가"라고 발표했 던 연설을 참고할 수 있다. 이는 "This is Water"라는 제목으로 http://bulletin-archive.kenyon. edu/x4280.html에 게재되어 있다. 이 연설의 내용은 또한 팀 켈러의 *Center Church: Doing Balanced, Gospel-Centered Ministry in Your City, 34*에서도 인용되었다. 여기서는 우상 숭배에 관한 팀 켈러의 개인 노트도 참고했다.

10. 이에 대해 다음을 참고하라. Timothy Keller, *Gospel in Life Study Guide* (Grand Rapids, MI: Zondervan, 2010), 44. 이 책은 국내에서 다음과 같은 제목으로 출판되었다. 《팀 켈러의 복음과 삶》 오종향 옮김 (서울: 두란노, 2018).

11. Rebecca Manley Pippert, *Out of the Saltshaker & into the World* (Downers Grove, Illinois: InterVarsity Press, 1979), 53. 이 책은 국내에서 다음과 같은 제목으로 출판되었다. 《빛으로 소금으로》 김성녀 옮김 (서울: IVP, 2004).

262 복음만이 모든것을 바꾼다

12. Timothy Keller, *The Freedom of Self-Forgetfulness: The Path to True Christian Joy* (Chorley, England: 10publishing, 2012). 이 책은 국내에서 다음과 같은 제목으로 출판되었다. 《복음 안에서 발견한 참된 자유》 장호준 옮김 (서울: 복있는사람, 2012).

13. 다음의 자료는 예수 그리스도가 구약성경을 성취하시는 방식을 이해하는 데 유익하다. Christopher J. H. *Wright's Knowing Jesus through the Old Testament* (Downers Grove, Illinois: InterVarsity Academic, 2014). 이 책은 국내에서 다음과 같은 제목으로 출판되었다. 《구약의 빛 아래서 그리스도를 아는 지식》 홍종락 옮김 (서울: 성서유니온선교회, 2010).

PART 2

04

1. Doug Saunders, *Arrival City: How the Largest Migration in History is Reshaping Our World* (New York: Pantheon, 2010): 1.

2. US News & World Report, "National University Rankings," http://colleges.usnews.rankingsandreviews.com/best-colleges/rankings/national-universities; Massachusetts Institute of Technology, "MIT Facts: Faculty and Staff," http://web.mit.edu/facts/faculty.html

3. US News & World Report, "Best Hospitals 2011-12: the Honor Roll," http://health.usnews.com/health-news/best-hospitals/articles/2011/07/18/best-hospitals-2011-12-the-honor-roll

4. City of Boston, "Boston Common," http://www.cityofboston.gov/freedomtrail/bostoncommon.asp

5. 좌표 42.351139/-71.064935에 위치한 이 2마일의 반경의 구역은 보스턴 시내로 간주되는 지역과 그 이웃 도시인 케임브리지의 중요한 지역을 에워싸고 있다. 이 반경 2마일 안에는 약 225,000명의 인구가 살고 있다.

6. 2010년에 실시된 인구조사에 따르면, 당시 보스턴 자체의 인구는 약 618,000명이었다. Boston Redevelopment Authority, "Boston: 2010 Census Population," bostonredevelopmentauthority.org, http://www.bostonredevelopmentauthority.org/PDF/ResearchPublications/Boston.pdf

7. Edward Glaeser, *Triumph of the City: How Our Greatest Invention Makes Us Richer, Smarter, Greener, Healthier, and Happier* (New York: Penguin, 2011): 1. 이 책은 국내에서 다음과 같은 제목으로 출판되었다. 《도시의 승리》 이진원 옮김 (서울: 해냄출판사, 2011).

8. Harvie M. Conn and Manuel Ortiz, *Urban Ministry: The Kingdom, the City & the People of God* (Downers Grove, IL: IVP Academic, 2001): 34-35. 이 책은 국내에서 다음과 같은 제목으로 출판되었다. 《도시목회와 선교》한화룡 옮김 (서울: 기독교문서선교회, 2006).

9. Joel Kotkin, *The City: A Global History* (New York: Modern Library, 2006), ixx. 이 책은 국내에서 다음과 같은 제목으로 출판되었다. 《도시, 역사를 바꾸다》윤철희 옮김 (서울: 을유문화사, 2013).

10. Lewis Mumford, *The City in History: Its Origins, Its Transformations, and Its Prospects* (New York: Harcourt, 1961): 74-75. 이 책은 국내에서 다음과 같은 제목으로 출판되었다. 《역사 속의 도시 I, II》김영기 옮김 (서울: 지식을만드는지식, 2016). 또한 Kotkin, *The City*, 33을 참고하라.

11. Kotkin, *The City*, 3-5.

12. 이 부분의 내용은 도시 역사를 총 네 단계의 물결로 구분한 하비 콘(Harvie Conn)의 접근을 전반적으로 반영하고 있다. Conn and Ortiz, *Urban Ministry*, 35-79를 참고하라.

13. Michael Grant, *From Alexandra to Cleopatra: The Hellenistic World* (New York: Scribner's, 1982). 이 책은 Kotkin, *The City*, 25에 인용되었다.

14. 도시는 더 이상 생산적인 중심 센터의 역할을 하지 못할 정도로 쇠퇴했다. 이런 현상은 주로 이전에 번성하던 도시가 이제 국가나 교회의 간섭에 의해 개인의 봉토로 전락하는 경우에 발생했다. Conn and Ortiz, *Urban Ministry*, 164를 참고하라. 또한 Richard G. Fox, *Urban Anthropology: Cities in Their Cultural Settings* (Englewood Cliffs, NJ: Prentice-Hall, 1977)를 참고하라.

15. Craig G. Bartholomew, *Where Mortals Dwell: A Christian View of Place Today* (Grand Rapids, MI: Baker Academic, 2011): 253; *Conn and Ortiz, Urban Ministry*, 41.

16. Bartholomew, *Where Mortals Dwell*, 253.

17. Kotkin, *The City*, 75.

18. Conn and Ortiz, *Urban Ministry*, 42.

19. Conn and Ortiz, *Urban Ministry*, 50-52.

20. Kotkin, *The City*, 98.

21. Population Reference Bureau, "Human Population: Urbanization," http://www.prb.org/Educators/TeachersGuides/HumanPopulation/Urbanization.aspx; Population Reference Bureau, "2011 World Population Data Sheet: The World at 7 Billion."

22. Population Reference Bureau, "Human Population: Urbanization."

23. Robert X. Cringley, "The Five Rules of Prognostication," Forbes, http://www.forbes.com/asap/1998/1130/036.html

24. United Nations, Department of Economic and Social Affairs, Population Division, "World Urbanization Prospects, the 2011 Revision," http://esa.un.org/unpd/wup/index.htm

25. United Nations, Department of Economic and Social Affairs, Population Division, "Urban

and Rural Areas, 2009," http://esa.un.org/unpd/wup/Documents/WUP2009_Wallchart_Urban-Rural_Final.pdf

26. United Nations, Department of Economic and Social Affairs, Population Division, "World Urbanization Prospects, 2009: Highlights," http://esa.un.org/unpd/wup/Documents/WUP2009_Highlights_Final.pdf

27. United Nations, Department of Economic and Social Affairs, Population Division, "Urban and Rural Areas, 2009." 이 수치는 아시아 전체를 대상으로 한 유엔의 평가에 근거한다. 그러나 일본의 인구는 제외되었는데, 그 이유는 유엔이 일본을 개발 도상국이 아닌 선진국으로 간주하기 때문이다.

28. Bloomberg News, "China's Urban Population Exceeds Countryside For First Time," http://www.bloomberg.com/news/2012-01-17/china-urban-population-exceeds-rural.html

29. Glaeser, *Triumph of the city*, 7.

30. Glaeser, *Triumph of the city*, 6. 원래는 "사람들과 회사들"까지 도시에 대한 정의에 포함시키고 있다. 여기서 이 내용을 인용하며 "회사들"을 생략한 데는 두 가지 이유가 있다. 첫 번째는 회사가 도시의 존재에 필수적이지 않은 세계의 여러 지역이나 혹은 역사에도 글레이저의 정의를 보편화해서 적용하려는 이유이고, 두 번째는 글레이저가 경제학자여서 도시에 관한 그의 개념도 결국 상업 구조의 영향을 받아 넓게 형성되었다는 이유이다. 나는 이어지는 내용을 통해 다른 구조들도 경제적인 부분만큼이나 도시 생활에 중요한 역할을 한다는 사실을 설명하고자 한다.

31. Glaeser, *Triumph of the city*, 9.

32. 코트킨이 사용한 "바쁜"(busy)이라는 표현을 "사회적인"(social)이라는 표현으로 대체했다. Kotkin, *The City*, xix.

33. 여기서 나는 '권력'이라는 단어를 중립적인 의미로 사용하고 있다. 많은 사람들이 권력을 완전히 부정적인 용어로 사용하지만, 권력과 연계되는 (경제, 도시 국가, 방어 등과 같은) 구조들은 중립적인 성격을 가진다. 권력 자체는 중립적이다. 권력에 대한 판단은 그 권력이 행사되는 방식에 근거해서 이루어져야 한다.

34. Conn and Ortiz, *Urban Ministry*, 35.

35. 도시화의 세계적 현상에서 나타나는 이주와 이민의 기능에 관한 흥미로운 설명은 Doug Saunders, Arrival City에서 참고할 수 있다.

36. Richard Florida, *Who's Your City?*: *How the Creative Economy is Making Where You Live the Most Important Decision of Your Life* (New York: Basic, 2009): 9. 이 책은 국내에서 다음과 같은 제목으로 출판되었다. 《후즈유어시티》박기복, 신지희 옮김 (서울: 브렌즈, 2010).

37. Florida, *Who's Your City?*, 48.

38. Richard Florida, "The 25 Most Economically Powerful Cities in the World," The Atlantic Cities, http://www.theatlanticcities.com/jobs-and-economy/2011/09/25-most-economically-

powerful-cities- world/109/#slide2

39. 이는 글레이저가 관찰한 내용이다(Glaeser, *Triumph of the City*, 70). 글레이저에게 있어 도덕적인 질문은 빈곤에서 벗어날 수 있는 길(예를 들어, 더 나은 교통 수단이나 공립 학교 등)을 모든 이에게 제공하기 위해 도시가 하고 있는 일은 무엇인가이다. 한편, *The Global City: New York, London, Tokyo* (Princeton, NJ: Princeton University Press, 2001)의 저자인 사회학자 사스키아 사센(Saskia Sassen)은 도시가 흔히 사회적 불평등을 만들어 내는 시스템에 의해 개발되고 있다는 견해를 제시한다. 즉 도시는 그 안에서 발생된 문제에 대해 자체적인 해결책을 내놓기도 하지만, 도시 자체가 빈곤과 불평등의 순환이 지속되는 방식으로 개발되는 경우가 있다는 것이다.

40. John Reader, *Cities* (New York: Atlantic Monthly Press, 2004), 306.

41. 레슬리 뉴비긴(Leslie Newbigin)은 문화에 대한 실제적인 정의를 이렇게 제시한다. 문화란 "사람들이 살아가는 공동체에 의해 확립되어 세대 간에 전수되는 삶의 양식의 총화이다." *The Other Side of 1984: Questions for the Churches* (Geneva: World Council of Churches, 1983): 5. 이 책은 국내에서 다음과 같은 제목으로 출판되었다. 《서구 기독교의 위기》 서정운 옮김 (서울: 대한기독교서회, 1987). 한편, 앤디 크라우치(Andy Crouch)는 짧지만 도움이 되는 정의를 다음과 같이 제시한다. "문화는 세상에서 우리가 만들어 내는 것이다." *Culture Making: Recovering Our Creative Calling* (Downers Grove, IL: InterVarsity, 2008): 23. 이 책은 국내에서 다음과 같은 제목으로 출판되었다. 《컬처 메이킹》 박지은 옮김 (서울: IVP, 2016).

42. 오늘날 후기 산업 도시의 부상을 고려한다면 이 문장의 내용이 사실을 과장하는 것처럼 보일 수 있지만, 이미 기술이 집약되어 있는 세계적인 도시들과 아직 산업화에 집중하는 상당수의 도시들을 놓고 판단할 때, 디자인이든 생산이든 현대 기술 산업의 모든 측면은 도시를 거친 흔적을 가지고 있다고 말할 수 있다.

43. Keller, *Center Church*, 149.

44. Mumford, *The City in History*, 10.

45. Mumford, *The City in History*, 9.

46. Jonathan Merritt, "What Skyscrapers Tell Us…About Us," Q: Ideas for the Common Good, http://www.qideas.org/blog/what-skyscrapers-tell-usabout-us.aspx

47. Timothy Keller, *Counterfeit Gods: The Empty Promises of Money, Sex, and Power, and the Only Hope That Matters* (New York: Dutton, 2009). 이 책은 국내에서 다음과 같은 제목으로 출판되었다. 《팀 켈러의 내가 만든 신》 윤종석 옮김 (서울: 두란노, 2017). David Powlison, "*Idols of the Heart and 'Vanity Fair'*," *The Journal of Biblical Counseling* 13, no. 2 (1995): 35-50.

48. David Foster Wallace, "Plain Old Untrendy Troubles and Emotions," The Guardian, http://www.guardian.co.uk/books/2008/sep/20/fiction

49. Al Barth, "A Vision for Our Cities," Q: Ideas for the Common Good, http://www.qideas.org/blog/a- vision-for-our-cities.aspx

50. G. K. Beale, *We Become What We Worship: A Biblical Theology of Idolatry* (Downers Grove, IL: Intervarsity, 2008), 11. 이 책은 국내에서 다음과 같은 제목으로 출판되었다. 《예배자인가, 우상숭배자인가?》 김재영, 성기문 옮김 (서울: 새물결플러스, 2014).

51. Al Barth, "A Vision for Our Cities."

52. Craig L. Blomberg, *Jesus and the Gospels: An Introduction and Survey* (Nashville, TN: Broadman & Holman, 1997), 23.

부록

1. 좀 긴 듯하지만 설교에 관련된 소개지 내용을 그대로 실으면 다음과 같다.

사람마다 걸어온 길이 다르고 받은 은사가 다르며 부름 받은 정황이 다르기에, 설교자는 불가피하게 특정한 경향을 띨 수밖에 없습니다. 그런 점에서 본 교회에서는 다음과 같은 점에 역점을 둔 설교를 듣게 될 것입니다.

첫째, 균형의 문제에 관해 고민하는 설교입니다.

예수님을 믿지 않는 사람에게 가장 긴급한 것은 주님을 영접하는 것이지만, 이미 그분을 믿는 사람에게 중요한 것은 균형입니다. 많은 사람들은 균형을 잃어 비난을 받습니다. 영과 육의 문제, 귀신론의 문제, 종말론의 문제, 세상 속에서의 일과 그리스도인의 책임 문제, 기도와 행동의 문제, 기적과 능력에 대한 우리의 태도 문제, 축복에 대한 입장 등 균형을 요하는 문제는 끝이 없습니다. 본 교회에서는 먼저 설교자가 그러한 균형의 문제를 심각하게 고민하며 설교를 빚고자 합니다.

둘째, 변증적 설교입니다.

사람들이 기독교에 대해 무엇을 문제 삼는지, 무엇 때문에 복음을 외면하고 적대시하는지를 다루는 설교를 들을 수 있을 것입니다. 그리하여 의문시되었던 부분들이 명쾌해지고, 이로 인해 교회를 비방하는 사람들이나 회의론자들이 변화하여 복음에 대해 무한한 자랑을 하는 것을 보게 될 것입니다.

셋째, 십자가의 복음을 〈풍성히〉 선포하는 설교입니다.

바울은 십자가 외에 다른 것은 알지 않겠다고 했습니다. 당신은 그가 왜 그렇게 이야기하는지 충분히 알고 있습니까? 그리고 당신도 십자가를 그렇게 느끼고 있습니까? 본 교회에서는 십자가가 어째서 구원이 되고 복음이 되는지, 그리고 그것이 어째서 하나님의 사랑과 지혜와 능력의 충만한 계시가 되는지를 〈많은 각도에서〉 듣게 될 것입니다. 십자가를 깊이 아는 것은 곧 하나님과 그분의 사랑, 그리고 지혜와 능력을 깊이 체험하는 것임을 알게 될 것입니다.

넷째, 구속사적인 설교입니다.

성경 전체에 나타난 하나님의 뜻과 목적의 발전과정을 먼저 이해하고 그 이해 안에서 성경의 개별 구절을 해석해내는 일은 필수 불가결한 과정입니다. 만약 그러지 않고 개별 구절을 그 자체로만 풀어낸다면 그 해석은 빈약하며 탈선하기 쉽습니다. 그런 점에서 본 교회에서는 구속역사 전체의 틀 안에서 신구약의 심오한 연결을 설파하는 설교를 듣게 될 것입니다.

다섯째, 단지 "예수 믿고 천당! there and then"이 아닌 "지금 여기에서의 책임 here and now"도 강조하는 설교입니다.

하나님 나라는 한편 장차 우리가 들어갈 나라이지만 다른 한편 지금 여기에서 이미 시작된 나라입니다. 우리는 성경에서 말하는 그러한 하나님 나라가 오늘 우리에게 어떤 의미에서 소망과 용기가 되는지, 그리고 그것이 우리로 어떻게 사고하며, 또 어떻게 살게 하는지를 들어야 합니다.

여섯째, 공동체를 강조하는 설교입니다.

현대의 극히 개인주의적인 신앙행태는 우리 모두가 공동체로 부름받았다는 사실에 반하고 있습니다. 따라서 우리 교회에서는 이 공동체성을 더욱 자주 선포하고 더욱 깊이 적용하기를 원합니다. 공동체성의 발견은, 갈수록 소외되고 있는 현대인에 대한 치유 백신이 될 것입니다.

일곱째, 그리스도 중심적 설교입니다.

주님은 우리의 구원이 되시지만, 동시에 우리 삶의 모범도 되십니다. 인간의 가장 고귀한 윤리적 각성은 오직 그분을 아는 데에서 나옵니다. 그러므로 다른 곳에서가 아니라 바로 그분의 삶과 인격 안에서 우리 삶의 해답을 찾는 것은 설교자의 중요한 책임 중 하나입니다. 그런 점에서 본 교회에서는 주님이 모든 것의 모든 것 되심을 듣게 될 것입니다.

여덟째, 시사적이고 상담적인 설교입니다.

설교는 하나님의 말씀을 사람에게 선포하는 것입니다. 그러므로 설교자에게는 하나님께 듣는 일과 사람에 대한 이해가 병행되어야 합니다. 그런 점에서 본 교회에서는 사람의 마음에 대한 깊은 이해와 공감을 바탕으로 그 심령을 치유하는 하나님의 말씀을 선포하고자 합니다. 아울러 우리 주변에서 일어나는 충격적인 사건들을 대면할 때 그 문제를 회피하지 않고 적극적으로 다루어, 혼란의 시기에도 신앙적 길잡이가 될 것입니다.

2. 그러나 사실 교회의 탈선 또한 근본적으로는 복음의 문제다. 팀 켈러가 지적한대로 설교자는 먼저 자기 심령에 복음으로 설교해야 하는데, 복음을 남에게만 선포할 뿐, 자신의 심령에는 선포하지 않은 채 오래 경과함으로써 발생하는 비극인 것이다. 자신의 마음의 우상을 발견하고, 우상에게 매여 종노릇하는 그 지점에다 복음을 선포하여 우상을 제거하고 자유케 하는 일을 하지 않은 것이다. 그 결과 설교자의 우상(야망)이 제거되지 못함으로 인해, 설교자의 야망이 신이 되고 하나님조차 그 우상(목회적 야망)을 섬기기 위해 동원되는 신이 되는 결과가 일어나게 된 것이다.

3. 14년 전 필자가 부임 당시 교우의 연령분포는 2/3가 58세 이상이었고 나머지 1/3 마저도 거의 대부분 50대였다. 만약 그대로 시간이 흘렀다면 14년이 지난 지금 교회의 연령분포는 90% 이상이 65세 이상이어야 할 것이다. 그런데 현재 우리 교회는 2/3 정도가 58세 이하이며, 50세 이

하가 전체의 거의 50% 가까이로 변화되었다. 그리고 새로운 등록교인의 대부분이 젊은 세대에 속한다. 설교자가 지금 60대 중반임을 감안하면 더욱 고무적이다.

4. 언젠가 유튜브에서 팀 켈러 목사의 speech clip에서 들은 것에 따르면 시무 당시 리디머 교회의 회중 평균연령이 약 30세라고 한다. 오늘날 세계에서 가장 심한 경쟁 속에서 가장 바쁘게 살아가는 도시, 물질이 가장 심하게 우상화 되어 있는 세계 금융의 중심지 뉴욕 맨하탄에서 젊은이들이 대거 교회로 유입되었다는 것은 그의 설교의 이런 특징이 얼마나 영향력 있는지를 보여준다.

5. 팀 켈러 목사는 문화와의 관계에 있어서 교회가 취해온 입장들을 문화수용 모델 (적절성 모델), 변혁주의 모델, 반문화주의 모델, 두 왕국 모델로 크게 나누지만, 그러나 그 모델들에는 그리스도인이라면 누구나 인정해야 하는 소중한 핵심적 통찰(성경적 장점)이 있음을 강조한다. 아울러 그는 우리는 각자 자기 입장에 가장 근접한 모델에 호감을 느끼고 그것이 진리일 거라고 생각하는 경향이 있으나, 그러나 우리는 의도적으로 우리와 다르거나 상반된 모델들로부터 그들이 가진 성경적 진리와 세상에 대한 독특한 통찰을 배우려고 힘써야 한다고 한다. 그렇게 함으로 우리는 끊임없이 그 모든 것 사이에 존재하는 중심지점을 향하게 된다고 한다.

추천도서

- Alec Motyer, Look to the Rock (IVP, 1996)
- Andrew Naselli, How to Understand and Apply the New Testament (P&R, 2017)
- Brian Rosner and T. Desmond Alexander, New Dictionary of Biblical Theology (IVP Reference, 2000)
- Bryan Chapell, Christ Centered Preaching (Baker, 1991)
- Bryan Chapell, Christ-Centered Worship (Baker, 2017)
- Christopher J. H. Wright, Knowing God Through the Old Testament Set, (IVP, 2014)
- Collin Hanson (eds), Our Secular Age: Ten Years of Reading and Applying Charles Taylor (The Gospel Coalition, 2017)
- D.A Carson, Christ and Culture Revisited (Eerdmans, 2008)
- D.A Carson, The Gagging of God (Zondervan, 2002)
- D.A Carson, "What is the Gospel? - Revisited," in For the Fame of God's Name: Essays in Honor of John Piper, ed. Sam Storms and Justin Taylor (Crossway, 2010)
- David Murray, Jesus on Every Page: 10 Simple Ways to Seek and Find Christ in the Old Testament (Thomas Nelson, 2013)
- David Murray, Reset: Living a Grace-Paced life in a Burnout Culture

(Crossway, 2017)

- Edmund Clowney, The Unfolding Mystery (P & R, 2013)
- Edmund Clowney, Preaching and Biblical Theology (P & R, 2002)
- Gary Miller and Phil Campbell, "Why Preaching the Gospel Is So Hard (Especially from the Old Testament)," in Saving Eutychus: How to Preach God's Word and Keep People Awake (Sydney, Australia: Matthias Media, 2013)
- G. K. Beale and D. A. Carson, Commentary on the New Testament Use of the Old Testament (Baker, 2007)
- G. K. Beale, Handbook on the New Testament Use of the Old Testsament (Baker, 2012)
- G. K. Beale, The Right Doctrine from Wrong Texts? (Baker, 1994)
- Graeme Goldsworthy, According to Plan: Unfolding Revelation of God in the Bible (IVP, 2002)
- Graeme Goldsworthy, Preaching the Whole Bible as Christian Scripture (Eerdmans, 2000)
- Graeme Goldsworthy, Gospel-Centered Hermeneutics (IVP, 2010)
- Harvie Conn and Manuel Ortiz, Urban Ministry (IVP, 2001)
- Ian Duguid, Is Jesus in the Old Testament (Basics of the Faith, P&R, 2013).
- Julius J Kim, Preaching the Whole Counsel of God (Zondervan, 2015)
- Leslie Newbigin, Foolishness to the Greeks (Eerdmans, 1986)
- Leslie Newbigin, Truth to Tell (Eerdmans, 1991)
- Miroslav Volf, A Public Faith: How Followers of Christ Should Serve the Common Good (Baker, 2011)

- Richard Bauckham, "Reading Scripture as a Coherent Story" in Ellen F. Davis and Richard B. Hays' The Art of Reading Scripture (Eerdmans, 2003)
- Richard Lints, Fabric of Theology (Eerdmans, 1993)
- Nancy Guthrie, Discovering Jesus in the Old Testament (Tyndale, 2010)
- John Stott, Between Two Worlds (Eerdmans, 1982)
- Samuel Logan (ed.), The Preacher and Preaching (P&R, 1982)
- Sidney Greidanus, Preaching Christ from the Old Testament (Grand Rapids, Eerdmans, 1999)
- Sinclair Ferguson, Preaching Christ from the Old Testament: Developing a Christ-Centered Instinct (London: Proclamation Trust Media, 2000)
- S.G DeGraaf, Promise and Deliverance 4 vols.
- Stephen Um, Why Cities Matter, (Crossway, 2013)
- Timothy Keller, Center Church (Zondervan, 2012)
- Timothy Keller, Gospel in Life (Zondervan, 2010)
- Timothy Keller, Preaching (Viking, 2015)
- Timothy Keller, Making Sense of God (Penguine Books, 2018)

- Bible Commentary Series:
- Bible Speaks Today (IVP)
- God's Word For You series (The Good Book Company)
- The Gospel According to the Old Testament (P&R)
- Preaching The Word series (Crossway)